CB077990

POSSIBILIDADES DE PESQUISA EM HISTÓRIA

Conselho Acadêmico
Ataliba Teixeira de Castilho
Carlos Eduardo Lins da Silva
José Luiz Fiorin
Magda Soares
Pedro Paulo Funari
Rosângela Doin de Almeida
Tania Regina de Luca

Proibida a reprodução total ou parcial em qualquer mídia
sem a autorização escrita da editora.
Os infratores estão sujeitos às penas da lei.

A Editora não é responsável pelo conteúdo dos capítulos deste livro.
O Organizador e os Autores conhecem os fatos narrados,
pelos quais são responsáveis, assim como se responsabilizam pelos juízos emitidos.

Consulte nosso catálogo completo e últimos lançamentos em **www.editoracontexto.com.br**.

Rogério Rosa Rodrigues
(organizador)

POSSIBILIDADES DE PESQUISA EM HISTÓRIA

editoracontexto

Apoio
FAPESC

Copyright © 2017 do Organizador

Todos os direitos desta edição reservados à
Editora Contexto (Editora Pinsky Ltda.)

Montagem de capa e diagramação
Gustavo S. Vilas Boas

Preparação de textos
Lilian Aquino

Revisão
Mariana Carvalho Teixeira

Dados Internacionais de Catalogação na Publicação (CIP)
Andreia de Almeida CRB-8/7889

Possibilidades de pesquisa em História / Silvia Liebel ...
[et al.]; organizado por Rogério Rosa Rodrigues. –
São Paulo : Contexto, 2017.
272 p.

Bibliografia
ISBN: 978-85-520-0004-4

1. Pesquisa histórica 2. Redação técnica
3. Historiografia – Pesquisa 4. História – Fontes
I. Liebel, Silvia II. Rodrigues, Rogério Rosa

17-0870 CDD 907.2

Índice para catálogo sistemático:
1. Pesquisa histórica

2017

EDITORA CONTEXTO
Diretor editorial: *Jaime Pinsky*

Rua Dr. José Elias, 520 – Alto da Lapa
05083-030 – São Paulo – SP
PABX: (11) 3832 5838
contexto@editoracontexto.com.br
www.editoracontexto.com.br

Sumário

Introdução

Segundo Walter Benjamin, o historiador deveria ser como o sujeito que recolhe os entulhos que a sociedade relega ao esquecimento. Sua tarefa deveria consistir em apropriar-se dos restos condenados ao lixo e deles fazer a matéria-prima de sua labuta.

Em um fragmento muito conhecido, Lucien Febvre apresentou perspectiva semelhante ao registrar que:

> Faz-se história, sem dúvida, com documentos escritos, quando eles existem; e, até mesmo, na sua falta, ela pode e deve fazer-se. A partir de tudo o que a engenhosidade do historiador pode lançar mão para fabricar seu mel, na falta de flores usuais. Portanto, a partir de palavras e sinais; de paisagens e pedaços de argila; das formas de campos de ervas daninhas; dos eclipses da lua e das coleiras de parelha; da perícia de pedras feitas por geólogos e da análise de espadas metálicas por químicos. Em suma, a partir de tudo o que, pertencente ao homem, depende e está a serviço do homem, exprime o homem, significa a presença, a atividade, as preferências e as maneiras de ser do homem. (Febvre, 1989: 249.)

A visão ampliada de fonte histórica apresentada pelo historiador francês está sintonizada com a perspectiva de Benjamin, pois, assim como o filósofo, advoga a causa de que ao historiador cabe recolher os objetos mais insignificantes, os entulhos acumulados pela sociedade. Ambos defendem que na oficina do historiador cabe todo tipo de vestígio humano, seja ele escrito, visual, material ou de outra natureza.

Em meio ao avanço das novas tecnologias, da aceleração do tempo, do consumo de bens culturais, da celebração de arquivos e memórias pessoais e institucionais, os vestígios do passado têm se acumulado em proporções nunca vistas. Diante desse quadro, urge recolher e analisar aquilo que é imediatamente descartado como lixo, sejam os vestígios atirados aos "arquivos mortos" das instituições, sejam aqueles naturalizados pelo olhar cotidiano, sejam, por fim, aqueles que, pelo excesso, povoam as redes digitais, os monumentos institucionais, as salas de aula, as páginas dos livros. Este é um dos desafios da História na atualidade: não sucumbir ao ritmo vertiginoso do progresso, propor uma pausa para buscar, na matéria atirada ao esquecimento, experiências, sujeitos, discursos e representações sobre o passado.

Este livro foi construído motivado pelo desafio de narrar e examinar possibilidades de pesquisa em História a partir de revistas em quadrinhos, de monumentos aos mortos espalhados pela cidade, da literatura popular distribuída nas ruas, dos prontuários de presos, loucos e menores encarcerados em instituições prisionais, dos blogs e plataformas digitais, de manuais didáticos, de imagens espalhadas nas páginas de livros, das charges e caricaturas, das frases espalhadas nas carteiras, banheiros, mesas e portas das salas de aula. Trata-se de fontes.

Os textos aqui publicados dão conta de demandas subjetivas e científicas da pesquisa histórica atual. Subjetivas, visto que partem de questões pontuais sobre o passado levantadas pelos historiadores a partir de sua curiosidade e sensibilidade em determinados assuntos. Científicas, pois são estabelecidos métodos e critérios de análise devidamente explicitados durante a abordagem. Eles também informam sobre os problemas atuais colocados pela comunidade científica, tais como as questões referentes a temporalidade, novas tecnologias digitais, culturas juvenis, possibilidades de se analisar a sociedade a partir das produções humorísticas, múltiplas representações do feminino por meio da literatura popular.

Em todos os capítulos houve a preocupação de apresentar as potencialidades de pesquisa que determinadas fontes históricas possuem quando submetidas ao escrutínio do historiador. Não se trata de um roteiro fechado, de uma receita, mas de possibilidades de pesquisa efetuadas a partir das questões e problemas movidos pelos historiadores durante sua investigação sobre o passado. Uma forma de compartilhar experiências de trabalho em fontes e arquivos diversos. Como a pesquisa e o uso das fontes históricas foram colocados em primeiro plano na montagem dessa publicação, não houve preocupação em circunscrever um recorte temporal e espacial. É possível encontrar trabalhos sobre a literatura de rua que circulou em países como França nos séculos XVI e XVII, HQs brasileiros e argentinos do século XX, charges e caricaturas da Alemanha no século XIX, observação das dinâmicas e das inscrições efetuadas por alunos em sala de aula, como também proposta de se recorrer a blogs e plataformas digitais na atualidade.

O livro foi inspirado nas publicações *Fontes históricas* e *O historiador e suas fontes* da Editora Contexto. Com *Possibilidades de pesquisa em História*, enfrentamos o desafio de apresentar aos estudantes e pesquisadores interessados na pesquisa histórica alguns roteiros possíveis de uso de determinadas fontes no laboratório do historiador. Os textos foram produzidos por pesquisadores com reconhecida produção na área, todos com formação em História, mas com diálogos interdisciplinares com a Antropologia, o Direito, a Sociologia, a Educação, a Literatura e a Comunicação. São historiadores provenientes de importantes instituições brasileiras como Universidade do Estado de Santa Catarina (Udesc), Universidade Federal do Rio de Janeiro (UFRJ), Universidade Federal do Rio Grande do Sul (UFRGS), Universidade de São Paulo (USP), Universidade Federal Fluminense (UFF), Pontifícia Universidade Católica do Rio Grande do Sul (PUC-RS), Universidade Federal do Estado do Rio de Janeiro (Unirio), Universidade Estadual do Paraná (Unespar) e uma colega da Argentina vinculada a Universidade de Buenos Aires (UBA).

Embora os autores sejam de diferentes instituições e de vertentes teórico-metodológicas distintas, há um ponto em comum nos textos, a saber a preocupação em ampliar o repertório de fontes do historiador, convidar o leitor interessado a perscrutar seu laboratório e surpreendê-los no processo de forja de suas análises sobre o passado.

Esta publicação contou com o apoio financeiro da Fundação de Amparo a Pesquisa de Santa Catarina, Fapesc, por meio do Edital PAP/Udesc. Sem esse recurso, a publicação seria inviável.

Os *canards* e a literatura de rua na França moderna (séculos XVI e XVII)

Silvia Liebel

Histórias fantásticas de milagres, desastres naturais, aparições de fantasmas, monstros e cometas – estes vistos como um sinal de catástrofes iminentes –, ação de feiticeiros e feiticeiras e crimes dos mais variados inundavam as ruas das grandes cidades francesas nos inícios dos tempos modernos. Anunciadas como reais, supostamente presenciadas por personagens distintas, essas histórias se inserem em um quadro de íntima vivência do sobrenatural, onde até mesmo ações inequivocamente desempenhadas pelo gênero humano, como roubos e homicídios, eram atribuídas à influência demoníaca. A literatura do período não deixa de reforçar como o Mal se encontra à espreita dos seres humanos.

Divulgadas em pequeno formato, mais adequado para o consumo do público amplo, tais histórias exerceram um papel essencial na transmissão de notícias antes do desenvolvimento da imprensa periódica com a *Gazette* de Renaudot, no primeiro terço do século XVII. Elas carregavam entre distantes pontos do reino acontecimentos (reais ou imaginários) julgados dignos de nota, como a notícia do terremoto que atingiu diversas cidades ao norte de Paris em 1580,[1] e a informação sobre o nascimento de um monstro em meio à descrição do reino do Preste João em 1587.[2] A tênue linha no imaginário do período entre realidade, especulação e superstição é ultrapassada de forma corriqueira em relatos que primam pela atualidade das informações (ainda que as datas sejam frequentemente trocadas em histórias "requentadas") e pelo choque que poderiam causar. Informação e sensacionalismo se constituem, assim, em dois elementos entrelaçados de uma literatura que ganha espaço com a expansão do mercado do impresso.

Vendidos em meio a almanaques, calendários e discursos, os *canards* destacam-se entre os impressos que compõem a literatura de venda ocasional na França moderna. Seu nome deriva dos boatos (*cancans*) que alimentavam essa literatura ou, a partir de uma explicação etimológica, dos gritos dos vendedores que os anunciavam,[3] o que demarca uma característica essencial do gênero: sua fundação frequente em rumores que, por sua vez, ganhavam nova proporção após as publicações deixarem as prensas e caírem nas mãos do público. Com uma vida longa, tendo sido impressos desde inícios do século XVI até o século XIX, esses textos têm em seus dois primeiros séculos de publicação seu período áureo. Eles passarão por uma alteração substancial em sua percepção ao longo dos séculos, graças às transformações nas sensibilidades, e vão além das fronteiras francesas. Na Inglaterra, impressos similares são conhecidos como *chapbooks*, na Alemanha, como *Volksbücher*. Cada recorte espacial assinala preocupações bastante específicas conforme os temas principais abordados.[4]

Dois colecionadores, em especial, favoreceram a sobrevivência de diversas narrativas no âmbito geográfico da França. Édouard Fournier reuniu no século XIX uma coletânea de peças avulsas[5] e Anatole Claudin, dedicado aos impressos franceses dos séculos XVI e XVII, reimprimiu numerosos *canards* no século XVIII. Sem tais iniciativas, vários textos teriam sido perdidos. Jean-Pierre Séguin (1964), responsável pelos impressos da Biblioteca Nacional francesa, desenvolveu um importante trabalho de catalogação em meados do século XX, analisando os aspectos formais dos *canards* e suas linhas gerais. Apesar de terem sido catalogadas com afinco por Séguin, essas brochuras permanecem, no entanto, uma fonte muito pouco explorada pelos historiadores.

Alguns títulos foram estudados isoladamente: a partir de um relato em defesa da crença em milagres, fundado na história de uma jovem deixada na forca por três dias sem morrer, em 1589, Roger Chartier (1987) faz uma reflexão sobre o gênero. Claude La Charité (2005) se dedica aos lamentos de uma adúltera, narrados em primeira pessoa, e Jean-Paul Arnould (1995, 2010) explora notadamente a figura do juiz e do criminoso nos *canards*. Esses opúsculos também foram inseridos no quadro da imprensa sensacionalista (Romi, 1962) e analisados de forma geral, com algumas peças selecionadas transcritas para o público contemporâneo, por Maurice Lever (1993).

Fonte que parte do laço entre a História e a Literatura de inícios da modernidade, os *canards* foram analisados dentro de seu contexto de produção de forma ampla apenas recentemente. Liebel (2013) retoma os levantamentos de Séguin (1964) e amplia o *corpus* de fontes catalogadas com textos até então ausentes dos levantamentos franceses, e destaca os *canards* relatando crimes cometidos por mulheres dentro de uma conjuntura de reforço das estruturas patriarcais, estabelecendo seu valor como fonte para os historiadores modernistas. Mais do que peças inócuas, relatando histórias sensacionalistas, os *canards* são apresentados como um dos múltiplos veículos de transmissão de modelos de comportamento pelo regime absolutista (Liebel, 2013).

Fonte frágil e dispersa, sujeita às perdas do tempo e de guerras,[6] que requer um trabalho minucioso de coleta, os *canards* integram um conjunto de textos viabilizados apenas graças às inovações técnicas que se disseminaram desde meados do século XV. Produto da revolução gráfica empreendida em todo o continente a partir da difusão da prensa de Gutenberg, essas brochuras integram o grupo de impressos baratos e contribuíram substancialmente para a circulação da palavra escrita, com um potencial para atingir diferentes públicos.

Tais textos consistem, portanto, em uma fonte preciosa para o historiador interessado não apenas na história do impresso e seu impacto sobre a sociedade moderna, mas também nas sensibilidades do período e nas representações aportadas por uma literatura cujos efeitos vão muito além de seu caráter inicialmente informativo: ao situar lugares sociais específicos conforme gênero, confissão religiosa e *status* social, os *canards* são imbuídos de esforço no sentido de manter uma ordem coesa, oriunda das vontades reais e divinas. Como se observará na sequência, o público ao qual esses textos eram destinados não escapa de uma marcha moralizadora.

LITERATURA DE RUA: UM GÊNERO "POPULAR"

Literatura de rua, ocasional, de venda ambulante: os impressos agrupados sob essas classificações compartilham características indicadoras do público ao qual eram destinados nos inícios da França moderna, muito mais do que de suas origens. Anunciados por vendedores ambulantes em médias e grandes cidades ou tardiamente carregados em cestos até o meio rural, esse material consiste em brochuras ou folhas avulsas de baixo valor, em geral no formato *in-octavo*, o material de rápida impressão e circulação dos editores. Eram direcionados, logo, aos bolsos mais modestos.

O uso de papel ordinário, a falta de cuidado na preparação dos tipos para impressão em várias peças, a qualidade da tinta, os poucos exemplares com gravuras (e frequentemente imagens sem relação expressa com o narrado) indicam, no entanto, mais do que o público visado. Trata-se de textos impressos para não sobreviverem ao tempo, o que ressalta o difícil trabalho de localização dos sobreviventes, hoje espalhados por bibliotecas europeias. No caso específico dos *canards*, as edições estão conservadas em sua maioria na Biblioteca Nacional francesa, com alguns exemplares isolados ou em pequenas compilações em dezenas de bibliotecas municipais da França,[7] e mesmo algumas bibliotecas de outros países, como a Alemanha.[8] Essas brochuras se dispersaram por um amplo espaço e, a despeito de sua fragilidade material, Liebel (2013) demonstrou que ao menos 593 títulos publicados nos dois primeiros séculos de sua circulação ainda existem (editados entre 1528 e 1677). Uma dificuldade adicional reside nos ocasionais obstáculos de se trabalhar com línguas ainda em vias de se uniformizar, o que não se restringe ao francês.

Juntamente aos impressos utilitários, os *canards* integram a chamada literatura popular de inícios do período moderno. A definição da literatura como popular ou erudita no contexto estudado esbarra em duas questões essenciais: a primeira consiste em verificar os cânones adotados pelo autor, condizentes com a educação formal de uma época, ou sua ausência, bem como a circulação do texto entre os meios cultivados. Essa divisão entre popular e erudito, no entanto, é afetada pelas próprias características do mercado do impresso em expansão, pois obras pensadas para determinado grupo acabavam sendo adaptadas para outro, rebaixadas no sentido de ter sua linguagem e leitura facilitadas para um público com alfabetização elementar ou que recebia as informações oralmente.

Entre as táticas editoriais que visavam à popularização dos textos tem-se, notadamente, o encurtamento de parágrafos, o aumento do tamanho dos caracteres e a simplificação ou depuração do texto, ou seja, não apenas a linguagem é facilitada, mas também o texto é desprovido de expressões potencialmente blasfematórias ou de cunho sexual. Tais mecanismos já foram extensamente analisados por Robert Mandrou (1975) em seu estudo clássico sobre a constituição da Biblioteca Azul de Troyes, fenômeno editorial caracteristicamente popular dos séculos XVII e XVIII. O famoso *corpus* de brochuras revestidas por um papel da cor que lhe dá o nome é herdeiro direto das fontes aqui abordadas: Nicolas Oudot, um conhecido impressor da cidade de Troyes, provavelmente se inspirou no sucesso comercial dos *canards* para seus livros azuis (Chartier, 2004).

Os elementos concernentes às práticas editoriais de reapropriação de textos condensam a segunda questão para a definição da literatura popular de inícios do período moderno. Fontes como os *canards*, que mesclam textos com uma retórica ancorada na Antiguidade Clássica e na teologia (o que revela muito sobre seus autores anônimos) e textos de linguagem simplificada, são definidas como populares não por terem uma suposta origem nas camadas populares da sociedade. O que define a literatura de rua, na qual os *canards* se incluem, como popular é o público ao qual ela se destina, sendo, portanto, uma escolha dos impressores. O próprio termo *canardier* se aplica tanto ao autor quanto ao impressor/editor dessas peças, mostrando, mais do que o seu caráter anônimo, o poder exercido pelos últimos.

Pierre de L'Estoile (1982) fornece, no entanto, pistas sobre o problema de se impor um público pensado a partir das escolhas editoriais. Membro da burguesia parisiense, togado, o cronista não se constitui em um leitor que pode, em algum nível, ser definido como "popular". Seu interesse pelos *canards*, repetido em diversas passagens de seus diários, salienta, assim, a impossibilidade de se restringir o público leitor aos alvos do mercado impressor, além de permitir entrever uma das possibilidades de recepção desse tipo de literatura. Como destaca Roger Chartier (2004), um texto pode atingir de diferentes maneiras leitores para os quais não foi pensado, de onde a necessidade de se distinguir nível social e horizonte cultural. São as diferentes formas de apropriação de um mesmo texto que determinam as clivagens sociais no contexto estudado.

A inegável liberdade de leitura, ademais, permite que cada leitor construa sua própria rede de significados, independente de um sentido visado pelo autor. Leitura é sempre apropriação (Chartier, 2001), um texto é construído no ato da leitura a partir dos múltiplos códigos possuídos pelo leitor e que dizem respeito à sua posição no mundo e à sua visão dele. O ato da leitura, logo, deve necessariamente ser inserido em um conjunto de práticas que lhe confere significado (Chartier, 1990).

Desenvolver uma análise sobre fontes literárias dentro de uma perspectiva histórica implica, portanto, inseri-las em seu contexto de produção e recepção – ainda que a recepção *per se* seja difícil de ser quantificada no estudo de períodos mais recuados, em sociedades com baixo índice de alfabetização –, a partir da relação estabelecida entre autor e leitor fundada no texto. Emissores e receptores que nem sempre dispõem do mesmo conjunto de códigos ao se tratar da literatura "popular", em um contexto de forte intervenção editorial que são os inícios da própria estruturação do mercado do impresso, autores e leitores constroem significados próprios ancorados em suas práticas sociais. Pois se um texto é representação, nem por isso o contexto deixa de influenciar seu criador: mais do que temas e estilos, trata-se da visão de mundo construída em uma época e que a moldará em retorno.

A partir do estudo de caso de um *canard* cujo tema envolve tanto religião quanto questões morais e de gênero, procurar-se-á desenvolver uma análise fundada nos elementos anteriormente apresentados. Algumas das preocupações mais profundas de uma época são reveladas no texto, assim como uma mensagem clara aos leitores. Àqueles pouco atentos ao alerta, os perigos da perdição eterna se anunciavam.

O DIABO ENCARNADO E OS AMORES IMPUDICOS

Em 1613, circulava nas ruas parisienses a *História prodigiosa, de um cavalheiro ao qual o Diabo apareceu, e com o qual ele conversou, sob o corpo de uma mulher morta. Ocorrido em Paris em 1º de janeiro de 1613.*[9] Como é comum no gênero, seu título resume a história, tática para estimular a curiosidade dos leitores e ouvintes que não dispõem de contracapas ou mais do que rumores sobre o ocorrido.[10] Nas ruas da capital do reino era frequente o alarido dos vendedores ambulantes anunciando as últimas histórias; habituada a esse gênero de publicação, Paris é o local de impressão de mais da metade dos *canards* existentes.

Materialmente, a *História prodigiosa...* consiste em um texto de 15 páginas no clássico *in-octavo* da literatura ocasional, i.e., uma folha inteira de papel é impressa com as várias seções de texto e então dobrada três vezes, originando 8 folhas, ou 16 páginas que compõem o livreto.[11] Sua autoria é anônima, mas seu impressor deposita seu nome e endereço: Jean du Carroy, na rua de la Harpeau, tem nesse seu único *canard* publicado conhecido, o que não significa, no entanto, pouco interesse pelo gênero saindo de suas prensas. Após sua morte, sua mulher assume sua oficina e se torna uma das mais prolíficas impressoras do gênero não apenas na capital, mas em todo o reino. A viúva Du Carroy (que assinará as edições como La vefve Jean du Carrois, V^{e} Du Carroy e Ve Jean du Carroy)[12] publicará treze *canards* entre 1617 e 1635, com um interesse particular nos textos narrando crimes, calamidades, aparições, fenômenos celestes e religiosos.

Mesclando mistério, sexo e uma revelação singular para o próprio autor, a história inicia com uma admoestação: "Os homens estão surdos! Agora, eles não escutam as vozes de Deus, nem dos profetas, eles seguem seus apetites desordenados".[13] Tem-se, assim, uma narrativa que critica a falta de controle de si e a desatenção às pregações da Igreja, censurando uma época que acredita ser dissoluta. E não se trata de um evento desenrolado em algum lugar distante, mas da própria sociedade em que o autor e o editor/impressor se inserem: a sociedade parisiense de inícios do século XVII. O autor vai além em seus esforços de ambientar sua história, inserindo-a no cotidiano de seus leitores: o ocorrido teria se desenrolado há pouco, no primeiro dia do ano de 1613, o mesmo da publicação do texto, quando chuvas incessantes incomodavam a população. E afirma não ser à toa o local do desenrolar dos eventos, "como na fonte que alarga esses riachos para todos os outros, a fim de que sendo [o narrado] conhecido, ele venha a ser dispersado para todo mundo".[14]

A tônica da história é dada pela incitação à luxúria através da figura feminina. O Mal encarnado se apresenta a um cavalheiro sob a forma de uma jovem, da qual a vestimenta já evoca um comportamento duvidoso para o autor: trata-se de "uma jovem senhorita bem em ordem, tendo aparência de alguma cortesã bem vestida com um vestido de tafetá recortado, enriquecido de um colar de pérolas e de várias outras joias belas e aparentes".[15] Parada à soleira de uma casa para se abrigar do mau tempo, a dama se desculpa com o cavalheiro recém-chegado, explicando que sua carruagem tivera problemas e seu lacaio partira em busca de auxílio. O protagonista então lhe oferece abrigo em sua casa, e de uma pequena refeição a jovem passa a pernoitar na residência, visto que seu serviçal não retornara. Mas ela ressalta precisar de um leito apenas para ela, pois não seria próprio dormir de outra forma, no que é prontamente atendida.

Com o avançar da noite, entretanto, o solícito hospedeiro revela outros intentos:

> Despindo-se, ele lhe faz alguns discursos apaixonados, aos quais encontrou-a a responder como douta nestas artes, o que o comoveu. E acreditando que ele obteria dela facilmente o que desejava, deixou-a se deitar, depois tomado da audácia que tão somente o amor pode nos dar, ele se precave e vai encontrá-la em seu leito, fingindo inquirir se ela estava bem ou não. E, pouco a pouco, divagando, colocou-lhe a mão sobre o seio, ao que ela se submeteu; enfim, por vários avanços, ele obteve alguns beijos com a promessa de outra coisa.[16]

É a dissimulação e a insistência masculina que levam à perspectiva de sexo, mas essas são ações esperadas do infortunado herói da história do ponto de vista do autor. A figura feminina é objeto de desconfiança por, primeiramente, encontrar-se desacompanhada no espaço público, estar ricamente vestida e, enfim, por aquiescer às ofertas aparentemente gentis de seu hospedeiro, pretensamente interessado em seu bem-estar. Mas não é ela objeto de reprovação, pois o corpo feminino serve para incitação à luxúria, e cabe à mulher resguardá-lo.

Os beijos trocados serão garantia para o cavalheiro da consumação do ato sexual, pois, ao contrário do que o título do *canard* sugere, ele faz mais do que conversar com a jovem. São "beijos que acendem o fogo de sua alma, do qual a flama consome nossos espíritos e a fumaça obscurece os olhos de nosso entendimento".[17] Aqui é o amor mundano, não as astúcias diabólicas – mesmo se é o diabo encarnado – que *obscurece o entendimento* do protagonista. Ébrio de paixão face a uma bela jovem que fácil e voluntariamente cede a suas propostas ilícitas, o homem se entrega ao comércio carnal. "Aí está, portanto, este pobre abusado que penou em obter aquilo que se lhe queria ter concedido."[18]

A revelação chocante, no entanto, ocorreria apenas pela manhã, quando o protagonista encontra o corpo do qual desfrutou morto. A justiça e médicos são buscados, e quando o corpo é examinado, constatam que se tratava do cadáver de uma jovem enforcada alguns dias antes. A única explicação que parece possível aos olhos dos presentes é que se trata de um demônio possuindo o corpo da mulher para seduzir o homem – não sendo colocado em questão de quem a iniciativa da relação sexual partiu, pois, para o autor, não poderia se esperar diferente de uma mulher nas circunstâncias em que se encontrava. A sua mera existência implica uma tentativa de sedução.

Assim que os presentes afirmam sua suspeita de possessão, a verdadeira identidade do cadáver é revelada:

> [...] eleva-se uma grande e obscura fumaça no leito, que durou em torno do tempo de um *Pater*,[19] e com um fedor extremo lhes ofuscou os sentidos de tal sorte que eles perderam de vista, sem saber nem o que, nem como, aquela que estava no leito. Enfim, essa fumaça pouco a pouco diminuindo, desapareceu, e eles encontraram apenas o espaço onde estava esta carcaça.[20]

A verdade é assim estabelecida pelo narrador a partir da confirmação dos fatos, no lugar em que o evento aconteceu, por pessoas dignas de fé que não questionam as ações do protagonista, mas que teriam tão somente relatado aquilo que seus olhos presenciaram. Sua ignorância da verdadeira identidade da jovem certamente o salvou da acusação de comércio carnal seja com um cadáver, seja com um súcubo. Claude le Brun de la Rochette, jurista francês que viveu entre a segunda metade do século XVI e o primeiro terço do século XVII, evoca uma sentença idêntica para os dois crimes:

"aquele que, levado por uma desenfreada e diabólica vontade, teve companhia do corpo de uma mulher morta",[21] é digno de morte. "Quanto àquele que tem companhia dos diabos súcubos, ou a mulher que se submete aos íncubos, eles são dignos do fogo, visto que é um crime de lesa-majestade divina, pelo meio do sortilégio."[22] A prática sexual com demônios se situa, portanto, no mais alto grau de culpabilidade no pensamento jurídico da época, alimentando as crenças em relação ao comércio com o Mal, fruto da mesma mentalidade que produziu a caça às bruxas.[23]

Para o *canardier*, encontramo-nos diante de um "pobre cavalheiro", de um "pobre abusado", ainda que ele busque uma companhia carnal fora do laço do casamento. Sua punição fictícia é tão somente o terror de haver copulado com um cadáver, o que foi descoberto apenas *a posteriori*. "É por esse exemplo que Deus quer lembrar àqueles que, dando vazão a suas paixões, deixam-se levar a toda sorte de mulheres desconhecidas, as quais jamais vimos tanto quanto atualmente."[24] A falta é aqui masculina, mas são as mulheres *desconhecidas* que provocam a queda dos homens, afinal, não haveria pecado sem a tentação. Uma distinção entre os gêneros própria da mentalidade da época, bem representada nos *canards*, não deixa de reforçar a moral masculina em um Estado absolutista pautado pelo reforço da imagem real.

Mas nem sempre os diabos se contentam em possuir corpos de mulheres sem vida. Nos casos ocasionais as mulheres se mostram vítimas fáceis dos demônios, estando sujeitas à ação de íncubos mesmo sem incitar a ação maligna.[25] Elas são objetos de possessão em seis *canards* que apresentam mulheres possuídas ou violadas pelo diabo,[26] enquanto nenhum homem aparece nas mesmas situações, o que reforça a preferência diabólica pelo sexo feminino (Muchembled, 2001; Roper, 1994). Nesses *canards*, nenhuma protagonista se mostra faltosa; apesar disso, uma chega a ser atormentada por 20 anos.[27] Observa-se "uma nobre dama de qualidade, da qual o mérito e a honra de sua casa fazem calar o nome" [28] e "uma mulher honesta (estimada) [...] a qual pela permissão divina foi durante muito tempo importunada e trabalhou assim como uma mulher demoníaca e fora de seu entendimento".[29] Ressalta-se o que os manuais inquisitórios há muito pregavam: não há ação demoníaca sem a permissão divina, e as tentações apresentadas pelo Tinhoso servem para o fortalecimento da fé (Liebel, 2004).

Nenhum dos *canardiers* deixa dúvidas sobre os casos relatados, diferentemente de Pierre de L'Estoile a respeito de uma pretensa possessa no final do século XVI:

> Na terça-feira 30 deste mês [março de 1599], uma jovem de 26 anos de idade, que se chamava Marthe, que tinha o diabo no corpo (assim se dizia), foi conduzida de Loches a esta cidade de Paris e colocada perto [da igreja de] de Santa Genoveva, onde cada um, por admiração e curiosidade, ia vê-la. [...] cinco médicos de Paris foram nomeados e deputados para revisitá-la, que eram Marescot, Hautin, de Hein, Duret e Rioland, que todos disseram que, segundo sua arte, ela não tinha diabo. Enfim, todavia, Duret retornou e disse que havia um, encontrando-se o único dos cinco desta opinião, ainda que com variação.[30]

Os discursos transmitidos pelos autores, portanto, por mais que visem a transmissão de uma dada moral, não são necessariamente recebidos de forma passiva. O conteúdo de um texto infere sobre o conjunto de conhecimentos prévios de seu receptor, que pautará sua leitura a partir deles. A própria crença na ação demoníaca, considerada ponto da fé cristã no período – e que veio a ser renovada com a *Demonomania* de Jean Bodin –, é sujeita a debates no limiar do século XVII, ainda que a Igreja e seus representantes mantivessem uma postura multissecular sobre ela.

A associação entre a mulher e o Mal se revela mais explicitamente nos *canards* em que o sexo é um dos ingredientes da intriga. O amor é ilusório, já anunciavam os autores tratando das relações entre os jovens, mas ainda mais quando o diabo – sempre associado à mentira, pois mestre da enganação[31] – manipula os amantes. Demônios podem seduzir as moças, assujeitá-las à sua vontade ou lhes dar forças para realizar suas más intenções.[32] Eles podem ainda tentar aliciá-las e falhar em seu intento.[33] Todavia, é quando o diabo se apodera do corpo de uma bela mulher que seu caráter manipulador aparece em sua plenitude, arrastando consigo o homem para a danação. A tentação, por muito tempo representada pelo corpo feminino, é intimamente associada ao Mal, e alguém que se rende ao pecado da carne pode apenas temer pela salvação de sua alma.

CANARDS E HISTÓRIAS TRÁGICAS: INSPIRAÇÕES, EMPRÉSTIMOS, INTERTEXTUALIDADE

O relato analisado não é o único da literatura de rua a evocar a influência demoníaca naquele ano. Apenas em Paris, circularam *canards* sobre um cavalheiro português despedaçado por feiticeiros agindo através de um javali[34] e sobre as punições sofridas por protestantes blasfemadores[35] – que, naturalmente, sofriam a ascendência maligna dentro da moral católica difundida por essas peças. Mas histórias de possessão, caso específico do relato analisado, ultrapassam os limites da venda ocasional e são encontradas em qualquer um dos níveis da literatura do período.

Antes da publicação da *História prodigiosa...*, François de Belleforest já havia dado vários exemplos de corpos emprestados pelo diabo, a partir de relatos da Antiguidade Clássica. Como a jovem incitando um hóspede de seus pais à luxúria e que, na realidade, era um súcubo que entrou no cadáver da garota morta recentemente, deixando seu caixão vazio.[36] Os casos relatados pelo autor não são de forma alguma tratados como anedóticos, mas como provas da ação do sobrenatural no mundo. Para Jean Céard, a obra de Belleforest "é o reflexo fiel das preocupações e das curiosidades dos homens de seu tempo".[37]

François de Rosset, narrando um episódio similar, afirma: "Eu me surpreendo com a incredulidade daqueles que não podemos persuadir, que o que contamos da aparição de demônios seja verdadeiro."[38] Para ilustrar sua declaração, o autor relata um acontecimento ocorrido em Lyon nos inícios da década de 1610. La Jaquiere, tenente do cavaleiro Du Guet e frequentador assíduo das meretrizes da cidade, declara a seus convivas: "Eu não sei, meus amigos (isto ele diz), de qual carne eu comi. Tanto há lá que me sinto tão acalorado, que se agora eu encontrasse o Diabo, ele não escaparia jamais de minhas mãos, que eu primeiramente não saciasse com ele a minha vontade."[39] Em resposta à sua blasfêmia, ele encontra uma bela mulher que o leva à sua casa e realiza seus desejos. Ele ainda insiste que ela receba em sua cama dois de seus amigos, o que, após várias recusas, ela acaba aceitando. Ao final, quando os três homens se encontram embevecidos diante de sua beleza, ela lhes faz ver "a mais horrível, a mais vil, a mais fétida e a mais infecta carcaça do mundo."[40] Os três caem por terra desfalecidos, e a casa onde eles pensavam estar volta a seu estado real, uma velha ruína imunda. Todos os homens morrem pouco tempo depois, não antes do último conseguir contar o incidente.

A moral extraída por Rosset destaca um conjunto de vícios ligados ao desejo sexual. "A sem-vergonhice atrai o adultério, o adultério atrai o incesto, o incesto, o pecado contra a natureza, e depois Deus permite que se acasale com o Diabo."[41] É o sentido do que mostra La Rochette na jurisprudência da época, ditada por um recrudescimento em relação à perseguição dos comportamentos tidos como desviantes: o encadeamento dos vícios e dos crimes sexuais, até se chegar aos mais atrozes (Le Brun de la Rochette, 1622).

Como Maurice Lever (1981) destaca, "surge das histórias trágicas que todos os vícios dos quais sofre a humanidade tem por origem duas calamidades fundamentais, que são a mulher e o diabo."[42] Os vícios se superpõem quando se trata da sexualidade, a qual deve ser combatida com a continência – desconhecida tanto pelo protagonista do *canard*, quanto pelo herói de Rosset – na eterna guerra contra a carne, representada pela mulher, em nome do espírito. Apesar de tudo, o autor se esquiva quando se trata de apontar um culpado: "Meu intento é de não culpar ninguém. Eu detesto apenas o vício."[43] Assim como o *canardier* não inculpava o cavalheiro parisiense, tem-se aqui o repúdio das ações pecaminosas sem atentar para o pecador, a não ser quando a ênfase recai sobre uma mulher.

Belleforest e Rosset, dois dos principais representantes das histórias trágicas, gênero literário inspirado nas novelas do italiano Matteo Bandello, revelam a intertextualidade subjacente aos *canards*, notadamente os que privilegiam o universo passional e os crimes sangrentos. Com uma prosa mais desenvolvida do que a maioria das narrativas de venda ocasional, esses *canards* têm uma íntima relação com as histórias trágicas, com um empréstimo recíproco de temas. Literatura "popular" e literatura "erudita" travam, nesse caso, uma relação simbiótica, alimentando-se mutuamente e apresentando as mesmas histórias sob diferentes roupagens ou, em alguns casos, mesmo com a reapropriação de textos.

Mostra-se, assim, o compartilhamento de textos entre públicos distintos, voltados tanto ao povo em geral na forma das brochuras baratas conhecidas como *canards*, quanto àqueles que podiam comprar livros cuidadosamente editados e encadernados. Além da forma como esses textos eram apresentados, sob aspectos materiais encarecidos, a forma como eram construídos, com uma linguagem mais elaborada e depurada, por autores reconhecidos, será determinante para o público visado.

LITERATURA DE RUA E DISCURSO MORALIZADOR

A análise da *História prodigiosa, de um cavalheiro ao qual o Diabo apareceu, e com o qual ele conversou, sob o corpo de uma mulher morta*, revela elementos partilhados pela literatura popular francesa dos inícios dos tempos modernos em sua expressão mais orgânica, os *canards*. Observa-se uma peça que une intimamente o tabu sexual ao diabo, do qual a mulher é o instrumento, utilizada para reforçar valores associados ao cristianismo no contexto da Reforma Católica e de uma forte ordenação social, que passa por um controle do feminino.

Início e fim do texto são pautados, de uma parte, pela constatação de uma decadência moral e, de outra, pela possibilidade de salvação sempre estendida a quem se encontra atento aos exemplos dados: "Deus, como bom pai, estende-lhes a mão, e vendo-os tão incrédulos dos perigos a que eles incorrem, vem aos exemplos".[44] Temos, portanto, uma narrativa que se arroga mais do que um caráter utilitário, como os calendários, ou puramente de distração. Ela pretende se constituir em um instrumento de salvação, auxiliando os desgarrados a reencontrarem o caminho da retidão. O exemplo é dado "a fim de lhes reconduzir a via da pureza, que é uma das principais chaves que nos abre as portas do lugar ao qual nós esperamos ser bem-aventurados após esta passagem, onde nós só podemos chegar modificados e purgados de todos esses sujos e desonestos prazeres."[45]

Como no conjunto desse tipo de publicação, tem-se a apresentação de modelos morais acompanhados de vívidas descrições das transgressões. Uma determinada estrutura discursiva está, dessa forma, enraizada no gênero, que permite a análise não apenas dos aspectos formais de publicação e de como é construída a narrativa, objeto notadamente dos linguistas que a ele se dedicam, mas também das vivências do tempo, adentrando-se nos domínios da História. Texto e contexto são indissociáveis para se apreender o objeto analisado em sua expressão mais plena.

Independentemente da categoria em que o texto se insira, faça ele referência a fenômenos naturais ou sobrenaturais, resultado da ação humana ou calamidades, o *canard* impresso em seus inícios raramente é um texto inócuo. O caráter informativo, tônica da literatura de venda ocasional, é nele entrelaçado a um forte discurso moralizador, em defesa da ordem estabelecida, que impactará a sociedade de então. Observa-se, dessa forma, uma fonte que ao mesmo tempo em que se revela acessível do ponto de vista dos leitores, é perpassada por discursos repressivos dentro de um panorama de reforma dos costumes. Seu potencial para difusão de modelos não pode ser negligenciado.

A literatura de rua se constitui, portanto, em uma fonte preciosa para se analisar o discurso ordenador em plena ação, com a possibilidade de atingir uma audiência ávida por tais narrativas. Unindo o cotidiano e o extraordinário, os *canards* mostram como todos estão sujeitos a uma vigilância constante, de Deus e do rei, revelando as crescentes limitações sociais, as transformações em marcha e as possibilidades de desvio, ainda que essas sejam acompanhadas de um castigo exemplar. Anseios e resistências, falta e punição são assim vislumbrados em uma fonte que se encontrava disponível ao mais comum dos leitores da aurora moderna.

NOTAS

1 A narrativa do evento encontrou espaço em pelo menos seis peças de literatura ocasional, como o *Discours merveilleux et effroyable du grand tremblement de terre, advenu és villes de Rouen, Beauvais, Pontoise, Mantes, Poissy, Saint Germain en Laye, Calais et autres endroicts de ce Royaume. Avec le traicté des processions et prieres publiques qui ont esté faictes de 6. Jour d'Avril 1580.* Paris, J. Coquerel, 1580. O texto ganha ares apocalípticos em *Les espouventables tramblemans de terre, et Feux, miraculeusement tombez du Ciel : dont six villes ont esté ruynees, tombees et foudroyees, tant par le feu du Ciel, que par le tramblement. Avec les pitoyables lamentations et gemissemens des habitans, femmes, filles et enfens. Ensemble le discours de ceux qui ont esté convertis à la foy par la predication d'un religieux du couvent sainct François, qui alloit en voyage en Jerusalem. Chose horrible, merveilleuse, espouventable, et necessaire d'estre leuë et retenue de chacun Chrestien. Le tout traduict de Latin en François, et extraict des memoires dudit Religieux...* Lyon, A. du Prat, 1580.

2 *Nouvelles admirables d'un enfant Monstre-nay apparu en la contrée de Colloze, Region de l'Affrique. Envoyées par excellence au grand Turc, par le Bacha d'Egypte. Avec le discours des Singularitez de la Terre du tres hault & trespuissant Roy, Prestre-Jean. Dedié à Monseigneur de Perlac, chevallier de la Toison d'Or. Traduict d'Italien en François par* M. *Jean de Nury*. Paris, jouxte la copie imp. à Anvers, M. Buffet, 1587.

3 Furetière, *Dictionnaire universel, contenant généralement tous les mots françois tant vieux que modernes et les termes des sciences et des arts...*, t. 1, La Haye et Rotterdam, A. et R. Leers, 1701, p. 249. A explicação etimológica é sugerida por R. Helot, *Canards et canardiers en France et principalement en Normandie*, Paris, Alph. Margra, s. d.

4 Embora a literatura de cordel do Portugal quinhentista também se enquadre na literatura popular, suas raízes na oralidade, sua expressão em versos e seus temas principais se afastam do

modelo aqui analisado. Sobre a literatura de rua inglesa e alemã de inícios do período moderno, ver J. Wiltenburg, *Disorderly Women and Female Power in the Street Literature of Early Modern England and Germany*, Charlottesville, University Press of Virginia, 1992.

5 E. Fournier (org.), *Variétés historiques et littéraires. Recueil de pièces volantes rares et curieuses en prose et en vers*, Paris, P. Jannet, 1855-1863.

6 O catálogo da Staatsbibliothek de Berlin apresenta o registro de diversos títulos como perda de guerra.

7 Foram pesquisadas peças nas bibliotecas municipais de Aix-en-Provence, Amiens, Auxerre, Avignon, Chantilly, Châteauroux, Dole, Grenoble, La Rochelle, Lyon, Poitiers e Strasbourg.

8 Staatsbibliothek zu Berlin e Herzog August Bibliothek (Wolfenbüttel).

9 Anônimo, *Histoire prodigieuse, d'un gentilhomme auquel le Diable s'est apparu, et avec lequel il a conversé, soubs le corps d'une femme morte. Advenuë à Paris le premier de Janvier 1613*, Paris, François du Carroy, 1613.

10 O título do *canard* destacado é, aliás, sucinto para o gênero, como mostra, por exemplo, o nomeado *Sentença memorável da corte do Parlamento de Dole, dado ao encontro de Gilles Garnier, lionês, o qual sendo eremita se casou, e não tendo do que alimentar sua mulher e seus filhos, entrou em desespero, pelo que o diabo se apareceu a ele em forma de homem, que lhe prometeu montes e maravilhas, e entre outras coisas de ensinar-lhe o meio de se tornar lobo, leão ou leopardo, quando ele quisesse, o que ele aceitou: e tento tomado a forma de lobo por meio de um certo unguento do qual ele se esfregou, devorou e comeu várias crianças e moças de dez e doze anos de idade, e cometeu várias outras mortes e crueldades como ele mesmo confessou antes de sua morte: e por esta razão foi pela dita sentença condenado, como lobisomem, a ser puxado sobre uma grade até o local do suplício e de ser queimado vivo, e seu corpo reduzido a cinzas* (Anônimo, *Arrest memorable de la cour de Parlement de Dole, donné à l'encontre de Gilles Garnier, Lyonnois, lequel estant Ermite se maria, & n'ayant dequoy nourrir sa femme & ses enfans, entra en desespoir, parquoy le diable s'apparut à luy en forme d'homme, qui luy promit monts & merveilles, & entre autres choses de luy enseigner le moyen de devenir Loup, Lyon ou Leopard, quand il voudroit, ce qu'il accepta : & ayant pris la forme de Loup moyennant certain unguent dontil se frottoit, devora & mangea plusieurs enfans & filles de l'aage de dix & douze ans, & fit plusieurs autres meurdres et cruautez comme il a luy-mesme confessé auparavant sa mort : & pour ceste cause a esté par ledit Arrest condamné, comme Loup garou, d'estre traîné sur une claye jusques au lieu du supplice et d'estre là bruslé tout vif, & son corps reduit en cendre*. S.l.: s. n., 1583).

11 Em termos contemporâneos, equivale ao tamanho A5.

12 Claude (de) Sourcy antes do casamento com Jean du Carroy.

13 Trad. livre da autora: "*Les hommes sont sourds! maintenant, ils n'entendent les voix de Dieu, ny de Prophetes, ils suivent leurs desordonnés appetits...*", em Anônimo, *Histoire prodigieuse, d'un gentilhomme auquel le Diable s'est apparu...*, op. cit., p. 3.

14 Tradução nossa: "*comme en la source qui eslargit ces ruisseaux par toutes les autres, afin qu'estant cogneu, il vienne à estre dispersé par tout le monde*", idem, p. 5.

15 Tradução nossa: "*une jeune Damoiselle bien en ordre, ayant apparence de quelque courtisane bien vestuë d'une robe de tafetas descoupé, enrichie d'un colier de perles et de plusieurs joyaux beaux et bien apparens*", idem, pp. 5-6.

16 Tradução nossa: "*En se deshabillant, il luy tint quelque discours amoureux, ausquels il la trouvoit respondre comme sçavante en cet art, ce qui l'esmeut, et croyant qu'il obtiendroit d'elle facilement ce qu'il desiroit, la laisse coucher, pouis poussé de l'audace qu'apartient à l'amour seulement de nous donner, il sonde le gué et la va trouver dans son lict faisant semblant de s'enquerir si ele estoit bien ou non, et peu à peu en discourant luy coula la main sur le sein, ce qu'elle endura : en fin, par plusieurs poursuittes il obtint quelques baisers avec promesse d'autre chose*", idem, pp. 9-10.

17 Tradução nossa: "*baisers qui allument le feu en son ame, la flamme duquel consumme nos esprits et qui de la fumee obscurcit les yeux de nostre entendement*", idem, p. 10.

18 Tradução nossa: "*Voilà donc ce pauvre abusé qui a bien de la peine à obternir ce qu'on lui voudroit avoir concédé*", idem, ibidem.

19 Oração do Pai Nosso do credo católico.

20 Tradução nossa: "*il s'esleve une grosse et obscure fumee dans le lict qui dura environ l'espace d'un* Pater, *et avec une puanteur extreme leur offusqua les sens de telle sorte qu'ils perdirent de veuë sans sçavoir ny quoy ny comment, celle qui estoit dans le lict. Enfin ceste fumee petit à petit se diminuant disparut, et ils ne trouverent que la place où estoit cette charogne*", idem, p. 13.

21 Tradução nossa: "*celuy, qui poussé d'une effrenée et diabolique volonté, a accointance avec le corps d'une femme morte*" em Le Brun de la Rochette, "Le Proces Criminel, Livre Premier", em *Le Procez civil et criminel, contenans la methodique liaison du droict, et de la practique judiciaire, civile et criminelle*, Lyon, P. Rigaud, 1622, p. 24.

22 Tradução nossa: "*Quant à celuy qui a accointance avec les diables succubes, ou la femme qui se souspose aux incubes, ils sont dignes du feu, veu qui c'est un crime de leze Majesté divine, par le moyen du sortilege*", idem, ibidem.

23 Sobre os diferentes graus de culpabilidade em relação aos atos sexuais, comparados aos registros judiciários, ver R. Muchembled, *O orgasmo e o Ocidente: uma história do prazer no século XVI aos nossos dias*, São Paulo, Martins Fontes, 2007.

24 Tradução nossa: "*C'est par cet exemple que Dieu veut rappeler ceux qui, lâchant la bride à leurs passions, se laissent emporter à toutes sortes de femmes inconnues, lesquels nous n'avons jamais tant vu qu'à présent*", em Anônimo, *Histoire prodigieuse, d'un gentilhomme auquel le Diable s'est apparu...*, op. cit., p. 381.

25 Anônimo, *Histoire prodigieuse et espouvantable d'un Esprit Incube, lequel a abusé d'une jeune Damoiselle Espagnolle, natifve de la ville de Salemanque. Ensemble les signes merveilleux apparus au ciel sur ladite ville, le Dimanche 8. de Juillet 1617*, Paris, A. Saugrain, 1617.

26 Anônimo, *Histoire merveilleuse advenue au pais de Caux, en la ville de Dieppe, d'une femme, laquelle estant tourmentée et possédée du Dyable par un long temps, et comme elle a recouvert santé et ledict Diable chassé de son corps, ainsi que pourrez veoir cy après*, Paris, N. Martin, (ca. 1580); Anônimo, *Histoire prodigieuse et espouvantable d'un Esprit Incube...*, op. cit.; Anônimo, *Les Conjurations faites à un demon possedant le corps d'une grande Dame. Ensemble les estranges responses par luy faites aux saincts Exorcismes en la Chappelle de nostre Dame de la Guarison, au Diocese d'Auche, le 19. Novembre, 1618. et jours suivans. Suivant l'attestation de plusieurs personnes dignes de Foy*, Paris, I. Mesnier, 1619; mesmo título impresso em Lyon, C. Chastellard, 1619; Anônimo, *Histoire prodigieuse nouvellement arrivée à Paris. D'une jeune Fille agitee d'un Esprit Fantastique et invisible. Et de ce qui s'est passé en la presence des plus illustres personnages de ladite ville. Avec l'estrange et effroyable Histoire de nouveau arrivée au Bailly et dela ville de Bonneval, Diocese de Chartres.* Paris: Ve du Carroy, 1625; Anônimo, *Relation véritable Contenant ce qui s'est passé aux Exorcismes d'une fille Appellée Élisabeth Allier Natife de La Coste S. André en Dauphiné Possédée depuis vingt ans par deux Démons nommez Orgueil et Bonifarce...* Paris, jouxte la copie imprimée à Grenoble, P. Sevestre, 1649.

27 Anônimo, *Relation véritable Contenant ce qui s'est passé aux Exorcismes...*, op. cit.

28 Tradução nossa: "*une Noble Dame de qualité, dont le merite et l'honneur de la maison fait taire le nom*", em *Les Conjurations faites à un demon possedant le corps d'une grande Dame...*, op. cit., p. 2.

29 Tradução nossa: "*une femme honneste (estimée) [...] laquelle par permission divine a esté longtemps vexée et travaillée ainsi comme une femme demoniacle et hors de son entendement*", em *Histoire merveilleuse advenue au pais de Caux...*, op. cit, p. 3.

30 Tradução nossa: "*Le mardi 30e de ce mois [mars 1599], une fille aagé de 26 ans, qu'on nommoit Marthe, qui avoit le diable au corps (ainsi qu'on disoit), fust amenée de Loches en ceste ville de Paris, et mise près Ste. Geneviève, où chacun, par admiration et curiosité, l'alloit voir. [...] cinq médecins de Paris furent nommés et députés pour la revisiter, qui estoit Marescot, Hautin, de Helin, Duret et Rioland, qui tous dirent que, selon leur art, elle n'avoit point de diable. Enfin, toutefois, Duret revinst et dit qu'il y en avoit ung, s'estant trouvé le seul des cinq, de cette opinion, encore avec variation.*", em Pierre L'Estoile, *Mémoires-Journaux 1574-1611. Tome VIIeme Journal de Henri IV 1595-1601*, Paris, Tallandier, 1982, pp. 182-3.

31 Jacques Le Goff fala da face sedutora do diabo na Idade Média, quando ele assume aparência sedutora e enganadora. J. Le Goff, *La civilisation de l'occident médiéval*, Paris, Flammarion, 1997.

32 Como, por exemplo, o *canard* que narra a influência demoníaca sobre a jovem levada a incendiar o convento no qual fora encerrada e, finalmente, a cortar a garganta de sua própria mãe (Anônimo, *Discours merveillable d'un demon amoureux lequel a poussé une Jeune Damoyselle a brusler une riche Abbaye, et couper la gorge à sa propre* Mere, Rouen, A. Cousturier, 1605.)

33 Anônimo, *Les estranges et espoventables amours. D'un Diable, en forme d'un Gentilhomme. Et d'une Damoiselle, de Bretagne. Arrivez pres de la ville de Rennes, les 5. 6. et septiéme Janvier dernier. Ensemble, tout ce qui cy est passé à ce sujet*, Paris, jouxte la copie imprimée à Rennes: J. Courtois, 1620.

34 Anônimo, *Histoire admirable d'un Gentil-homme Portugais, lequel s'estant mis en un Hermitage fut par le moyen de quelques Sorciers mis en pieces, en forme d'un Sanglier, et au bout de trois jours revenu sain et entier...* Paris, P. La Maille, 1613.

35 Anônimo, *Histoire memorable et merveilleuse advenue à Villeneufve de Berc en Vivarets. Au mois d'Octobre 1613. D'un homme de la religion pretenduë reformée, blasphemant contre l'Eglise Catholique, Apostolique et Romaine. Contenant tout ce qui s'est passé durant sa vie, et apres sa mort.* Paris, jouxte la copie imp. au Puy en Auvergne: Fleurry Bourriquant, (1613 (?)), reimpresso por Louis Perrin em 1875; Anônimo, *Punition exemplaire, et jugement de Dieu, contre Antoine Panetier, voicturier de Gennes, englouty en terre jusqu'au menton, pour avoir execrablement blasphemé le sainct Nom de Dieu. Traduit de l'Italien en François, par André Devant... le 15. Juin 1613. Avec les Arrests de la Cour de Parlement de Paris, contre les blasphemateurs*, Paris, Fleurry Bourriquant, 1613 (?).

36 F. de Belleforest, "Merveilleuse histoire d'un cadavre d'une fille duquel le diable se servit pour exercer luxure avec un jeune homme", em P. Boaistuau et al., *Histoires prodigieuses e memorables, extraites de plusieurs fameux Autheurs, Grecs et Latins, sacrez et profanes, divisées en six livres*, Paris, Ve G. Buon, 1598, pp. 1117-45.

37 Tradução nossa: *"est le reflet fidèle des préoccupations et des curiosités des hommes de son temps"*, em J. Céard, *La Nature et les prodiges. L'insolite au* XVI *siècle*, Genebra, Droz, 1996. p. 327.

38 Tradução nossa: *"Je m'estonne de l'incredulité de ceux, à qui l'on ne peut persuader, que ce qu'on raconte de l'apparition de demons soit veritable"*, em F. Rosset, *Les histoires memorables et tragiques de ce temps. Où sont contenuës les morts funestes et lamentables de plusieurs personnes, arrivées par leurs ambitions, amours desreiglees, sortileges, vols, rapines, et par autres accidens divers et memorables*, Paris, P. Chevalier, 1619, p. 329.

39 Tradução nossa: *"Je ne sçay mes amis (ce dit-il) de quelle viande j'ay mangé. Tant y a que je me sens si eschauffé, que si maintenant je rencontrois le diable, il ne m'echapperoit jamais de mes mains, que premierement je n'en eusse fait à ma volonté"*, idem, pp. 331-2.

40 Tradução nossa: *"la plus horrible, la plus vilaine, la plus puante, et la plus infecte charogne du monde"*, idem, p. 341.

41 Tradução nossa: *"La paillardise attire l'adultere, l'adultere l'inceste, l'inceste le peché contre nature, et apres Dieu permet qu'on s'accouple avec le diable"*, idem, p. 343.

42 Tradução nossa: *"Il ressort des histoires tragiques que tous les vices dont souffre l'humanité ont pour origines deux calamités fondamentales, qui sont la femme et le diable"*, em M. Lever, *Le Roman français au* XVIIe *siècle*, Paris, PUF, 1981, p. 69.

43 Tradução nossa: *"Mon dessein est de ne blasmer personne. Je ne deteste que le vice"*, em Rosset, op. cit.

44 Tradução nossa: *"Mais Dieu, comme bon père, leur tend la main, et les voyant si incrédules des dangers qu'ils encourent, vient aux exemples"*, em *Histoire prodigieuse d'un gentilhomme...*, op. cit., p. 4.

45 Tradução nossa: *"afin de les ramener à la voix de pureté qui est l'une des principales clefs qui nous ouvre les portes du lieu auquel nous attendons estre bien-heureux apres ce passage, où nous ne pouvons parvenir qu'estans mondifiés* (sic) *et purgés de tous ces sales et deshonnestes plaisirs"*, idem, pp. 14-5.

Referências

ANÔNIMO. *Arrest memorable de la cour de Parlement de Dole, donné à l'encontre de Gilles Garnier...* S.l.: s. n., 1583.

ANÔNIMO. *Discours merveilleux et effroyable du grand tremblement de terre, advenu és villes de Rouen, Beauvais, Pontoise, Mantes, Poissy, Saint Germain en Laye, Calais et autres endroicts de ce Royaume. Avec le traicté des processions et prieres publiques qui ont esté faictes de 6. Jour d'Avril 1580.* Paris: J. Coquerel, 1580.

ANÔNIMO. *Discours merveillable d'un demon amoureux lequel a poussé une Jeune Damoyselle a brusler une riche Abbaye, et couper la gorge à sa propre Mere.* Rouen: A. Cousturier, 1605.

ANÔNIMO. *Histoire admirable d'un Gentil-homme Portugais, lequel s'estant mis en un Hermitage fut par le moyen de quelques Sorciers mis en pieces, en forme d'un Sanglier, et au bout de trois jours revenu sain et entier...* Paris: P. La Maille, 1613.

ANÔNIMO. *Histoire memorable et merveilleuse advenue à Villeneufve de Berc en Vivarets. Au mois d'Octobre 1613. D'un homme de la religion pretenduë reformée, blasphemant contre l'Eglise Catholique, Apostolique et Romaine. Contenant tout ce qui s'est passé durant sa vie, et apres sa mort.* Paris: jouxte la copie imp. au Puy en Auvergne: Fleurry Bourriquant, 1613 (?).

ANÔNIMO. *Histoire merveilleuse advenue au pais de Caux, en la ville de Dieppe, d'une femme, laquelle estant tourmentée et possédée du Dyable par un long temps, et comme elle a recouvert santé et ledict Diable chassé de son corps, ainsi que pourrez veoir cy après.* Paris: N. Martin, (ca. 1580).

ANÔNIMO. *Histoire prodigieuse, d'un gentilhomme auquel le Diable s'est apparu, et avec lequel il a conversé, soubs le corps d'une femme morte. Advenuë à Paris le premier de Janvier 1613.* Paris: François du Carroy, 1613.

ANÔNIMO. *Histoire prodigieuse et espouvantable d'un Esprit Incube, lequel a abusé d'une jeune Damoiselle Espagnolle, natifve de la ville de Salemanque. Ensemble les signes merveilleux apparus au ciel sur ladite ville, le Dimanche 8. de Juillet 1617.* Paris: A. Saugrain, 1617.

ANÔNIMO. *Histoire prodigieuse nouvellement arrivée à Paris. D'une jeune Fille agitee d'un Esprit Fantastique et invisible. Et de ce qui s'est passé en la presence des plus illustres personnages de ladite ville. Avec l'estrange et effroyable Histoire de nouveau arrivée au Bailly et dela ville de Bonneval, Diocese de Chartres.* Paris: Ve du Carroy, 1625.

ANÔNIMO. *Les Conjurations faites à un demon possedant le corps d'une grande Dame. Ensemble les estranges responses par luy faites aux saincts Exorcismes en la Chappelle de nostre Dame de la Guarison, au Diocese d'Auche, le 19. Novembre, 1618. et jours suivans. Suivant l'attestation de plusieurs personnes dignes de Foy.* Paris: I. Mesnier, 1619.

ANÔNIMO. *Les Conjurations faites à un demon possedant le corps d'une grande Dame. Ensemble les estranges responses par luy faites aux saincts Exorcismes en la Chappelle de nostre Dame de la Guarison, au Diocese d'Auche, le 19. Novembre, 1618. et jours suivans. Suivant l'attestation de plusieurs personnes dignes de Foy.* Lyon: C. Chastellard, 1619.

ANÔNIMO. *Les espouventables tramblemans de terre, et Feux, miraculeusement tombez du Ciel : dont six villes ont esté ruynees, tombees et foudroyees, tant par le feu du Ciel, que par le tramblement...* Lyon: A. du Prat, 1580.

ANÔNIMO. *Les estranges et espoventables amours. D'un Diable, en forme d'un Gentilhomme. Et d'une Damoiselle, de Bretagne. Arrivez pres de la ville de Rennes, les 5. 6. et septiéme Janvier dernier. Ensemble, tout ce qui cy est passé à ce sujet.* Paris: jouxte la copie imprimée à Rennes: J. Courtois, 1620.

ANÔNIMO. *Nouvelles admirables d'un enfant Monstre-nay apparu en la contrée de Colloze, Region de l'Affrique. Envoyées par excellence au grand Turc, par le Bacha d'Egypte. Avec le discours des Singularitez de la Terre du tres hault & trespuissant Roy, Prestre-Jean. Dedié à Monseigneur de Perlac, chevallier de la Toison d'Or. Traduict d'Italien en François par M. Jean de Nury.* Paris: jouxte la copie imp. à Anvers: M. Buffet, 1587.

ANÔNIMO. *Punition exemplaire, et jugement de Dieu, contre Antoine Panetier, voicturier de Gennes, englouty en terre jusqu'au menton, pour avoir execrablement blasphemé le sainct Nom de Dieu. Traduit de l'Italien en François, par André Devant... le 15. Juin 1613. Avec les Arrests de la Cour de Parlement de Paris, contre les blasphemateurs.* Paris: Fleurry Bourriquant, 1613 (?).

ANÔNIMO. *Relation véritable Contenant ce qui s'est passé aux Exorcismes d'une fille Appellée Élisabeth Allier Natife de La Coste S. André en Dauphiné Possédée depuis vingt ans par deux Démons nommez Orgueil et Bonifarce...* Paris: jouxte la copie imprimée à Grenoble, P. Sevestre, 1649.

ARNOULD, J.-C. "Le juge et le criminel dans les 'canards' (1574-1610)". *Actes de colloques et journées d'étude: Juges et criminels dans la narration brève du XVIe siècle.* Rouen, n. 5, 2010.

_____ . "Canards criminels des XVIe et XVIIe siècles: le fait divers et l'ordre du monde (1570-1630)". *Tourments, doutes et ruptures dans l'Europe des XVIe et XVIIe siècles:* colloque organisé par l'université de Nancy II (1993). Paris: Champion, 1995, pp. 149-61.

BOAISTUAU, P. et al. *Histoires prodigieuses e memorables, extraites de plusieurs fameux Autheurs, Grecs et Latins, sacrez et profanes, divisées en six livres.* Paris: Ve G. Buon, 1598, pp. 1117-45.

CÉARD, J. *La Nature et les prodiges. L'insolite au XVI siècle.* Genebra: Droz, 1996.

CHARTIER, R. La pendue miraculeusement sauvée. Étude d'un occasionnel. In: CHARTIER, R. (dir.). *Les usages de l'imprimé.* Paris: Fayard, 1987, pp. 83-127.

_____. A *História Cultural*: entre práticas e representações. Lisboa; Rio de Janeiro: Difel/Bertrand Brasil, 1990.

_____. *Cultura escrita, literatura e história*. Porto Alegre: Artmed, 2001.

_____. *Leituras e leitores na França do Antigo Regime*. São Paulo: Unesp, 2004.

FOURNIER, E. (org.) *Variétés historiques et littéraires*. Recueil de pièces volantes rares et curieuses en prose et en vers. Paris: P. Jannet, 1855-1863.

FURETIÈRE. *Dictionnaire universel, contenant généralement tous les mots françois tant vieux que modernes et les termes des sciences et des arts...* Tome 1. La Haye; Rotterdam: A. et R. Leers, 1701.

HELOT, R. *Canards et canardiers en France et principalement en Normandie*. Paris: Alph. Margra, s. d.

LA CHARITÉ, C. "L'éthos pathétique de Marguerite d'Auge dans 'Les Pitoyables et funestes regrets' (1600)". *Tangence*. Rimouski, 77, 2005, pp. 73-106.

LE BRUN DE LA ROCHETTE, C. Le proces criminel, livre premier. In: *Le Procez civil et criminel, contenans la methodique liaison du droict, et de la practique judiciaire, civile et criminelle*. Lyon: P. Rigaud, 1622.

LE GOFF, J. *La civilisation de l'occident médiéval*. Paris: Flammarion, 1997.

L'ESTOILE, Pierre. *Mémoires-Journaux 1574-1611* - Tome VIIeme Journal de Henri IV 1595-1601. Paris: Tallandier, 1982.

LEVER, M. *Le Roman français au XVIIe siècle*. Paris: PUF, 1981.

_____. *Canards sanglants*. Naissance du fait divers. Paris: Fayard, 1993.

LIEBEL, S. *Demonização da mulher*: a construção do discurso misógino no Malleus Maleficarum. Curitiba, 2004. Monografia (Graduação em História) – UFPR.

_____. *Les Médées modernes*: la cruauté feminine d'après les canards imprimés français (1574-1651). Rennes: PUR, 2013.

MANDROU, R. *De la culture populaire au XVIIe et XVIIIe siècles*: la Bibliothèque Bleue de Troyes. Paris: Stock, 1975.

MUCHEMBLED, R. *Uma história do diabo*: séculos XII-XX. Rio de Janeiro: Bom Texto, 2001.

_____. *O orgasmo e o Ocidente*: uma história do prazer do século XVI aos nossos dias. São Paulo: Martins Fontes, 2007.

ROMI. *Histoire des faits divers*. Milan: Pont Royal, 1962.

ROPER, L. *Oedipus and the Devil*. Witchcraft, Sexuality and the Religion in Early Modern Europe. London: Routledge, 1994.

ROSSET, F. *Les histoires memorables et tragiques de ce temps*. Où sont contenuës les morts funestes et lamentables de plusieurs personnes, arrivées par leurs ambitions, amours desreiglees, sortileges, vols, rapines, et par autres accidens divers et memorables. Paris: P. Chevalier, 1619.

SÉGUIN, J.-P. *L'Information en France avant le périodique*: 517 canards imprimés entre 1529 et 1631. Paris: G.-P. Maisonneuve et Larose, 1964.

WILTENBURG, J. *Disorderly Women and Female Power in the Street Literature of Early Modern England and Germany*. Charlottesville: University Press of Virginia, 1992.

As fichas consulares de estrangeiros no site FamilySearch

Bruno Leal

No início da década de 2010, o site FamilySearch, criado e mantido pela Igreja de Jesus Cristo dos Santos dos Últimos Dias, chamou a atenção dos historiadores brasileiros ao anunciar a disponibilização digital e gratuita de milhões de documentos históricos públicos do país, entre os quais milhões de imagens de fichas consulares de estrangeiros que entraram no Brasil entre o final dos anos 1930 e meados dos anos 1960. Essas fichas foram produzidas por consulados brasileiros em diferentes representações diplomáticas no exterior e apresentados no porto de entrada por estrangeiros visitando ou imigrando para o Brasil. Antes da iniciativa pioneira do FamilySearch, tais fichas, que representam um manancial de informações para aqueles que se debruçam sobre o universo da imigração, eram guardadas exclusivamente no prédio do Arquivo Nacional, no Rio de Janeiro, e, ainda assim, sempre estiveram inacessíveis ao grande público. Neste capítulo, falaremos sobre o contexto de surgimento desta fonte, seus percursos, limites, potencialidades e uma possível abordagem metodológica.

OS PERCURSOS DAS FICHAS CONSULARES

A exigência das fichas consulares teve início em 1939 com a entrada em vigor do Decreto-Lei n. 30.010 de 1938, assinado pelo então presidente da República, Getúlio Vargas, com o objetivo de regulamentar a entrada de estrangeiros no território nacional. O seu artigo 43 estabelecia da seguinte forma os procedimentos para a produção das fichas:

> Ao conceder o visto, a autoridade consular preencherá, em duas vias, ambas no original, tanto para os permanentes quanto para temporários, a ficha consular de qualificação (modelo n. 5), fazendo colar nas mesmas as fotografias do portador, que serão autenticadas com o selo seco consular. As duas vias da ficha acompanharão o passaporte. § 1º. A ficha deverá referir-se a uma só pessoa, exceto para os menores de 18 anos, quando viajarem em companhia de um dos pais, em sua ficha serão incluídos; § 2º. As declarações constantes da ficha de permanentes fazem prova para obtenção da carteira de identidade (art. 135) e serão feitas sob a responsabilidade da autoridade consular que a autenticar; § 3º. As declarações constantes da ficha de temporários serão feitas mediante informações do interessado, sem responsabilidade para a autoridade consular quanto aos dados que não constarem do passaporte; § 4º. Somente para os portadores de licença de retorno, para os turistas que viajarem com lista coletiva e para os menores de 18 anos que vierem em companhia paterna, ou materna, será dispensada a ficha de qualificação.[1]

A autoridade consular precisava preencher as duas fichas à máquina e autenticá-las mediante sua assinatura. Às vezes, eram usados também carimbos consulares.[2] Isso acontecia, no entanto, somente depois que o Ministério das Relações Exteriores ou o Ministério da Justiça, dependendo do período, autorizasse a emissão do visto. Os estrangeiros autorizados a viajar para o Brasil, quer em caráter temporário, quer em caráter permanente, uma vez que chegassem ao país, deveriam, por sua vez, entregar as fichas e o passaporte às autoridades policiais de imigração.[3] Depois de examinado por um inspetor do setor, o documento era finalmente anexado ao prontuário do estrangeiro.[4] Não portar a ficha consular de qualificação não necessariamente impedia a entrada no país, mas o estrangeiro era identificado e o seu passaporte apreendido.[5]

A "obrigatoriedade" da ficha consular de qualificação, entre outras disposições sobre imigração regulamentadas pelo Decreto-Lei n. 30.010, era produto da radicalização burocrática das autoridades governamentais brasileiras a fim de criar um sistema que pudesse controlar todos os aspectos possíveis da entrada de estrangeiros no país. Tal preocupação estava intimamente relacionada com o contexto histórico internacional. No final dos anos 1930, diante da intensificação da perseguição nazista na Europa, o número de refugiados aumentou de maneira significativa. Diariamente, centenas e até milhares de pessoas – a maioria judeus – procuravam os mais diferentes consulados na Europa em busca de vistos.

Uma vez que os judeus acabaram por se confundir com o "problema dos refugiados", a comunidade internacional começou a temer uma enxurrada de imigrantes de origem judaica. E isso era o que boa parte dos países queria evitar a todo custo. A preferência era dada aos candidatos brancos, cristãos, aptos para o trabalho e bem qualificados, sobretudo agricultores ou técnicos. Judeus, de acordo com o estereótipo antissemita difundido na época, eram considerados por muitos intelectuais e políticos racistas de influência como inassimiláveis e, portanto, uma ameaça à integração nacional. Em círculos antissemitas mais radicais, os judeus eram vistos ainda como usurpadores, conspiradores, desagregadores e agitadores políticos, à exemplo do que se dizia na Europa (Movschowitz, 2001).

Em 1938, o número de refugiados judeus era tão grande que representantes de 32 países, entre eles o Brasil, se reuniram em Evian-les-Bains, na França, para tentar chegar a uma solução para o problema humanitário que representavam. O encontro durou uma semana, mas, à exceção da República Dominicana, nenhum outro país aceitou aumentar o número de vistos que já vinham sendo concedidos a judeus. Como o Brasil não tinha até aquele momento nenhum controle rígido sobre a entrada de estrangeiros (o que acabava permitindo a entrada de muitos "indesejados"), criou-se o referido Decreto-Lei n. 30.010. E ele foi apenas o começo da nova política imigratória brasileira, que também se caracterizou por inúmeras circulares secretas que restringiam a imigração de diversos grupos étnicos e sociais – não só judeus, mas também asiáticos, sobretudo japoneses, e negros africanos. Sobre o período, Fabio Koifman sublinha:

> A questão da entrada de imigrantes, especialmente a partir de 1938, passou a ser confundida com o problema da entrada de refugiados europeus. E, mesmo que esse grupo de estrangeiros não fosse composto unicamente de elementos israelitas, o termo refugiado constantemente passou a ser associado aos judeus. Assim, qualquer iniciativa de um judeu de entrar no Brasil, como turista ou com fins comerciais, passou paulatinamente a ser avaliada como uma tentativa de burlar as normas de imigração. [...] A nova legislação estabelecida pelo Decreto-Lei n. 30.010 de 1938 procurou organizar e estabelecer meios de controle para todos os estrangeiros que chegassem e já estivessem no Brasil. Mesmo os que desejassem vir a turismo ou negócios passaram a ser obrigados a preencher seus dados e informações em duas vias, que eram recolhidas pelas autoridades brasileiras. A partir de 1938, os estrangeiros que desciam no Brasil passaram a ser identificados e fichados pelas autoridades (Koifman, 2002: 111).

O modelo de ficha estabelecido pelo Decreto-Lei n. 30.010 vigorou até meados dos anos 1960, quando foram introduzidos novos procedimentos imigratórios. Transformadas em memória administrativa, as antigas fichas permaneceram guardadas durante anos em um corredor de um antigo prédio do Arquivo Nacional, no centro do Rio de Janeiro. Parte estava fora de ordem ou, pelo menos, não apresentava uma organização lógica perceptível. Parte estava reunida dentro de fichários de aço (a maioria), no chão ou em cima desses fichários, amarrados com barbante ou corda.[6] Nenhuma delas estava disponível para consulta pública. O motivo tem a ver com a maneira como elas chegaram à instituição. Segundo o arquivista Sátiro Ferreira Nunes, o acervo faz parte das séries do fundo de Divisão Marítima, Aérea e de Fronteiras (OL). Provenientes da Superintendência da Polícia Federal no Rio de Janeiro, deram entrada no Arquivo Nacional sem qualquer organização. Não levavam, além disso, a nenhum prontuário diretamente. Como as "relações de passageiros" dos navios – também uma série da OL – eram um acervo muito mais procurado pelos consulentes, o Arquivo Nacional deu prioridade, há 25 anos, à sistematização desse material, deixando as fichas consulares em segundo plano.[7]

Essa situação se manteve mais ou menos inalterada até 2009, quando o Arquivo Nacional firmou, então, a parceria com o FamilySearch, criado e mantido pela Igreja de Jesus Cristo dos Santos dos Últimos Dias. A primeira proposta apresentada pelos mórmons – como são popularmente conhecidos os membros da Igreja – previa o acondicionamento e preparo para a digitalização de 324 caixas, contendo cada uma 1.600 fichas consulares.[8] Hoje, 98% do total das cerca de 1.200.000 fichas consulares de qualificação em posse do Arquivo Nacional foram digitalizadas pelos mórmons. Como essas fichas possuem frente e verso, foram geradas cerca de 2.400.000 imagens.[9] Para a instituição brasileira, a iniciativa foi altamente vantajosa, já que permitiu digitalizar e disponibilizar para um número incalculável de pessoas uma parte importante do acervo que sequer estava acessível para consulta. E isso tudo custeado pelos mórmons, inclusive a hospedagem em servidores on-line, algo que representa um gasto alto e perene para qualquer projeto de digitalização. Mas e quanto aos mórmons? O que ganham com isso? Como explicar o seu profundo interesse nessa documentação? Por que lhes interessam as fichas consulares?

Imagem 1 – Tela inicial do FamilySearch.

Fonte: *FamilySearch*. Disponível em: <familysearch.org>. Acesso em: 2 maio 2017.

A Igreja de Jesus Cristo dos Santos dos Últimos Dias foi fundada no dia 6 de abril de 1830, pelo norte-americano Joseph Smith (1805-1844). Contam os mórmons que, desencantado com os conflitos então existentes no seio das comunidades cristãs, Smith teria pedido em oração a Deus para que este lhe revelasse a verdadeira Igreja de Cristo. Smith, então, teve a resposta de um anjo, chamado Moroni: a Igreja que ele procurava, disse o anjo, desaparecera há mais ou menos 1400 anos. Nesta mesma visão, no entanto, Moroni encarregou Smith de restaurar tal Igreja naqueles "últimos dias" (Henn, 2003: 515). Começava ali uma sequência de revelações. De acordo com William Henn,

> Visões subsequentes do anjo Moroni levaram Smith à descoberta de tabuletas douradas em que estava escrito o Livro de Mórmon, o qual, segundo a fé dos mórmons, foi um profeta cristão que viveu há 1500 anos; dele deriva o nome "mórmons" pelo qual o grupo é conhecido. Esse livro narra a história de alguns judeus que emigraram para a terra hoje conhecida como América do Norte, após a destruição de Jerusalém no século VI a.C. Em seguida, estes se dividiram em dois grupos: os lamanitas, que se tornaram antepassados dos índios americanos, e os nefitas, que por volta do ano 400 d.C. foram destruídos pelos lamanitas. Após sua ascensão, Jesus apareceu entre os nefitas e estabeleceu sua Igreja na América. Quando estes foram destruídos, a Igreja fundada em Jerusalém também deixara de existir por causa da apostasia e da corrupção. A restauração do sacerdócio e dos ritos da verdadeira Igreja pode ser considerada ideia fundamental e distintiva enfatizada pelos mórmons. (Henn, 2003: 515)

A Igreja de Jesus Cristo dos Santos dos Últimos Dias, embora não sem cisões e graves desavenças, uma das quais levou ao assassinato de Smith aos 39 anos de idade, prosperou e internacionalizou-se. No Brasil, segundo um levantamento realizado em 2012, os mórmons já chegavam a 1,167 milhão de fiéis, estando atrás apenas de México (1,234 milhão) e Estados Unidos (4 milhões).[10] Como cristãos, eles compartilham várias crenças comuns a outras igrejas. Além da figura de Jesus como salvador, eles também creem na Trindade e na Bíblia como livro sagrado (acrescida do Livro de Mórmon). Praticam o batismo, pregam o dízimo e utilizam a água e o pão para a celebração da ceia do Senhor. Eles têm, porém, diferenças expressivas. Os mórmons, por exemplo, não consomem nenhum tipo de álcool, tabaco, chá e café. Já foram adeptos da poligamia (os fundadores)[11] e, apesar de pequenas divisões entre si, a maioria encontra-se ainda hoje vinculada à Igreja original, com sede em Salt Lake City, no estado de Utah, Estados Unidos (Henn, 2003: 515-6).

Um dos valores que os mórmons mais cultivam é a família. De acordo com a sua doutrina, a família pode continuar existindo mesmo depois da vida terrena. Isso, no entanto, acreditam os mórmons, "somente pode acontecer quando a família é selada em um dos sagrados templos do senhor em todo o mundo e unida pela eternidade".[12] E para que isso aconteça, o batismo é a chave de tudo. Ele garante o selo. Para os vivos, o batismo é algo fácil, devendo o indivíduo procurar um dos templos mórmons para realizá-lo. Mas e os familiares mortos que não foram batizados? Estariam fora do círculo sagrado da família? Os mórmons acreditam que não. É aí que a Igreja de Salt Lake City entra em uma área particularmente delicada: os mórmons batizam pessoas falecidas para selar a família.

> Quando Cristo organizou Sua Igreja nos tempos antigos, ela incluía a doutrina do trabalho vicário pelos mortos e a prática de realizar ordenanças por parentes falecidos "Doutra maneira, que farão os que se batizam pelos mortos, se absolutamente os mortos não ressuscitam? Por que se batizam eles então pelos mortos?" (I Coríntios 15:29). A restauração da Igreja original de Cristo na Terra por meio do Profeta Joseph Smith incluiu a antiga prática de realizar essas ordenanças por nossos parentes falecidos, nos templos sagrados. Hoje, o evangelho de Jesus Cristo inclui as mesmas bênçãos nos templos sagrados.[13]

O batismo do falecido – mesmo que ele tivesse em vida outra religião, daí a controvérsia do ritual – ocorre apenas com a permissão do parente mais próximo. Esse parente serve como um "procurador" do falecido e o ritual é chamado de "batismo por procuração". O procedimento não é feito em capelas comuns, mas em templos altamente sagrados para os mórmons. A "redenção dos mortos", como também é conhecida a prática, é uma das três missões fundamentais da Igreja, ao lado do "aperfeiçoamento dos santos" e da "proclamação do Evangelho". É importante dizer, porém, que os mórmons acreditam que a aceitação do batismo sempre vai depender, em última instância, da aceitação do falecido no plano espiritual. Mas, diferente do que ocorre em doutrinas que se definem como espíritas ou espiritualistas, não há na Igreja de Jesus Cristo dos Santos dos Últimos Dias nenhum tipo de comunicação direta com os mortos. Então, nunca se sabe de fato se o falecido aceitou ou não o batismo. Mas isso não é um problema: para os mórmons, o "batismo por procuração" é realizado por uma questão de fé e com base naquilo que acreditam ser uma obediência às escrituras.[14]

A necessidade de selar a união da família, incluindo parentes já falecidos, explica o interesse dos mórmons pela genealogia e, consequentemente, o investimento voluptuoso da Igreja na digitalização de documentos de imigração e batismo. "Nós o fazemos [o investimento] para conseguir os nomes e outras informações genealógicas de modo que as ordenanças do templo possam ser realizadas por nossos queridos antepassados".[15]

A Igreja de Jesus Cristo dos Santos dos Últimos Dias trabalha com a perspectiva genealógica há muito tempo. Em 1894, eles fundaram a "Sociedade Genealógica de Utah", que desde então vem se dedicando "à preservação de registros da família humana".[16] O FamilySearch, mantido pela Igreja, deriva, portanto, de um longo *know-how* dos mórmons no campo. O site, lançado em 24 de maio de 1999, detém atualmente o *status* de maior site de genealogia do mundo, contendo bilhões de nomes de mais de 110 países em que os mórmons realizam trabalhos de digitalização.[17]

Os mórmons incentivam todas as pessoas – não só mórmons – a conhecerem seus antepassados. Em 2014, a Igreja promoveu, por exemplo, a primeira edição da Feira de Genealogia e História da Família, em Jacarepaguá, no Rio de Janeiro. Em seu centro de genealogia, aberto ao público da cidade, os visitantes aprenderam a montar suas árvores genealógicas. Segundo o conselheiro do Bispado da Ala Curicica da Estaca Jacarepaguá, Paulo Henrique de Carvalho, "esta busca faz com que as famílias se unam e honrem suas origens. Acreditamos que não podemos obter o aperfeiçoamento pessoal sem estarmos ligados aos antepassados; sem, por exemplo, conhecer os sacrifícios feitos para estarmos aqui".[18]

Para manter um trabalho dessa envergadura, os recursos financeiros são fundamentais. Segundo informações publicadas pela revista *IstoÉ Dinheiro*, os mórmons possuem um "império comercial" avaliado em 40 bilhões de dólares.[19] A origem desse enorme patrimônio se explica em grande parte pelo talento dos membros da Igreja no gerenciamento de negócios diversificados – seus conceitos são amplamente aplicados no mundo empresarial – e pela generosidade de seus fiéis, muitos dos quais empresários bem-sucedidos que contribuem regularmente com doações:

> Dona de diversos negócios com fins lucrativos, organizados sob a holding DMC, com sede em Salt Lake City, no Estado de Utah, a empresa conta com seis subsidiárias, que controlam 11 estações de rádio, uma emissora de tevê, diversas empresas de mídia impressa e digital, além de uma prestadora de serviço de hospitalidade e uma seguradora, com mais de US$ 3,3 bilhões em ativos. Neste ano, inaugurou um shopping que custou US$ 2 bilhões em sua terra natal, onde está localizado o maior templo da Igreja, com capacidade para sete mil fiéis. É fácil entender por que os mórmons têm tantas posses. Eles podem ser considerados a mais capitalista das religiões; embora outras, como a calvinista, abençoem o lucro e estimulem seus seguidores a enriquecer, ela difere na forma como está organizada, semelhante à [estrutura] de uma corporação.[20]

Bilionários de todo o mundo contribuem com a Igreja. Um deles é o americano John Willard Marriott, presidente das cadeias de hotéis *Marriot*, que contribui, segundo a revista, com 10% de seus rendimentos. No Brasil, o empresário paulista Carlos Martins, fundador e presidente do Grupo Multi Holding, que até pouco tempo detinha marcas como as escolas de idiomas Wizard e Yázigi, também é membro da Igreja, tal qual David Neeleman, criador da companhia aérea Azul, uma das grandes da aviação civil.[21]

Com todo esse aporte financeiro, o FamilySearch pode ser oferecido de graça, diferente de outros sites de genealogia na internet, que cobram – e caro – pelo serviço que oferecem. No Brasil, como vimos, o Arquivo Nacional se tornou o principal parceiro da ferramenta. Mas há diversos outros arquivos que já cederam seus documentos para a digitalização, caso do Arquivo Público do Estado do Rio de Janeiro e do Arquivo Público do Estado do Rio Grande do Sul. Atualmente, o FamilySearch divide e classifica a documentação brasileira em 33 coleções, abarcando um período que vai de 1598 a 2014.[22] No momento em que este capítulo é escrito, já foram indexados pelo site 10.362.187 registros, dos quais 7.191.828 contendo imagens. A maior destas coleções se intitula "Brasil, Batismos, 1688-1935", reunindo 3.437.636 registros. A segunda é "Brasil, Cartões de imigração, 1900-1965", com 3.256.954 registros, da qual fazem parte as fichas consulares.[23] O restante do acervo inclui imagens de sepulturas, certidões de casamentos, certidões de óbitos, registros civis, registros de sepultamento e variados registros produzidos pela Igreja Católica.[24]

Em 2015, a imprensa anunciou dois novos convênios firmados pelos mórmons no país. O primeiro, em julho, com o Arquivo Público do Estado do Rio de Janeiro, para a digitalização do acervo das polícias que atuaram na cidade durante o século XX. "Começaram pelas fichas remissivas (com nomes, sobrenomes e prenomes) produzidas entre 1918 e 1983 – um total de cerca de 2,5 milhões de itens".[25] O segundo, com o Arquivo Nacional. Dessa vez, para a digitalização de três novas coleções: solicitações de identidade de estrangeiros, processos de naturalização e registros civis do estado do Rio de Janeiro – totalizando 93 milhões de imagens.[26]

Embora seja antes de tudo uma ferramenta voltada para pessoas que desejam descobrir seus antepassados e, assim, montar elaboradas árvores genealógicas, o FamilySearch tem sido amplamente utilizado para a pesquisa historiográfica. Alysson de Ávila Costa, por exemplo, aluno do curso de História da Universidade Federal do Paraná, elaborou um artigo sobre práticas nominativas e inserção social de indígenas em Rio Pardo, Rio Grande do Sul, no século XVIII. Praticamente todos os gráficos e tabelas produzidos por Costa neste trabalho foram baseados em livros de batismos disponibilizados pelo FamilySearch (Costa, 2013). Em outro artigo, o pesquisador Thiago Krause, professor de História Moderna da Fundação Getúlio Vargas (FGV), também usou livros de batismo do século XVII disponibilizados no FamilySearch. Porém, desta vez, para produzir tabelas e gráficos de escravos batizados em diversas regiões da Bahia (Krause, 2014). Eu, autor deste capítulo, utilizei o FamilySearch para elaborar minha tese de doutorado. Através do banco de dados mórmons, pude mapear vários criminosos nazistas que imigraram para o Brasil após a Segunda Guerra Mundial (Carvalho, 2015). Os estudos sobre imigração, a propósito, como já sinalizei, têm se beneficiado bastante com o serviço.

Para além de historiadores, o site mórmon já foi objeto central de pelo menos dois trabalhos, ambos monografias, no campo da Arquivologia. O primeiro trabalho pertence a Susana Weiss Pereira, que se graduou na Universidade Federal do Rio Grande do Sul. Seu trabalho se intitula *Bases de dados genealógicas: conceituação e apresentação*. Nesta monografia, Pereira analisa de forma comparativa três plataformas on-line de genealogia: FamilySearch, MyHeritage e Familiaridade (Pereira, 2015). O segundo trabalho pertence Ana Maria Martin, que tornou-se bacharel pela Universidade Estadual da Paraíba ao defender o trabalho *As famílias são eternas: difusão cultural do site FamilySearch.org – um arquivo do mundo* (Martin, 2012).

LIMITES E POTENCIALIDADES DO FAMILYSEARCH

Desde o final da década de 1980, após o desenvolvimento das chamadas "novas mídias", a digitalização de acervos históricos tem provocado uma profunda e irreversível transformação na pesquisa historiográfica. Além dos bancos de dados on-line e de sofisticados softwares de indexação baseados em inteligência artificial, vamos observar o uso crescente de scanners de alta resolução, com lâmpadas sem luz ultravioleta e dotados com microprocessadores de alta performance. Esses scanners vêm permitindo transpor para o meio digital e on-line uma parcela cada vez maior de arquivos e bibliotecas. O FamilySearch é parte desse amplo fenômeno que combina história e tecnologia, passado e futuro, tradição e modernidade.

A digitalização de documentos históricos tem desdobramentos positivos evidentes para o ofício do historiador, entre os quais podemos destacar: democratização do conhecimento, superação de fronteiras geográficas, consultas simultâneas de documentos, preservação do original, acesso assíncrono e a suplantação do horário de funcionamento das instituições de memória. Uma das mais importantes vantagens e potencialidades do material digitalizado, porém, advém do processo de indexação do documento. Uma vez que os documentos são indexados, isto é, quando os seus caracteres são reconhecidos, ordenados, classificados e disponibilizados para pesquisa, o pesquisador ganha tempo e otimiza sua pesquisa. A busca por palavra-chave – produto final da indexação – tem permitido uma verdadeira revolução na pesquisa histórica. Se antes era preciso passar dias, semanas e até mesmo meses em busca de uma informação, agora é bastante provável encontrar o que se deseja em alguns poucos segundos. Com mais tempo, o pesquisador investe em leituras, em análises, na escrita e até mesmo na ampliação do escopo da pesquisa.

Outra potencialidade do FamilySearch diz respeito ao campo de estudos mais beneficiado pela disponibilização das fichas consulares: os estudos sobre imigração. Essas fichas ajudam pesquisadores a rastrear trajetórias, mapear indivíduos e seus parentes, bem como compreender as circunstâncias da entrada desses estrangeiros no Brasil em um período particularmente especial. Nas décadas de 1930, como vimos, os judeus estavam sendo obrigados a deixar a Europa e muitos procuravam o Brasil como destino. Mas eles não foram os únicos: o fluxo de portugueses, japoneses, árabes, espanhóis e italianos também foi significativo neste momento. Nas décadas de 1940 e 1950, temos mais um período importante em termos de imigração. Nesse imediato pós-guerra, o fluxo imigratório é reestabelecido e muitos agricultores e profissionais liberais, cientistas, engenheiros e técnicos, além de refugiados de guerra, foram atraídos para o país. As fichas consulares contam parte desta história e ajudam a mapear tendências, grupos e a política imigratória de cada momento.

O uso das fichas consulares em prol da chamada "História Pública" pode ser considerado uma terceira potencialidade do FamilySearch. Acredita-se que o historiador Richard Kelly, da Universidade da Califórnia, tenha sido o primeiro a empregar o termo *Public History*, em 1976. O autor define *Public History* como "o trabalho de historiadores e do método histórico fora da academia: no governo, nas empresas privadas, nos meios de comunicação, nas sociedades históricas, museus e até mesmo em espaços particulares." (Kelley, 1978). Nas últimas décadas, contudo, esse conceito foi alargado, sendo também aceito para se referir à relação do grande público com projetos de história. Segundo Allan S. Newell, "história pública pode ser caracterizada mais como uma atitude ou uma percepção acerca do uso e do valor da história do que como um campo da história" (Newell, 2012). Desse modo, projetos de divulgação de acervos históricos, como o FamilySearch, focado na montagem de árvores genealógicas, estariam no cerne da História Pública. O FamilySearch estimula, afinal de contas, o envolvimento do público não especialista com o passado. E ele faz isso de várias formas: permitindo o acesso a memórias familiares, através da elaboração de narrativas identitárias, da conformação de trajetórias até então desconhecidas e, sobretudo, por meio do desenvolvimento de uma consciência histórica ampla e que valoriza o lugar do indivíduo na história.

O universo da digitalização, entretanto, está longe de se ver livre de falhas e limitações técnicas. No caso do FamilySearch, que não foi desenhado tendo em visto as demandas específicas da pesquisa historiográfica, os "problemas" são ainda mais flagrantes. As fichas consulares, por exemplo, encontram-se desvinculadas dos prontuários de estrangeiros. Esses prontuários eram preenchidos pelas autoridades policiais de imigração logo depois que o estrangeiro entrava no país. O material reunia informações detalhadas sobre ele, tais como endereço de residência no Brasil, impressões digitais e toda sorte de material por ele reunido no exterior a fim de obter o visto. Em alguns casos, esses prontuários podem levar o historiador a pedidos de expulsão, extradição e naturalização. No futuro, com a possível digitalização desses prontuários, essa limitação poderá ser resolvida. Mas, por enquanto, o pesquisador precisa solicitar ao Arquivo Nacional, no Rio de Janeiro, cada prontuário que deseja pesquisar, procedimento este que gera custos e que pode levar até semanas para ser concluído.

Outra limitação advém da forma como a indexação das fichas consulares foi realizada pelo FamilySearch. É possível pesquisar por evento da vida do estrangeiro (nascimento, casamento, residência, falecimento), pelo nome (pessoa, cônjuge), por localidade, lote e filme. Mas não é possível buscar fichas emitidas por consulado, autoridade consular, profissão do estrangeiro ou por legislação imigratória. Afinal de contas, como se trata de uma ferramenta que leva em conta as necessidades genealógicas da fé mórmon, o FamilySearch privilegiou as demandas da Igreja de Jesus Cristo dos Santos dos Últimos Dias e não da pesquisa acadêmica.

Ainda falando de limites, vale sublinhar que cerca de 2% das fichas consulares não foi digitalizada pelo FamilySearch. É uma porcentagem bastante pequena, mas que não deve ser desprezada pelo historiador. Se a busca nada encontrar na base mórmon, é possível que a ficha procurada esteja dentro deste percentual não digitalizado – seja porque tais fichas foram esquecidas ou porque não se encontravam em situação de serem digitalizadas. E esta pode ser apenas uma das explicações possíveis para a não localização de uma ficha. Vale lembrar que parte do material original, ao longo do tempo, pode ter se perdido pelos mais variados motivos, desde uma armazenagem em local trocado – que é comum em qualquer arquivo – ou por intempéries provocadas por fungos, umidade, luz, ferrugem e até mesmo pela manipulação humana. Além disso, devemos lembrar que nem todos os estrangeiros chegavam ao Brasil com as fichas consulares em mãos. Eles poderiam, por exemplo, perder o documento durante a viagem. Em outros casos, a não emissão era uma decisão do consulado de origem. Alguns diplomatas, como se sabe, eram avessos à burocracia estatal ou não as assinavam por motivos políticos.

PROPOSTA METODOLÓGICA: A FICHA COMO ÍNDICE DE PESQUISA

Sabemos que as fontes históricas, quer no meio digital ou não, sempre ensejam procedimentos e ritos analíticos conscientes por parte do historiador. Elas são fruto daquilo que Michel de Certeau chama de "operação historiográfica". De acordo com o historiador francês, "em história, tudo começa com o gesto de separar, de reunir, de transformar em documentos certos objetos distribuídos de outra maneira" (De Certeau, 2002: 81). Por isso, quero propor aqui uma abordagem metodológica possível das fichas consulares digitalizadas pelo FamilySearch. Essa proposta, adianto, entende essas fichas como *índices de pesquisa*. Em outras palavras, acredito que ela deve ser tomada não como um fim em si mesma, mas como um ponto de partida da pesquisa.

A ficha consular, como qualquer documento histórico, deve ser lida como um objeto de investigação repleto de sentidos e historicidade. Enquanto discurso, possui gramática, organização e lógica próprias. Deve ser compreendida como produto de seu tempo. Minha sugestão metodológica assenta-se em cinco itens fundamentais das fichas que, quando tomados juntos, permitem ao historiador usá-las como *índices de pesquisa*. Cada um desses itens vai nos fornecer perguntas, direcionamentos, estratégias e o uso de outras ferramentas de pesquisa, tanto na internet quanto em arquivos em lugares físicos, “tradicionais”. Essa abordagem visa principalmente, mas não exclusivamente, àqueles que estudam imigração.

Para demonstrar essa proposta metodológica, vou tomar como exemplo a ficha consular a seguir, uma das várias utilizadas em minha pesquisa de doutorado. Franz Paul Stangl, o estrangeiro da ficha, nascido na Áustria e proveniente da Síria, foi preso no Brasil em 1967. Ele foi um dos comandantes do campo de extermínio nazista de Treblinka. Foi preso pelas autoridades brasileiras e, alguns meses depois, extraditado para a Alemanha. O itinerário que seguirei adiante, vale lembrar, pode ser aplicado a qualquer outra ficha.[27]

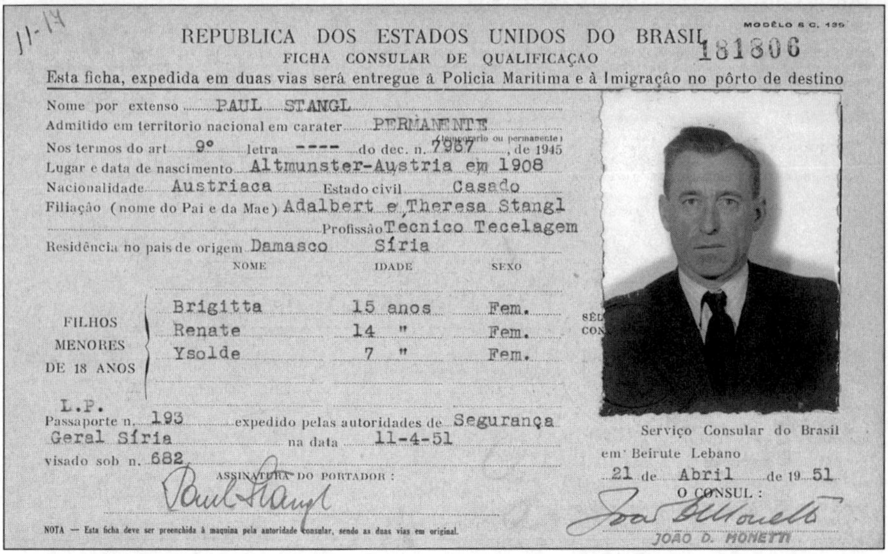

11-14

MODÊLO 6 C. 139

REPUBLICA DOS ESTADOS UNIDOS DO BRASIL 181806

FICHA CONSULAR DE QUALIFICAÇAO

Esta ficha, expedida em duas vias será entregue à Policia Maritima e à Imigração no pôrto de destino

Nome por extenso PAUL STANGL

Admitido em territorio nacional em carater PERMANENTE (temporario ou permanente)

Nos termos do art 9° letra ---- do dec. n. 7967, de 1945

Lugar e data de nascimento Altmunster-Austria em 1908

Nacionalidade Austriaca Estado civil Casado

Filiação (nome do Pai e da Mae) Adalbert e Theresa Stangl

Profissão Técnico Tecelagem

Residência no pais de origem Damasco Síria

FILHOS MENORES DE 18 ANOS

NOME	IDADE	SEXO
Brigitta	15 anos	Fem.
Renate	14 "	Fem.
Ysolde	7 "	Fem.

L.P.

Passaporte n. 193 expedido pelas autoridades de Segurança Geral Síria na data 11-4-51

visado sob n. 682

ASSINATURA DO PORTADOR: Paul Stangl

NOTA — Esta ficha deve ser preenchida à maquina pela autoridade consular, sendo as duas vias em original.

Serviço Consular do Brasil

em Beirute Lebano

21 de Abril de 19 51

O CONSUL:

JOÃO D. MONETTI

Imagem 2 – Ficha consular de Franz Paul Stangl.

Fonte: Arquivo Nacional e FamilySearch. Disponível em: <familysearch.org>. Acesso em: 2 maio 2017.

Item 1 – nome do estrangeiro: quando iniciamos uma busca no FamilySearch (ou em qualquer outro banco de dados on-line semelhante), precisamos ter certeza do nome correto do estrangeiro. Mas nem sempre isso garante que seremos bem-sucedidos. Durante as pesquisas iniciais de doutorado, eu achava, por exemplo, que o nome completo de Stangl era *Franz Stangl*. Ao jogar o nome no FamilySearch, encontrei rapidamente uma ficha consular que parecia ser a dele. Algum tempo depois, porém, percebi que aquela não era a ficha que eu procurava. Stangl tinha um homônimo, de origem alemã, que imigrou para o Brasil mais ou menos na mesma época e que tinha quase a sua idade. Isso me levou a examinar as diversas outras fichas de estrangeiro que também traziam o sobrenome "Stangl". Descobri, então, que o Stangl que eu procurava tinha entrado no Brasil omitindo o seu primeiro nome, usando, no lugar dele, o seu nome do meio: *Paul*. Assim, localizei a ficha correta.

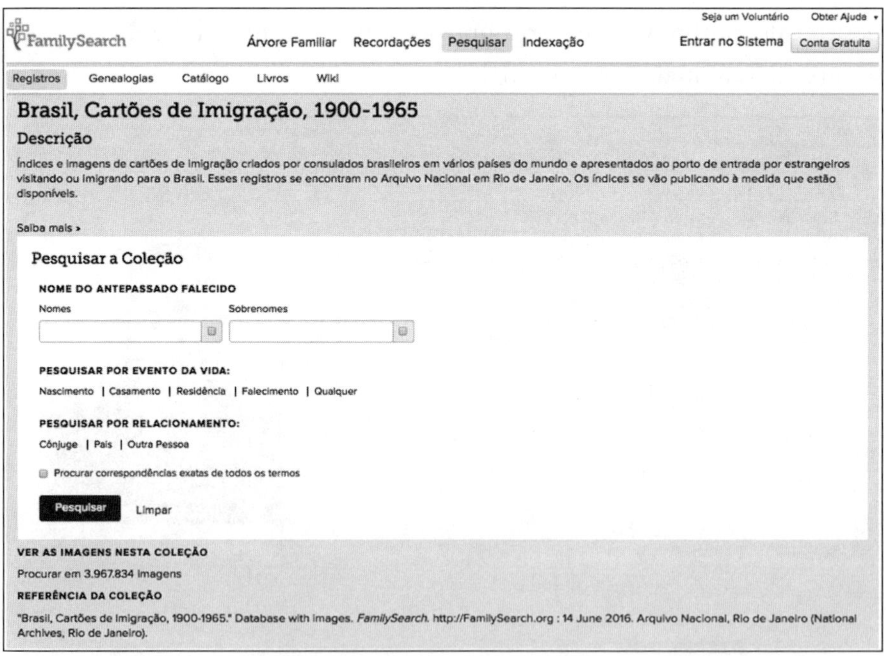

Imagem 3 – Tela de pesquisa da coleção *Cartões de imigração*.

Fonte: FamilySearch. Disponível em: <familysearch.org/search/collection/1932363>. Acesso em 17 abr. 2017.

Fichas com fotografias ajudam a desfazer essas ambiguidades. Foi o que me ajudou nesse caso particular. Quando não houver imagem, o local de nascimento, a filiação ou a data de imigração ajudam. Ainda assim, em alguns casos, o pesquisador pode continuar sem encontrar o documento correto. Por quê? Há muitas explicações possíveis. Não raro, nomes estrangeiros eram datilografados com pequenos erros, mas suficientes para criar um problema ao se buscar uma ficha no FamilySearch. É possível ainda que o software de indexação usado pelo FamilySearch tenha cometido um equívoco, trocando uma letra, por exemplo. Nesse caso, vale tentar combinações. Por exemplo: "Frans Stangl" ou "Franz Stangel".

Todas essas possibilidades, no fim das contas, demonstram que a primeira etapa da pesquisa, aparentemente a mais fácil, pode significar um entrave para o historiador. Uma boa maneira de conferir a grafia do nome com que o estrangeiro entrou no Brasil é consultar bases externas na internet. Recomendo duas: a primeira se chama "Fold3 – Ancestry". Ela é um banco de dados de documentos, imagens e outros materiais cobrindo principalmente história militar.[28] A segunda é lista de passageiros do vapor que trouxe o estrangeiro pesquisado ao Brasil. Essas listas – pelo menos parte delas – já foram digitalizadas pelo Arquivo Nacional e estão disponíveis em seu site. A lista de passageiros, inclusive, pode trazer outros dados valiosos sobre o objeto de pesquisa, tais como classe em que viajou (primeira classe, por exemplo, indica poder aquisitivo elevado), porto de saída, data de entrada no Brasil, duração da viagem e acompanhantes.[29]

Item 2 – o caráter do visto: no período aqui trabalhado, o estrangeiro podia ter entrado no Brasil com dois vistos: temporário ou permanente. É preciso estar atento a essa classificação, pois o indivíduo em questão pode ter vindo ao Brasil mais de uma vez e com diferentes vistos. Em uma primeira vez, por exemplo, ele veio de férias (visto temporário). Em uma segunda, como imigrante (permanente – extensível a toda a família). Se isso acontecer, ele terá duas fichas. Há homens de negócios que, ao visitar o Brasil várias vezes, produziram diversas fichas consulares de qualificação. Às vezes, apenas uma ficha interessa ao pesquisador; em outros casos, todas interessam. É recomendado mapear todas.

Mais do que uma mera formalidade burocrática, a natureza dos vistos deve ser compreendida dentro de um sistema político bastante amplo. No final das décadas de 1930 e 1940, durante a perseguição nazista, muitos judeus solicitavam vistos temporários – geralmente cedidos àqueles que desejavam apenas visitar o país – porque eles eram mais facilmente aprovados, uma vez que havia a promessa de retorno por parte do "indesejável". Acontece, porém, que o estrangeiro acabava ficando no Brasil permanentemente. Para saber se isso aconteceu, recomenda-se que o historiador busque o prontuário do estrangeiro no Arquivo Nacional ou busque por arquivos da polícia política em âmbito regional. No Arquivo Público do Estado do Rio de Janeiro, por exemplo, há um fundo chamado "Polícia Política" com milhões de prontuários que complementam informações sobre estrangeiros que se envolveram, direta ou indiretamente, com política no Brasil. Também vale usar a busca geral do próprio FamilySearch, já que o estrangeiro pode ter imigrado, após deixar o Brasil, para outro país.

Item 3 – a lei que ampara a admissão do estrangeiro: falamos há pouco que uma das limitações do FamilySearch é o fato de que o seu sistema não permite a busca pelo nome da autoridade consular e nem pelo consulado. Além disso, poderíamos acrescentar outra informação não indexada que faz falta ao historiador que usa a ferramenta: a lei que ampara a admissão do estrangeiro. Tal entrada não faz diferença para aqueles que buscam montar sua árvore genealógica – motivo pelo qual não consta no FamilySearch. Porém, para os historiadores, essa informação é importante, já que poderia determinar fácil e rapidamente todos os estrangeiros que foram admitidos por cada lei imigratória.

De qualquer forma, em todas as fichas essa lei encontra-se claramente indicada, como vemos na ficha de Stangl. E por que isso é importante? Porque elas refletem a política ideológica do governo brasileiro em diferentes momentos históricos. A Lei n. 7.967, de 1945, que admitiu a entrada de Stangl, por exemplo, privilegiava, tal qual no período anterior, a imigração de elementos brancos, cristãos, técnicos e agricultores. Essa informação nos permite conhecer, assim, o contexto da imigração. Se não explica totalmente como ou por que uma pessoa com o passado nazista de Stangl entrou no Brasil, pelo menos sinaliza a justificativa legal usada pelo governo. O site do Senado brasileiro deve ser consultado em paralelo já que ele organiza a legislação brasileira de forma bastante completa, incluindo até mesmo as várias alterações e atualizações da lei.[30]

Cabe destacar, por fim, que, muitas vezes, sabendo das preferências da legislação brasileira, o estrangeiro mentia sobre a sua profissão. Stangl, por exemplo, disse ser "técnico tecelagem", provavelmente por saber que a política imigratória do Brasil privilegiava técnicos. Daí a importância de observar o campo "profissão" à luz da lei que lhe amparou o visto.

Item 4 – estado civil: Se o(a) imigrante for casado(a), o pesquisador deve procurar saber se a esposa/marido também entrou no Brasil, tal como seus filhos. Stangl era casado. Em outras fontes, descobri que sua esposa tinha o mesmo nome de sua mãe, Thereza. Em seguida, foi fácil localizar sua ficha consular. Thereza Eidenbock Stangl também imigrou para o Brasil, proveniente da Síria. Para encontrar o nome de Thereza, utilizei duas outras ferramentas on-line: o JusBrasil e a Hemeroteca Digital da Biblioteca Nacional. A primeira é um site jurídico bastante conhecido entre advogados que reúne décadas de legislação, artigos, jurisprudências e diários oficiais, tudo digitalizado e gratuito.[31] A segunda é o projeto de digitalização mais ambicioso do Brasil, reunindo milhões de páginas digitalizadas dos maiores jornais brasileiros, do século XVI a XX. Ao procurar por "Franz Stangl" nesses bancos de dados, deparei-me com diversas outras informações que me permitiram conhecer mais sobre sua vida no Brasil.[32]

Item 5 – Consulado/Cônsul: este talvez seja um dos itens mais importantes. O período das fichas consulares é um período de intenso controle burocrático do Estado frente à imigração. Mas não apenas isso. O Estado, nesse mesmo período, construiu seu sistema tendo por base uma série de premissas eugênicas, antissemitas e racistas (Koifman, 2012). Durante boa parte do período coberto pelas fichas consulares, por exemplo, as autoridades governamentais estavam empenhadas em "branquear" a sociedade brasileira através da miscigenação, sendo a imigração de levas de homens e mulheres brancas uma forma de acelerar esse processo. Durante os anos 1930 e 1940, além disso, notórios antissemitas, muitos dos quais intelectuais, detinham posições de relevo dentro do Estado brasileiro, o que elevou a emissão de "circulares secretas" enviadas a representações diplomáticas brasileiras no exterior, orientando a restrição para a vinda de judeus (Milgram, 1994). Os cônsules, porém, interpretavam essas circulares de forma diferente, dependendo de sua bagagem política e de suas influências sociais e ideológicas. Compreender, dessa forma, qual serviço consular foi procurado pelo estrangeiro e qual o cônsul responsável pela assinatura da ficha são informações essenciais. Uma vez identificado o cônsul, o pesquisador pode saber mais sobre a sua trajetória profissional consultando o *Anuário do Ministério das Relações Exteriores – Departamento de Administração*, que pode ser encontrado na Biblioteca do Arquivo Histórico do Itamaraty, no Rio de Janeiro. O livro-documento também é indicado para identificar nomes não totalmente legíveis nas fichas consulares. No caso da ficha de Stangl, podemos ler que o responsável pelo visto dado ao austríaco foi o diplomata João Desiderati Monetti, Secretário da Legação do Consulado Brasileiro em Beirute.

OUTROS ITENS QUE DEVEM SER OBSERVADOS

As fichas são documentos de "dupla face". O verso, diferente da frente, preenchida pelo cônsul, era preenchido pelas autoridades policiais no porto que em que estrangeiro desembarcava. Nessa face, deveriam ser informados os seguintes dados: data do desembarque, embarcação que trouxe o estrangeiro, permanência no território nacional, carteira de identidade policial, endereço de residência, trabalho que será executado no país, porto de saída e impressão digital. Raramente todas essas informações eram preenchidas, por motivos diversos. Os estrangeiros que vinham como imigrantes, por exemplo, não tinham por que indicar o porto que pretendiam sair do Brasil. Apenas os estrangeiros de passagem pelo país deveriam indicar essa informação. Alguns outros não tinham trabalho e, portanto, deixavam esse campo em branco. É comum encontrar pelo menos dois desses campos preenchidos em grande parte das fichas. O FamilySearch permite explorar os dois lados (é possível fazer download).

Em determinadas fichas, os diplomatas podiam escrever ou datilografar pequenas instruções, além de referências a decretos-lei, ofícios, circulares, cartas-telegramas ou bilhetes verbais publicados pelo Ministério das Relações Exteriores. Essas anotações – sempre curtas, objetivas e apenas aparentemente indecifráveis – são pistas que devem ser seguidas pelo pesquisador. Neste aspecto, a ficha, mais uma vez, vai se mostrar um *índice de pesquisa histórica*. Para decifrar tais referências, o pesquisador precisa consultar a correspondência diplomática entre o Itamaraty e a representação diplomática que preencheu a ficha em questão. Se esta vai até o ano de 1959, esse material certamente se encontra no Arquivo Histórico do Itamaraty, seção Rio de Janeiro; se a documentação é igual ou posterior a 1960, o material certamente está depositado no Arquivo Histórico do Itamaraty, seção Brasília. Não raro, essas anotações remetem aos chamados "maços temáticos", um material não encadernado que cobre uma rubrica temática específica e frequentemente esquecido pelos historiadores, que quase sempre pesquisam apenas no material regular produzido pelos consulados e organizado pelo Itamaraty.

CONSIDERAÇÕES FINAIS

Este capítulo teve por objetivo apresentar as fichas consulares de estrangeiros que entraram no Brasil como fontes históricas, observando sua historicidade, seus potenciais e seus limites de pesquisa. Nos últimos anos, essa documentação, potencializada pela ferramenta digital e on-line FamilySearch, tem permitido o aprimoramento sistemático de pesquisas historiográficas, sobretudo pesquisas que se debruçam sobre o universo da imigração. Ao discutir a trajetória dessa fonte, desde sua criação, mediante o Decreto-Lei n. 30.010 de 1938, até a sua digitalização, em 2009, portanto, cobrindo um arco histórico de 70 anos, espero ter contribuído para ampliar nosso conhecimento a respeito dessa documentação, mostrando ainda a importância da digitalização de fundos e acervos históricos. Além disso, sugeri uma possível abordagem metodológica para o uso dessas fichas. Essa abordagem foca cinco itens fundamentais, enumerados e analisados anteriormente. Esses itens não só fornecem informações importantes ao pesquisador, como o levam a usar outras ferramentas e arquivos, digitais ou não, de maneira a estabelecer uma narrativa hipertextual.

Via de regra, artigos que abordam o uso de ferramentas tecnológicas para a pesquisa historiográfica tendem a caducar com o avançar dos anos. Reconheço que este capítulo possa ser superado em um futuro próximo neste sentido. Se sua leitura, no entanto, ajudar a contar um pouco da história de uma fonte tão valiosa para se pensar a imigração para o Brasil, bem como a sua relação com a iniciativa da Igreja de Jesus Cristo dos

Santos dos Últimos Dias, ou, ainda, principalmente, se este texto ajudou pelo menos um historiador em sua pesquisa, já terá valido o esforço – e o apetite voraz do tempo será apenas um detalhe.

NOTAS

[1] Brasil, Decreto-Lei n. 3.010, de 20 de agosto de 1938. Art. 43.

[2] Brasil, Decreto-Lei n. 3.010, de 20 de agosto de 1938. Art. 28.

[3] Brasil, Decreto-Lei n. 3.010, de 20 de agosto de 1938. Art. 87.

[4] Brasil, Decreto-Lei n. 3.010, de 20 de Agosto de 1938. Art. 104.

[5] Brasil, Decreto-Lei n. 3.010, de 20 de agosto de 1938. Art. 95.

[6] Agradeço ao historiador Fabio Koifman, que teve a generosidade de me explicar a situação desse material antes de sua digitalização e disponibilização pelo FamilySearch.

[7] Agradeço ao arquivista Sátiro Ferreira Nunes, que teve a generosidade de compartilhar comigo informações sobre o processo de digitalização deste material.

[8] Brasil, Arquivo Nacional - Relatório de Gestão do Exercício de 2009, p. 55.

[9] Agradeço ao arquivista Sátiro Ferreira Nunes, que teve a generosidade de compartilhar comigo informações sobre o processo de digitalização deste material.

[10] *O Globo*, "Brasil só perde para EUA e México no número de mórmons", 29/01/2012, disponível em <http://oglobo.globo.com/brasil/brasil-so-perde-para-eua-mexico-em-numero-de-mormons-3789430>, acesso em 21 mar. 2016.

[11] *Folha de S.Paulo*, "Líderes mórmons admitem poligamia de fundador da igreja", disponível em <http://www1.folha.uol.com.br/mundo/2014/11/1546771-lideres-mormons-admitem-poligamia-de-fundador-da-igreja.shtml>, acesso em 4 abr. 2016.

[12] Disponível em <https://www.mormon.org/por/historia-da-familia>, acesso em 21 mar. 2016.

[13] Disponível em <https://www.mormon.org/por/historia-da-familia>, acesso em 21 mar. 2016.

[14] Agradeço ao historiador Fernando Pinheiro que teve a generosidade de compartilhar comigo informações detalhadas sobre a fé mórmon.

[15] Disponível em <https://www.mormon.org/por/historia-da-familia>, acesso em 21 mar. 2016.

[16] Disponível em <https://familysearch.org/about>, acesso em 21 mar. 2016.

[17] Disponível em <https://www.mormon.org/por/historia-da-familia>, acesso em 21 mar. 2016.

[18] *O Globo*, "As folhas da árvore", 30 nov. 2014, p. 6.

[19] *IstoÉ Dinheiro*, "O jeito Mórmon de fazer negócios", 16 ago. 2012, s/p.

[20] Idem.

[21] Idem.

[22] Destas 33 coleções, dez foram indexadas até o momento. As demais 23 ainda aguardam indexação, mas estão disponíveis no FamilySearch e podem ser consultadas por imagem.

[23] Disponível em <familysearch.org/search/collection/location/1927159?region=Brasil>, acesso em 19 mar. 2016.

[24] Disponível em <familysearch.org/search/collection/location/1927159?region=Brasil>, acesso em 19 mar. 2016.

[25] *O Globo*, "À procura de Adão e Eva", 13 jul. 2015, p.10.

[26] Passado Italiano, "Firmado acordo entre FamilySearch e Arquivo Nacional", 16/12/2015, disponível em <http://passadoitaliano.com/noticia/firmado-acordo-entre-familysearch-e-arquivo-nacional/197>, acesso em 21 mar. 2016.

[27] Para procurar outras fichas consulares, o usuário deve acessar a coleção chamada "Brasil, Cartões de Imigração, 1900-1965".

[28] Disponível em <https://www.fold3.com/>, acesso em 4 abr. 2016.

[29] Disponível em <http://www.arquivonacional.gov.br/>, acesso em 4 abr. 2016.

[30] Disponível em <http://www12.senado.leg.br/hpsenado>, acesso em 4 abr. 2016.

[31] Disponível em <http://www.jusbrasil.com.br/>, acesso em 4 abr. 2016.
[32] Disponível em <http://memoria.bn.br>, acesso em 4 abr. 2016.

Referências

BRASIL. *Anuário do Ministério das Relações Exteriores – Departamento de Administração.*

_____. *Arquivo Nacional - Relatório de Gestão do Exercício de 2009.*

_____. *Decreto-Lei n. 3.010, de 20 de agosto de 1938.*

CARVALHO, Bruno Leal Pastor de. *O homem dos pedalinhos*: Herberts Cukurs, o Estado brasileiro e a questão dos criminosos nazistas no Brasil do pós-guerra (1945-1965). Rio de Janeiro, 2015. Tese (Doutorado em História) – Programa de Pós-Graduação em História Social da UFRJ.

COSTA, Alysson de Ávila. "Do lado de cá do Rio Uruguai: práticas nominativas e inserção social de indígenas em Rio Pardo (RS, 1785-1765)". *Revista Cadernos de Clio*. Curitiba, v. 4, n. 1, 2013.

DE CERTEAU, Michel. *A escrita da história*. Rio de Janeiro: Forense Universitária, 2002.

HENN, William. Mórmons. In: PAIXÃO NETTO, João; MACHADO, A. A. *Lexicon-Dicionário Teológico Enciclopédico*. São Paulo: Loyola, 2003, pp. 515-6.

KELLEY, Robert. "Public History: Its Origins, Nature, and Prospects". *The Public Historian*. 1978, pp. 16-28.

KOIFMAN, Fabio. *Quixote nas trevas*: o embaixador Souza Dantas e os refugiados do nazismo. Rio de Janeiro: Record, 2012.

_____. *Imigrante ideal*: o Ministério da Justiça e a entrada de estrangeiros no Brasil (1941-1945). Rio de Janeiro: José Olympio, 2012.

KRAUSE, Thiago. "Compadrio e escravidão na Bahia seiscentista". *Afro-Ásia*. Salvador, n. 50, 2014, pp. 199-228.

MARTIN, Ana Maria. *As famílias são eternas*: difusão cultural do site familysearch.org – um arquivo do mundo. João Pessoa, 2014. Monografia – UEPB.

MILGRAM, Avraham. *Os judeus do Vaticano*: a tentativa de salvação de católicos não arianos da Alemanha ao Brasil através do Vaticano (1939-1942). Rio de Janeiro: Imago, 1994.

MOVSCHOWITZ, Jeronimo. *Nem negros, nem judeus*: a política imigratória de Vargas e Dutra (1930-1954). Rio de Janeiro, 2001. Dissertação (Mestrado em História) – UERJ.

NEWELL, Allan S. Public History. In: KAMMEN, Carol; WILSON, Amy H. (eds.) *Encyclopedia of Local History*. New York: Altamira Press, 2012, p. 474.

PEREIRA, Susana Weiss. *Bases de dados genealógicas*: conceituação e apresentação. Porto Alegre, 2015. Monografia – UFRGS.

Sites

https://familysearch.org
https://www.mormon.org
http://passadoitaliano.com
https://www.fold3.com
http://www.arquivonacional.gov.br
http://www12.senado.leg.br
http://www.jusbrasil.com.br
http://memoria.bn.br

Imprensa

O Globo
IstoÉ Dinheiro
Folha de S.Paulo

Manuais didáticos

Rogério Rosa Rodrigues

Neste capítulo, partirei de um caso particular para fazer alguns apontamentos metodológicos sobre os desafios e as potencialidades que um jovem pesquisador da área de História poderá encontrar ao eleger um livro didático como documento histórico. Segundo Michel de Certeau, "em história, tudo começa com o gesto de separar, de reunir, de transformar em 'documentos' certos objetos distribuídos de outra maneira" (Certeau, 2000: 81). Trata-se de uma operação que consiste em "produzir" tais documentos, "mudando ao mesmo tempo o seu lugar e o seu estatuto" (Certeau, 2000: 81).

O manual didático é criado para formação de alunos de determinado tempo e lugar, não para servir de fonte para o historiador. Ao formularmos questões a esse impresso o retiramos da esfera do uso ao qual estava inicialmente destinado, o isolamos para interrogá-lo, ou seja, mudamos seu estatuto. Com isso, ele passa a constituir um índice, um vestígio sobre o passado. Esse procedimento é próprio do laboratório do historiador.

O protagonista dessa história, portanto, é um livro, mais especificamente um livro que nasceu como um ensaio sobre a trajetória histórica do Brasil, que se desdobrou em três versões direcionadas à formação de estudantes no início do século XX e que ao longo do tempo foi revisado e atualizado. Seu autor, João Ribeiro, o nomeou *História do Brasil: curso superior*. Publicado no ano de 1900 e com mais de 115 anos de existência, ele permanece vivo e ainda desperta curiosidade em seus leitores. Com o intuito de evitar repetições enfadonhas, me referirei a ele simplesmente como *H. Brasil*.

Embora as obras tenham autoria, elas também possuem uma trajetória própria que escapa ao contexto biográfico do autor. Digo isso para registrar que ainda que pretenda lançar mão de aspectos da vida de João Ribeiro nesta análise, não atrelarei autor e obra, primeiro porque a longevidade de *H. Brasil* supera o tempo de vida de João Ribeiro, segundo porque a vida não explica a obra, terceiro porque, uma vez lançado, o livro traça um itinerário próprio e pode ser apropriado e atualizado pelos guardiões da fortuna literária do autor, assim como pelos seus leitores. As obras que escapam a esse enunciado parecem ser exceção.

João Ribeiro morreu na cidade do Rio de Janeiro em 1934, *H. Brasil* não tem atestado de óbito. Ao conceber *H. Brasil*, Ribeiro não poderia prever, ou mesmo controlar, as aventuras que seu modesto livrinho enfrentaria. Seu vigor e sua atualidade no mercado das letras são oscilantes, mas não cessa de provocar os leitores, sejam eles estudantes, professores ou pesquisadores. Durante as décadas de 1950 e 1960 ainda dava sinais de vigor com diversas reedições, mas entre as décadas de 1970 e 1990 *H. Brasil* foi pouco abordado pelos pesquisadores (mas não esquecido), e a partir do ano 2000 tem sido revisitado por historiadores, em especial no campo da história da historiografia.[1]

A análise que segue foi feita a partir de alguns questionamentos. Eles dizem respeito aos problemas e às inquietações feitos por mim a essa obra. Compartilho com o leitor para que compreenda não apenas o resultado, mas o percurso da construção das ideias propostas no texto:

- Qual o contexto social e político de emergência de *H. Brasil*?
- Qual foi o projeto de concepção do livro e em que contexto social ele foi produzido?
- Quais as mudanças efetuadas em seu corpo textual ao longo do tempo? Houve alteração e revisão do texto?
- A que público *H. Brasil* foi destinado?

- Como esse personagem, o livro *H. Brasil*, tem sido analisado pela comunidade de especialistas em história, sejam aqueles interessados na história da historiografia brasileira, sejam os dedicados a pesquisar a história do ensino de História no Brasil?
- Por fim, quais as ideais motrizes do livro acerca do nosso passado histórico? Em que matrizes discursivas ele está firmado?

Embora haja uma grande diversidade entre os manuais didáticos ao longo do tempo, há um certo padrão em sua forma e em sua função. Portanto, ao fixar minha análise em um material específico, quero chamar a atenção para a singularidade de cada livro didático, bem como situá-lo no tempo e no espaço de sua produção e circulação, mas também registrar que algumas propostas gerais podem ser aplicadas.

CONCEPÇÃO E PUBLICAÇÃO DO LIVRO DIDÁTICO

A primeira edição de *H. Brasil* data do ano 1900. Não é fácil determinar o dia e a hora, visto que as editoras responsáveis pelo registro oficial do aparecimento de um livro no mercado editorial não se preocupavam em inscrever a data exata em que ela era disponibilizada ao público. O registro de nascimento de um livro é marcado apenas pelo ano da publicação. Para o caso de *H. Brasil* uma pista é deixada no próprio impresso, mais precisamente na introdução. Ao fim do texto de apresentação formulado pelo autor verifica-se a data de 22 de abril de 1900, ou seja, o lançamento de *H. Brasil* foi planejado para o momento das comemorações do quarto centenário da chegada dos portugueses em território brasileiro. Mas se essa é a data de nascimento, qual seria o momento de sua concepção? A resposta a perguntas como essa nem sempre é relevante para a pesquisa, mas acho que uma vez identificada, pode auxiliar na compreensão de alguns aspectos presentes no caráter narrativo do livro que elegi como personagem desta proposta.

Para responder essa questão é preciso sair do próprio objeto e escarafunchar a biografia de João Ribeiro. Uma vez que o Colégio Pedro II era uma referência de ensino no país, esperava-se que dali emergisse os novos materiais didáticos. Penso que é fundamental inserir a concepção de *H.*

Brasil nesse cenário, ou seja, agrupar *H. Brasil* na genealogia de livros didáticos produzidos para o público escolar do Pedro II. Situá-lo em relação a essa instituição é uma operação que tem sido realizada com propriedade por colegas como Hansen (2000), Gasparello (2004), Bittencourt (2008), Mello (2008), Santos (2009) e Silva (2014), para citar apenas os que me são mais conhecidos. O que se tem apontado é a diferença dessa obra em relação aos manuais de história até então vigentes, em especial aqueles produzidos no contexto monárquico e que se centravam em uma organização cronológica e política do passado brasileiro. Como afirmou Mello (2008: 88):

> Não é uma história na qual se narra e se explica uma série de fatos encadeados ou não, numa sequência temporal; é uma história na qual se busca definir os momentos de fundação do povo-nação e da sua busca do controle do Estado, que lhe dê ordem e direção para atingir os caminhos do progresso que a civilização propicia.

Os apontamentos desse autor só puderam ser feitos quando *H. Brasil* foi colocado em uma série de materiais didáticos e, partir da sua análise, constatou-se sua singularidade.

É preciso observar, também, o lugar profissional ocupado por João Ribeiro desde que assumiu a cadeira de História Universal e do Brasil no Ginásio Nacional (antigo Colégio Pedro II) no ano de 1893. Esse era um período de profundas transformações sociais e políticas no país, visto que em 1889 a monarquia fora derrubada. Com o advento da República, iniciou-se uma reestruturação do ensino e, por meio dele, mudanças curriculares que afetaram a confecção de materiais didáticos. Conforme Bittencourt, o manual didático de João Ribeiro "corresponde à criação de uma História nacional profana, alicerçada na busca de uma identidade cultural laica" (2008: 156). No que diz respeito à relação entre produção de livro didático de História e mudanças curriculares, vale o registro feito por Arlette Gasparello (2004: 163):

> Seu livro [o de João Ribeiro] encontra o ensino da disciplina no ex-Colégio Pedro II numa nova fase. A cadeira de Corografia e História do Brasil desaparecera, com as modificações realizadas no plano de estudos do Ginásio Nacional pelo governo

> republicano. O estudo da História do Brasil (sem a Corografia) pertencia agora à cadeira de História Universal, ensinada por João Ribeiro no Externato. Tal mudança curricular, se atestava uma opção por uma nova tendência de compreensão da História, na perspectiva de uma História da Civilização, no aspecto da organização interna colegial constituía um retorno à situação do início do século XIX, quando os pontos de História do Brasil pertenciam aos estudos da cadeira única da área, denominada então de Geografia e História.

Esse é o contexto oficial de introdução de *H. Brasil*. Um momento de revisão oficial dos programas de ensino de História no país. Arlette Gasparello ressalta ainda que "mudanças curriculares, é preciso lembrar, não resultam nem produzem efeitos apenas em relação aos conteúdos de ensino, mas estão ligadas às relações de poder situadas externa e internamente à escola" (2004: 164), ou seja, mudanças curriculares, em especial em uma disciplina como a História, geralmente exigem uma reformulação das narrativas sobre o passado para adaptar-se aos novos tempos, e isso ocorre em um campo de tensões.

Outro elemento a destacar nas diversas camadas que antecedem a produção de *H. Brasil* diz respeito à experiência do autor com a pesquisa histórica. Antes de 1900 Ribeiro já havia publicado *História Antiga: Oriente e Grécia*. O livro foi lançado em 1892 e pode ser apontado como sua entrada na produção de material didático na área de História. Não foi, todavia, sua primeira investigação envolvendo questões do passado, pois os poemas que publicou em 1890 já traziam a marca da investigação da história grecoromana com seus versos parnasianos narrando aventuras de heróis e heroínas da mitologia.[2] Sendo assim, outro elemento que proponho incluir na análise de um manual didático é sua possível vinculação a uma série de publicações do mesmo gênero. *H. Brasil*, por exemplo, faz parte de uma genealogia de publicações de compêndios e manuais elaborados por João Ribeiro desde sua nomeação como lente de História no Colégio Pedro II. Tempos depois de *H. Brasil*, Ribeiro ofertou ao público escolar *História Universal* (1918) e quatro volumes de *História da Civilização* (1932). Desses, somente o livrinho de 1900 ganhou notoriedade de público e de crítica.

Seguindo as camadas que antecedem à publicação do livro e que considero relevantes para sua concepção, encontra-se a breve temporada que passou na Europa. Araripe Jr., então diretor geral da Instrução Pública, conferiu a Ribeiro a tarefa de analisar como se dava os métodos de ensino nos países desenvolvidos. Ribeiro fixou-se na Alemanha e ali viveu durante dois anos (1895-1897). Entre Berlim e Hamburgo, o autor se encantou com a vida europeia. Escreveu cartas aos amigos brasileiros expressando seu entusiasmo com a cultura histórica germânica.[3] Em 1898, publicou na *Revista Brazileira* uma série de artigos intitulados "Impressões da Alemanha: democracia e socialismo". Acredito ser esse o embrião de *H. Brasil*. Ali Ribeiro analisou os desafios de se fundar uma verdadeira civilização – no sentido político e moral – no Brasil. Esse diagnóstico é efetuado a partir de uma análise dos fatores históricos que contribuíram para a formação da nação brasileira, com destaque para a mistura das raças.[4]

O último elemento que destaco é o contexto dos 400 anos de chegada dos portugueses ao Brasil. Não por acaso o livro foi lançado em duas versões, a primeira pela editora Cruz Coutinho e a segunda, mais arrojada e com tiragem limitada, pela editora Francisco Alves, intitulada "Edição do Centenário". Como bem destacado por Patrícia Hansen, essa iniciativa "parecia expressar a vocação daquele livro para transcender o público escolar, e conferia à obra, oportunamente, um caráter comemorativo" (2000: 7).

Em síntese, os elementos de nascimento de *H. Brasil* devem levar em consideração o momento de sua produção, o lugar profissional ocupado por João Ribeiro, a reformulação curricular da área de História após a Proclamação da República, a relação pessoal de Ribeiro com a cultura histórica alemã, sua crise pessoal vivida no momento em que redigia o livro (nostalgia da Europa) e, por fim, o contexto nacional de comemoração do quarto centenário do Descobrimento do Brasil. Considero tais aspectos relevantes ao se abordar um material didático como fonte, pois geralmente caímos no risco de nos fixarmos apenas no texto em si. Sem explorar os aspectos contextuais e buscar circunscrever os eixos temporais anteriores à publicação que ajudem a compreender sua emergência como documento de época, perde-se uma fatia importante de análise que o próprio documento, uma vez considerado monumento produzido em uma época, pode oferecer.

DO PÚBLICO ESPECÍFICO AOS LEITORES

Aos folhearmos um livro didático na atualidade nos deparamos com um fenômeno editorial e uma proliferação de imagens e textos que cativa o leitor antes pelo olhar que pelo conteúdo. A fórmula atual é própria do momento de aceleração do tempo, de um presente marcado pela velocidade das informações, pelo ritmo frenético das atividades cotidianas que envolve trabalhar, estudar, cuidar da família e se informar. Esse fenômeno não é próprio de nossa época, mas parece se tornar cada vez mais agudo na era da revolução tecnológica de forma a embaralhar nossos sentidos. Esse sintoma foi analisado magistralmente por Nicolau Sevcenko (2001), que associou o século XXI a uma espécie de vertigem daqueles que se veem percorrendo os trilhos de uma montanha-russa no momento do *loop*. Atualmente a busca pela aprovação do material didático pela comunidade escolar passa pela batalha do visual. Nada mais distante do que a concepção de um livro didático no final do século XIX e início do século XX. Isso se dava tanto em função da concepção diferenciada de material didático quanto pelos limites tipográficos do período.[5]

H. Brasil nasceu para um público específico: alunos em preparação para o curso superior. Conforme registrou Mello (2008: 24):

> Ribeiro realizou a tal síntese brilhante desta história brasileira que deveria ser ensinada em escolas que hoje chamamos de médias, apesar de o subtítulo de seu livro conter a expressão "Curso Superior". Tal complemento se explica por estar o compêndio destinado aos alunos dos últimos anos do colégio que pretendiam prestar exames de acesso às faculdades do país.

A obra foi construída como uma síntese que desse conta dos quatrocentos anos de história, ou seja, da chegada de Cabral à Proclamação da República.

Após o sucesso de público e de vendas do livro, Ribeiro decidiu desdobrar seu "livrinho" em outras versões. Sendo assim, ainda no ano de 1900, o público escolar teve acesso a *H. Brasil* para ensino primário, secundário e superior. Embora nascidas no mesmo ano, a concepção, o desenvolvimento e a recepção dessas obras junto ao público escolar e intelectual tiveram ritmo e vida própria. O livro destinado ao primário registrou, em 1920, sua 7ª edição. Na mesma década, a versão indicada ao público superior alcançava a 13ª edição. Os dados sobre a reedição da versão destinada ao secundário são desconhecidos.

Pensar um material didático como fonte, principalmente um material de vida longa como *H. Brasil*, exige do pesquisador acompanhar sua concepção, seu nascimento e seu desenvolvimento. Nosso livro/personagem teve quase vinte edições ao longo de mais de um século de existência. Um exame detalhado de cada edição é um trabalho que requer tempo, paciência e disposição. Saber o que foi retirado e o que foi acrescentado pode contribuir para a pesquisa histórica que tem como foco as interações entre manual didático, mudanças curriculares e tipográficas. Não cabe aqui um estudo aprofundado sobre todas as alterações efetuadas em *H. Brasil* ao longo de sua existência, pois isso demandaria um texto específico,[6] mas para que o leitor compreenda a importância desse exame apresentarei as mudanças ocorridas em três edições da obra.

Em nota de fim de página que aparece na edição de 1901, Ribeiro faz o seguinte registro: "numerosas cartas recebi onde, a par de louvores imerecidos, aprendi a retificar alguns erros ou lapsos e omissões desse livro" (1901: 390). Para além das correções efetuadas, conforme indicado na citação, vale ressaltar o depoimento do autor sobre a recepção do livro. Trata-se de cartas de intelectuais renomados que leram e sugeriram revisões importantes no texto, seja em seu aspecto factual, seja em suas fundamentações teóricas e função didática. Entre os leitores críticos constam nomes como o de Araripe Júnior e de Capistrano de Abreu. Como o manual foi esgotado rapidamente, o tempo de alteração entre a edição de 1900 e 1901 ficou extremamente curto e Ribeiro não fez grandes modificações. Ele investiu na revisão de equívocos como datas, personagens e situações. Esse é, portanto, um momento importante para a história da obra, visto que passou pelo crivo dos pares e pela revisão pontual do autor.

Em 1908, a editora de Francisco Alves assumiu as edições de *H. Brasil*, versão que serviria de base para as subsequentes. Um dos pontos de maior destaque da edição vinculada a essa casa editorial está na reformulação que Ribeiro fez da introdução da obra. Por meio dela, o autor se apresenta como um desbravador: "fui o primeiro a escrever integralmente a nossa história segundo nova síntese" (Ribeiro, 1935: 18).

Se o atendimento às críticas de leitores marcou um momento importante da fixação de *H. Brasil* no mercado editorial, arrisco dizer que a revisão efetuada por ocasião da edição de 1909 – embora reformulada ao longo de 1908, a terceira edição só foi lançada no ano seguinte – foi mais radical, pois nela o autor reconhece e fixa a singularidade do livro no elenco de manuais didáticos e na própria historiografia brasileira. Esse registro foi tão marcante que essa introdução reformulada aparece em todas as edições posteriores. Ela está entre as mais citadas quando se trata de fazer referência ao papel ocupado por *H. Brasil* em nossa formação histórica.[7]

A terceira versão que quero destacar foi publicada no contexto da efeméride que antecedia os vinte anos de morte de João Ribeiro, falecido em 1934. Esse momento foi de grande proliferação de discursos sobre sua memória e também de reedições de suas obras. Uma edição revisada e ampliada do livro chegou ao público no ano de 1953. Tratava-se da 14ª edição. Ela foi minuciosamente cuidada pelo historiador e folclorista Joaquim Ribeiro, filho de João Ribeiro.

São diversas as alterações realizadas nessa edição, mas gostaria de registrar a nova apresentação efetuada pelo organizador. Ela aparece com o sugestivo título de "A posição doutrinária de João Ribeiro na historiografia brasileira". Conforme destaquei em outra oportunidade (Rodrigues, 2015), a proposta fazia parte da fabricação da memória de João Ribeiro como historiador singular e inovador no campo historiográfico brasileiro. O livro *H. Brasil* seria um monumento da historiografia nacional, uma obra que teria inaugurado uma nova abordagem da nossa história, a *Kulturgeschichte*.

O outro aspecto que gostaria de destacar diz respeito à atualização dos fatos posteriores à Proclamação da República. Na versão de 1953, a narrativa se estendeu até a década de 1950. Ela listava os nomes dos presidentes da República, bem como seus principais feitos político-administrativos. Essa atualização já vinha ocorrendo nas edições anteriores. No volume publicado em 1935, por exemplo, o capítulo intitulado "República", compreende os anos de 1889-1928.

De um lado, isso mostra o vigor do livro, por outro, me parece indicações preciosas sobre certa contradição interna em sua trajetória, pois destoa do caráter de síntese que o tornou famoso e aclamado pelos seus pares, elemento que o singularizou entre os demais manuais didáticos da época e que serviu de base para o próprio autor afirmar que "nenhum dos nossos historiadores seguiu outro caminho que o da cronologia e da sucessão dos governadores" (Ribeiro, 1935: 19).

Ao inserir a lista de governantes e seus respectivos feitos, o autor atualizava a obra, mas não estaria também traindo o princípio anunciado anteriormente? Isso porque tudo que foi acrescentado *a posteriori* aparece apenas como uma narrativa cronologicamente organizada, que visa a atualizar o leitor em termos factuais.

Ao analisar esse aspecto da obra de Ribeiro, Magalhães e Gontijo (2009: 378) apontam que o livro didático pode ser

> Ao mesmo tempo *efêmero*, por estar sujeito à atualização dos conteúdos, incorporando o tempo presente, próximo das experiências vividas pelos alunos, e *permanente*, pois os pressupostos do programa que o orienta têm ligação direta com uma cultura escolar que se mantém por longo tempo.

Efêmero na parte factual e permanente em seus pressupostos teóricos, metodológicos e didáticos. Eis aqui um aspecto que pode ser bem aplicado a *H. Brasil.* Mas o que ele tem de permanente? O que foi erguido nas primeiras edições ainda seria válido para as gerações de estudantes das décadas de 1920 a 1960? Esse caráter histórico, portanto, demonstra que o material didático pode conter alterações de conteúdo, mas manter concepção de ensino de outros tempos. Isso está presente em *H. Brasil*, visto que mesmo atualizando a narrativa cronologicamente organizada, essa obra trazia concepções de raça e de História muito próprias do final do século XIX.

Itamar Freitas (2015), por sua vez, lança algumas hipóteses provocantes para explicar os acréscimos de conteúdo presentes nas reedições de *H. Brasil.* Uma delas diz respeito à necessidade de atualizar a obra para que se mantenha competitiva no mercado editorial. A outra hipótese é de que com essa iniciativa alguns produtores de material didático seriam mais ousados que historiadores profissionais, pois não hesitam em reformular seus livros para garantir um material capaz de orientar a vida prática dos alunos (Freitas, 2015: 60).

Estou de acordo com Freitas sobre a relação entre atualização da obra e o mercado editorial, mas questiono a associação entre a atualização do texto e a ousadia do autor de manuais didáticos em contraposição a historiadores profissionais, pois não havia separação rígida entre produção didática e produção erudita no contexto de emergência de *H. Brasil*.

Ao analisar os primeiros livros didáticos destinados à formação escolar no Brasil, Circe Bittencourt (2008: 142) construiu o seguinte diagnóstico:

> Os primeiros escritores de textos didáticos tiveram estreitas ligações com o saber oficial não apenas porque eram obrigados a seguir os programas estabelecidos, mas porque estavam "no lugar" onde esse mesmo saber era produzido. A primeira interlocução que eles estabeleciam era exatamente com o poder educacional institucionalmente organizado. O "lugar" de sua produção situava-se no poder e era para o poder, nos colégios destinados à formação das elites, dialogando com intelectuais e políticos assentados no governo e participantes do IHGB.

Além de ressaltar a estreita relação entre os autores de material didático e homens de letras da época, a autora também destaca os vínculos entre tais produções e as instituições de saber literário e científico do período, tais como IHGB, Colégio Pedro II e a Escola Militar. Cumpre registrar que a própria distinção entre professor e pesquisador é fruto da nossa época e não se aplica ao período em que João Ribeiro escreveu *H. Brasil*. Soma-se a isso o fato de que ser professor do Colégio Pedro II era *status* almejado por muitos. Nos quadros de professores dessa instituição passaram grandes nomes da historiografia brasileira, entre eles Capistrano de Abreu.

Sobre a atualização do livro didático para orientar a vida prática dos alunos, retomo a questão já colocada anteriormente sobre a alteração no material didático ocorrer mais nos itens factuais que na concepção de história nele incorporada. Se *H. Brasil* apresentou uma renovação didática ao inserir uma nova perspectiva de História – perspectiva apresentada como inovadora –, teria ela sobrevivido não apenas às mudanças contextuais, mais à própria reformulação de ensino verificadas na primeira metade do século XX? Beatriz Boclin Marques dos Santos (2009: 121) informa que os manuais de João Ribeiro foram utilizados no Colégio Pedro II até a década de 1920, o que parece indicar sua inadequação aos parâmetros curriculares dessa instituição em período posterior. Apesar disso, continuou sendo reeditado até 1966. A que público ele se destinava nesse período? Estaria em uso em outras instituições escolares do país? Essas são questões abertas, mas servem de base para estabelecer uma discussão crítica sobre a longa vida de *H. Brasil* no mercado editorial brasileiro.

DAS EDIÇÕES, DOS EDITORES E DO MERCADO EDITORIAL BRASILEIRO

No ano de 1900, *H. Brasil* contou com duas edições. A primeira pela editora Alves e Cia. e a segunda pela editora Cruz Coutinho. Ainda não está bem esclarecido o motivo de João Ribeiro ter publicado a versão mais popular, portanto mais comercial, na editora de Jacyntho Ribeiro dos Santos (Cruz Coutinho). Talvez por questões financeiras de direitos autorais. Isso porque seus primeiros livros didáticos foram publicados pela Alves e Cia., tais como o livro *História Antiga: Oriente e Grécia*, de 1892, e a série de manuais de gramática que foi recorde de vendas e de edições.[8]

Se a parceria com Francisco Alves estava dando certo, por que mudou de editora? Uma pista aparece em um texto que João Ribeiro publicou em *O Imparcial* no ano de 1917:

> O que o Alves estimava em mim era a minha vontade de trabalhar... Contribuí com muito mais do que uma 'gota d'água' para sua caudalosa fortuna. Das 150 edições dos meus livros didáticos correram e correm ainda muito perto de um milhão de exemplares. Mas... tudo isto foi a obra do editor... Em mãos de outros ou nas minhas, gramáticas e compêndios nada valeriam e disso fiquei certo por algumas experimentações decisivas. Era o editor com seu serviço admirável de propaganda... Ele pagava o meu trabalho e em melhores condições que outros quaisquer... Era dedicado, pronto, fiel, exato e liberal. (Hallewell, 2005: 286)

De acordo com a citação, João Ribeiro tentou algumas "experimentações" com outros editores, mas parece ter se arrependido, visto que ficou certo que nenhuma editora tinha o serviço de propaganda tão eficiente como a Alves e Cia. Corrobora essa hipótese o fato de a partir da terceira edição de *H. Brasil* (1909) o livro ser publicado exclusivamente pela editora de Francisco Alves. Conforme registrado no *Ensaio Biobibliográfico* de Múcio Leão, o mesmo destino foi dado às demais versões (Leão, 1954: 52).

Outra informação relevante na citação diz respeito à tiragem. João Ribeiro afirma que seus livros didáticos publicados pela Alves e Cia. contribuíram para a fortuna de Francisco Alves, pois teria-se registrado um volume de vendas superior a 1 milhão de exemplares. Apesar de a declaração ser feita no ano de 1917 e não haver especificação da quantidade referente a cada obra inclusa nesse número exorbitante, é possível inferir que falava do montante de sua produção didática, incluindo livros e compêndios, tanto os de história, como os de gramática. Mas isso não permite identificar a média de tiragens por títulos.

De acordo com Patrícia Hansen, "no pequeno mercado editorial da passagem do século, os livros didáticos constituíam um empreendimento bem mais seguro que as obras literárias" (Hansen, 2000: 7). Segundo a mesma autora, a tiragem média de livros de poesia era de 1.000 a 1.100 exemplares, sendo poetas mais bem-sucedidos, como Olavo Bilac, campeão de vendas com edições de 4.000 volumes. Os livros didáticos, por sua vez, variavam entre 5.000 a 50.000 exemplares.

Bittencourt registra que a partir da segunda metade do século XIX, as vendas anuais de livros didáticos de História chegavam a 20.000 exemplares e que isso poderia representar uma renda extra considerável no orçamento do autor. Para tanto, apresenta dados sobre o salário de um professor do Colégio Pedro II no século XIX. Os valores variavam entre 1$500.000 a 3$000.000 anuais, enquanto o rendimento do livro do Cônego Fernandes Pinheiros com a Editora Garnier, somente para o ano 1870, registrou o montante de 900$000.000 (Bittencourt, 2008: 155).

Voltando à declaração de João Ribeiro por ocasião da morte de Francisco Alves, merece destaque a nota que faz ao serviço de propaganda como elemento indispensável para a venda de seus livros. As editoras são grandes indústrias que funcionam de forma muito bem articulada, tanto na fase da produção, quanto na fase de divulgação. Isso é fundamental para o sucesso de vendas de qualquer livro, independente do gênero, mas parece ser fulcral para material didático. No final do século XIX e início do século XX dominavam o mercado editorial brasileiro as editoras Laemmert, Garnier e Alves e Cia. Não eram editoras com publicação exclusiva de material didático, mas, tal como demonstrou Hallewell (2005), esse era o gênero mais rentável, portanto, bastante visado pelos editores.

Reconhecer o papel da editora para o sucesso de um material didático não significa tirar o mérito do autor e da própria obra. O sucesso longevo de *H. Brasil* não pode ser explicado apenas por uma questão de propaganda, ou investimento da editora, pois deve incluir a novidade na abordagem da História, a atualização contínua das informações, a capacidade de atingir um público de diversas gerações, assim como os vínculos do autor com instituições de saber da época. Mas tampouco esse papel pode ser minimizado.

O último elemento que gostaria de propor nesse roteiro da materialidade do livro diz respeito à análise de suas partes pré-textuais, ou seja, observar as capas, imagens, dedicatórias, prefácios, posfácios, referências bibliográficas, anexos e notas de rodapé. Para isso apresentarei a análise de três edições do livro: 2ª, 13ª e 14ª.

Na contracapa da versão de 1901, o destaque é para o segmento educacional: curso superior, seguido do título da obra em destaque, o nome do autor, a instituição à qual estava vinculado, o nome do prefaciador, a edição, a editora e o ano de publicação. Portanto, o leitor é informado que o livro é destinado aos alunos do secundário que estão se preparando para ingressar no curso superior, tendo por título *História do Brasil*, escrito por João Ribeiro. Segue-se a informação de que o autor é "Professor de História do Brasil e História da Civilização do Ginásio Nacional". Esse dado é extremamente relevante, pois sendo essa instituição uma referência de ensino no país, explicitar tal vínculo significava atribuir credibilidade ao material. Conforme já ressaltado, IHGB e Colégio Pedro II eram as instituições onde se requisitavam os autores dos materiais didáticos. De acordo com Bittencourt, "as duas instituições corresponderam a uma espécie de credenciamento para os autores de história, dando-lhes uma idoneidade intelectual capaz de promover a aceitação perante o público docente" (2008: 141).

Outro destaque diz respeito a um prólogo escrito por Araripe Jr. Ele era nada menos que o diretor geral da Instrução Pública da época, além de membro da Academia Brasileira de Letras e renomado romancista e crítico literário. Trata-se, nesse caso, de um recurso de autoridade, ou seja, mostrar que o livro era recomendado por uma das maiores personalidades na área de ensino e de literatura do período. Por fim, aparece a indicação de que se trata da 2ª edição de um livro publicado no Rio de Janeiro pela Editora Cruz Coutinho, pertencente a Jacyntho Ribeiro dos Santos, com data de 1901.

Na versão de 1935, a contracapa é alterada. A primeira informação que aparece é o nome do autor, seguido do título do livro em destaque. O segmento educacional, que na versão de 1901 aparecia na primeira linha, foi deslocado para o centro da página. Ao invés de destacar a vinculação do autor à instituição, optou-se por registrar que o livro foi elaborado "segundo os programas do Colégio Pedro II". Os dados seguintes são bem parecidos, apenas com a ressalva da nota que diz ser edição "inteiramente revista e melhorada". Enquanto a edição de 1901 continha 390 páginas, essa possui 543. O acréscimo é basicamente de narrativa cronologicamente organizada contendo os feitos dos presidentes da República até 1928 e o apêndice com um texto chamado "Limites e fronteiras" (Ribeiro, 1935: 543). Consta ainda um comentário feito por João Ribeiro quando da 11ª ed. do livro, em que o historiador registra: "esta edição foi melhorada em todo o texto e aumentada em vários pontos reclamados pelos programas oficiais no ensino da história pátria. Acreditamos assim corresponder à expectativa dos mestres e ao proveito dos estudantes" (Ribeiro, 1935: 16). A nota é digna de atenção, pois informa que passadas as reformas curriculares o livro continuava sendo atual, bastando para isso fazer algumas alterações factuais, mas não necessariamente na concepção estruturante da interpretação que fez sobre as "feições e fisionomias" próprias do Brasil em sua constituição como nação.

Uma das principais inovações da 14ª edição publicada em 1953 está no fato de ter sido revisada pelo filho de João Ribeiro. Inclui ainda a tradicional atualização da lista de feitos e fatos dos presidenciáveis em capítulo denominado "A República (1889-1953)". Joaquim Ribeiro redigiu uma nova apresentação da obra que se transformaria em depoimento/documento importante para a consolidação de *H. Brasil* na cultura historiográfica nacional,[9] índices de antropônimos, de topônimos e de intitulativos para facilitar a pesquisa e manteve o prefácio de Araripe Jr., assim como o apêndice "Limites e Fronteiras", já presente na edição de 1935. Minha hipótese é de que essa nova edição está mais relacionada à efeméride dos vinte anos de morte de João Ribeiro (falecido em 1934), que em relação a alterações curriculares do período. Registra-se, por exemplo, ausência de referência sobre possível atualização em sintonia com os parâmetros curriculares de alguma instituição da época.

Outros elementos poderiam ser destacados, como as dedicatórias, a qualidade do papel, a lista de indicações de outras obras didáticas escritas pelo mesmo autor, as pequenas alterações no sumário. Mas isso demandaria um trabalho específico e fugiria da proposta desse texto. A depender da questão formulada pelo pesquisador, ela deve ser avaliadas.

Antes de finalizar essa segunda parte do roteiro, gostaria de chamar a atenção para dois fatores: o primeiro é sobre as dimensões do material didático. Tanto a edição de 1901 quanto a de 1935 possuem capa dura e se assemelham a um livro acadêmico ou de literatura, ou seja, não há uma diferenciação estética no *design* e dimensões do livro, principalmente se comparado com o formato de uma publicação de romance, por exemplo. O segundo fator diz respeito à completa ausência de imagens na versão de *H. Brasil: curso superior*, o que não se aplica, conforme registrado por Cristina Bereta da Silva (2014), às versões destinadas ao primário e ao secundário.

DAS IDEIAS PRESENTES ÀS APROPRIAÇÕES

O que fez de *H. Brasil* uma obra destacada em seu próprio tempo, além de reconhecida e renovada mais de cinco décadas após seu lançamento? No plano didático o destaque é dado por organizar os assuntos por unidades, ao invés de apresentá-los em "lições" ou "pontos", como era costumeiro. A vantagem de *H. Brasil* está em construir uma síntese com a preocupação de conectar todos os elementos que historicamente contribuíram para formação do Brasil de então. Patrícia Hansen acrescenta dois outros fatores que marcariam a singularidade desse livro no conjunto de manuais didáticos da época: sua composição a partir de uma crítica documental e de uma filosofia da história. João Ribeiro, afirma a autora, "daria ênfase a este último aspecto do conhecimento histórico por ser, na sua concepção, somente por meio da reflexão filosófica, possível revelar-se a essência da nação a ser cultivada sob a direção do seu escol intelectual e moral" (Hansen, 2000: 126). Esses aspectos ajudam a compreender o sucesso imediato da obra, mas são insuficientes para fundamentar sua longevidade. Minha proposta é abrir a perspectiva para a recepção.

Todo livro é endereçado a um leitor em potencial, o que não significa que ficará restrito a ele. Via de regra, o manual didático é pensado para a formação de estudantes. *H. Brasil* foi destinado aos alunos que no ano de 1900 estudavam no Ginásio Nacional e se preparavam para o curso superior: tratava-se da elite local do período. Mas será que a obra circulou apenas entre os estudantes e professores da rede de ensino da época? Cumpriu o roteiro oficial pelo qual foi planejado e concebido? Essas são questões pertinentes dentro da abordagem que estou propondo quando se tem um livro como documento histórico.

A historiadora Patrícia Hansen já formulou questão semelhante. Para tentar estabelecer a abrangência que *H. Brasil* teve após seu lançamento, a autora volta alguns anos no tempo e perscruta o discurso de recepção à posse de João Ribeiro na Academia Brasileira de Letras. Ela foi proferida por José Veríssimo (apud Hansen, 2000: 7) no ano de 1898:

> De todos nós sois talvez o nome mais popular no Brasil. [...] Um milhão de brasileiros conhecem o vosso nome, tanto o levaram a todos os recantos do país, ao caboclinho do Amazonas, como ao teuto-brasileiro do Rio Grande, ao caipira de Mato-Grosso, como ao tabaréu de Pernambuco, as vossas gramáticas.

A fala não se refere a *H. Brasil*, no entanto ela oferece pistas para registrar: a) o quão popular um autor de livro didático poderia ser, b) o quanto essa popularidade era reconhecida dentro de uma instituição literária como a Academia Brasileira de Letras, e, por fim, c) permite mensurar a circulação de um texto didático em todo o território nacional, visto que *H. Brasil* teve abrangência igual à das gramáticas citadas. Conforme afirmei anteriormente, o Colégio Pedro II era a instituição de referência no ensino brasileiro. Um material publicado por um profissional dessa instituição geralmente era adotado do sul ao norte do país.

Não conheço um estudo sistemático do uso de *H. Brasil* nas instituições brasileiras no início do século XX,[10] mas isso demandaria uma pesquisa deveras interessante, pois ajudaria a confirmar a hipótese muito plausível da audiência desse livro na formação histórica de parcela considerável da população letrada brasileira durante a Primeira República, seja a formada no Colégio Pedro II e no Rio de Janeiro, seja em outras instituições e/ou estados do país.

Mas não seria apenas entre o público escolar que *H. Brasil* circularia e marcaria sua importância como narrativa histórica. O livro foi lido, comentado e citado em notas de rodapé de obras conhecidas como fundadoras do pensamento social brasileiro. Conforme destacou Patrícia Hansen (2000: 9):

> A recepção entusiasmada do livro entre a elite intelectual acabaria por promover a inclusão de João Ribeiro, por vários autores, no rol de nossos grandes historiadores, e sua consagração se daria pelas várias apropriações de seu texto, citado nas obras de alguns dos maiores intérpretes da sociedade brasileira como Euclides da Cunha e Gilberto Freyre.

Além desses nomes, Hansen registra, em nota de rodapé, a importância de *H. Brasil* na formação de autores como: Manuel de Oliveira Lima, Ramiz Galvão, Clóvis Beviláqua, Delgado de Carvalho e Fernando Azevedo (2000: 9). Itamar Freitas (2003), por sua vez, acrescenta os nomes de Euclides da Cunha e de Sérgio Buarque de Holanda.

Essa circulação para além do público escolar revela um elemento importante para o pesquisador interessado na história de um impresso, sobretudo quando se trata de livro didático de História. Ele ressalta a singularidade dessa fonte, bem como sua potencialidade como elemento explicativo da História do Brasil. Isso em um contexto de reinterpretação do passado, dado que o ano de 1900 marcava uma reabertura interpretativa da história pátria ocasionada tanto pela efeméride da chegada dos portugueses e o calor das reflexões sobre as expectativas e desilusões das promessas republicanas no país.

H. Brasil conquistou um vasto público, e sua atuação na formação histórica dos estudantes brasileiros durou de 1900 até, pelo menos a ocasião de sua reedição no ano de 1966 (19ª ed.). Isso significa que imprimiu uma visão do passado brasileiro em mais de uma geração de estudantes e pesquisadores. Um público que não é possível estimar, mas que ao menos permite deixar aberto à imaginação do leitor a partir das breves sugestões apontadas anteriormente. Mas que ideia de História seria essa? Esse é o último elemento que gostaria de destacar nessa proposta de roteiro de análise de um livro didático como documento histórico.

A pergunta sobre a perspectiva de História presente em *H. Brasil* talvez seja a mais recorrente entre os pesquisadores que interrogaram essa fonte como documento. Em primeiro lugar é preciso ressaltar que o manual está situado em contexto social e político de revisão das expectativas políticas abertas após a deposição da monarquia. Momento que Bittencourt denominou de "pressupostos de uma história cientificista, correspondendo à fase de propaganda e, depois, instauração do regime republicano" (2008: 136). Para ser mais preciso, com o momento de crítica às promessas não cumpridas pela república recentemente instaurada.

H. Brasil foi concebido segundo as orientações de Von Martius. Este, em *Como se deve escrever a História do Brasil* (1845), indicou a necessidade de se construir uma história pragmática, voltada tanto à formação da unidade nacional, quanto à dos cidadãos brasileiros. Para tanto, o historiador deveria ficar atento à composição étnica do país destacando as contribuições europeias, indígenas e africanas. Mais que isso, deveria ressaltar o caráter mestiço da população brasileira e de que forma tal mestiçagem teria contribuído para formação da sociedade e cultura nacional.

Se até então vigorava nos manuais didáticos uma História em que a constituição da nação se confundia com os feitos de grandes homens de origem europeia, Ribeiro acrescentou o papel de outros sujeitos: "O Brasil, o que ele é, deriva do colono, do jesuíta e do mameluco, da ação dos índios e dos escravos negros" (Ribeiro, 1901: XVIII), ou seja, o que o Brasil tornara-se em sua trajetória histórica não era obra exclusiva dos portugueses. Sua formação, enquanto nação, foi forjada a partir da relação conflituosa e complexa dos povos que nasceram da miscigenação, por ele denominados de mamelucos.

Ribeiro reconhece e valoriza os grandes nomes da política e da administração portuguesa que governaram o país, mas destaca que o isolamento, as dificuldades de sobrevivência e a miscigenação foram fatores que permitiram a formulação de uma cultura nacional própria. Essa tem sido uma das maiores inovações apontadas sobre esse manual destinado à formação do público escolar da época. Gasparello (2004: 182) afirma que "Sobressai na análise de Ribeiro, a valorização da história comum, a vida interna do país, com o desenvolvimento, no tempo, dos principais agentes formadores da nacionalidade – colonos, jesuítas, bandeirantes, índios e escravos negros". Mello (2008), por sua vez, afirmou, como apresentamos anteriormente, que Ribeiro realiza uma história de definição dos momentos fundantes do povo-nação e do controle do Estado.

Trata-se, portanto, de uma análise que incorpora os sujeitos coletivos e estabelece uma nova temporalidade para a história da nação. Para tanto, ele dividiu a formação do Brasil em "História Comum" e "História Local" e tentou estabelecer os pontos que interligaram a última à primeira. Segundo Bittencourt (2008: 161), esse tipo de organização "correspondeu a um esforço do autor em situar as diversas temporalidades das populações e as formas de povoamento diferenciadas das regiões brasileiras". Um exercício importante para época, visto que ora predominava análises regionais, ora análises panorâmicas. Uma obra que estabelecesse os vínculos entre o local e o comum fazia avançar, e muito, a reflexão sobre o processo de constituição do Brasil, em especial quando tal obra incluía a participação das chamadas raças mestiças.

A concepção de povo em *H. Brasil* está vinculada à ideia de raça. O homem mestiço, que Ribeiro preferiu denominar de mameluco, ganhou papel de destaque na formação do Brasil, mas sua introdução não se deu de forma a exaltar seus feitos. Quanto a isso, seguia considerando a raça branca superior e distribuindo elogios para grandes políticos e administradores que se destacaram pela formação ilustrada. Ao tratar das capitanias hereditárias, por exemplo, registrou: "Foi nomeado Men de Sá, homem experimentado, sábio em letras legais e irmão do célebre poeta Sá de Miranda" (Ribeiro, 1901: 96); ou então sobre o período de invasão holandesa: "Em todo o curso da história da colônia, até o tempo de Pombal, a administração não brilha de certo com grande esplendor, e antes se eclipsa e desaparece, quando no meio dela o destino coloca uma personalidade da estatura do príncipe de Nassau" (Ribeiro, 1901: 135); não deixa de elogiar também os bandeirantes paulistas: "não era pouco, porém, haver-se já desvendado, com essa e outras aventuras que se seguiram devidas ao gênio paulista, o segredo do sertão meridional, e em que vem afinal o descobrimento das minas compensar os sacrifícios anteriores" (Ribeiro, 1901: 162). Na lista de elogios, os maiores cabem à Igreja e às ordens religiosas. Segundo Bittencourt (2008: 161): "[João Ribeiro] considerava os jesuítas verdadeiros heróis, como os responsáveis isolados da defesa de princípios morais, os quais asseguravam certa dignidade em meio à decomposição das raças". Essas aclamações possuem em comum o fato do autor acreditar que tais indivíduos e grupos contribuíram, *malgré lui*, para a constituição do "Brasil Comum", logo, não é no plano estritamente individual ou individualista que eles são exaltados, mas na capacidade de voluntária ou involuntariamente ter servido a um propósito superior, qual seja a formação de uma cultura comum que deu origem ao Brasil e que vigorava no século XX a ponto de orientar o destino nacional nos próximos anos.

Embora tenha destacado o papel ativo da mestiçagem na formação do Brasil, Ribeiro não via com bons olhos sua contribuição. Uma coisa era reconhecer a importância, outra era identificar a cultura histórica e política que provinha dessa participação. Em suas palavras:

> As raças miscigêneas no seu todo, porém, quais no-las representa a América Latina, não possuem a capacidade do *self-government*. Embalde adaptam as ideia da civilização a seu organismo; faltalhes o sentimento que aquelas ideias pressupõem e as virtudes e qualidades morais que, ao contrário das teorias, só a educação secular da história consegue a custo vencer no espírito humano. Pode-se dizer delas que são raças catequizadas, mas não cristãs; o cristianismo vive nelas como num pouco d'água as gotas de vinho indispensáveis para colorir o aspecto ou alterar-lhe o aroma. (Ribeiro, 1901: 284)

A constatação do autor sobre o papel da mestiçagem partiu de sua perspectiva pessimista em relação ao Brasil e ao contexto histórico pós-abolição e pós-República. O peso da história se fazia notar na arte, na política, nas tradições e na visão de mundo dos homens de letras da época, em especial no grupo ligado à Academia Brasileira de Letras. Ao olhar para o passado, o autor encontrava a chave explicativa das condições nada promissoras do seu tempo: concentração de poder, disputas oligárquicas, confusão entre público e privado, pouco investimento na arte, ausência de uma cultura que emanasse e representasse o espírito popular. Em sua análise, o Brasil transpunha para o solo nacional ideias e valores europeus que fossem convenientes para determinado grupo ou família. Segundo ele, no Brasil tudo era deturpado, forjado e desmoralizado em prol dos interesses particulares. Tais desvios de caráter se deviam aos valores mestiços que vigoravam em nossa formação.

Como bem analisou Hansen, a desmoralização era o elemento-chave da ética fundada no presente e, para compreendê-la, havia que voltar ao passado, traçar suas feições e fisionomia, localizar os sujeitos que atuaram para extrair o espírito que se configurou no país em séculos de história.

Ribeiro constatava que a ideia de civilização no Brasil era antes uma crença extemporânea que uma fé enraizada na tradição do povo, uma promessa não cumprida, uma história que não vingou. O autor segue afirmando sobre a incapacidade do Brasil se igualar, em termos culturais e morais, às chamadas grandes civilizações:

> Em geral, [as raças mestiças] assimilam e preferem as teoria e os sistemas mais radicais porque esses são possíveis só com a demolição da sociedade; cortejam assim a civilização e ao mesmo tempo satisfazem o instinto interior que é, como o das crianças, puramente destrutivo. Sem o apoio moral dos costumes, as mutações de espírito são nelas rápidas e vertiginosas. Da religião passam à impiedade e ao ateísmo; do governo ao anarquismo e, pode-se dizer generalizando, na ordem amam a subversão. (Ribeiro, 1901: 284)

Com essas palavras, Ribeiro fixa sua concepção sobre a mestiçagem. Povos que se encantam com o novo, seja na política, seja na cultura, mas que incorporam apenas o superficial. Suas ideias não nasceriam de uma postura capaz de firmar uma ética tradicional voltada para o bem comum, mas tão somente para os interesses privados. Aproxima a cultura mestiça, também identificada com a cultura nacional, daquela que verifica nas populações indígenas e nas crianças: ornamental, superficial e egocêntrica, pois segundo é possível apreender das ideias apresentadas em *H. Brasil*, elas assimilariam as mudanças que pudessem beneficiar a si e aos seus. Não tinha aprendido a pensar o comum, a defender os valores públicos e cultuar os elementos do espírito.

Hansen identifica nessa concepção de mestiçagem de João Ribeiro a caracterização da psicologia, do espírito que regia o país em 1900 e que pesaria para seu desenvolvimento futuro, ou seja, vinculação de mameluco com desmoralização e com raça nacional: "no mameluco estão contidos ao mesmo tempo os elementos que compõem uma visão da nação brasileira na passagem do século e o veredito a respeito das possibilidades daquela nação se realizar" (Hansen, 2000: 104).

O que impedia o desenvolvimento do Brasil era o que tinha servido para sua própria constituição como nação, ou seja, o caráter mestiço de sua raça, suas ideias e sua cultura. Os elementos que firmaram essa psicologia social tinham raízes profundas, que remontavam ao período colonial brasileiro, à forma como localmente o Brasil foi gestado. Eis, em traços gerais, algumas concepções apregoadas sobre a História nacional presentes em *H. Brasil*. Ela está firmada em concepções cientificistas acerca da raça e da miscigenação vigentes no final do século XIX. Nesse sentido, as ideias defendidas por João Ribeiro não rompem com perspectivas tradicionais do pensamento social dos novecentos.

À medida que essas ideias acerca da mestiçagem e da nação foram criticadas no decorrer do século XX, que outros elementos asseguraram a atualidade do livro como manual didático por tão longo tempo? Em parceria, com alguns pesquisadores já citados, vale articular essa fama à autoridade das instituições nas quais Ribeiro estava ligado: Colégio Pedro II, Academia Brasileira de Letras e, a partir de 1914, Instituto Histórico e Geográfico Brasileiro. Soma-se a isso sua popularidade na redação de grandes periódicos da época, tal como o *Almanaque Garnier*, analisado por Eliana Dutra (2005), e as colunas de *O imparcial* e do *Jornal do Brasil*, investigadas por Alessandra Ramos (2013). Não menos importante seria a iniciativa dos guardiões de sua memória em reeditar o livro ao longo do século XX atualizando a parte factual, criando índices para facilitar e estimular a pesquisa e construindo novas ideias para fixar a originalidade da obra. Todos esses elementos pesaram para impor o seu vigor e atualidade em quase um século no meio escolar e erudito, assim como tem contribuído para torná-lo fundamental para entendermos, em pleno século XXI, as múltiplas e complexas interpretações que tivemos sobre história, povo, nação e raça no Brasil. Somos herdeiros dessa cultura historiográfica. Saber como lidar com ela é fundamental para a construção de uma história que se propõe crítica, mas também uma disciplina importante na formação do cidadão atual.

CONSIDERAÇÕES FINAIS

Em 1874, Theodor Mommsen construiu um discurso sobre o ofício do historiador em que a ênfase era dada no exercício prático. A lição era dirigida aos professores empenhados na formação dos jovens historiadores alemães no final do século XIX. Ele recomendava orientar o aprendiz no manejo das ferramentas por meio da pesquisa pragmática das fontes. É no processo de seleção, de análise e de articulação com outros vestígios do passado que aprender-se-ia a fabricar história, a tornar presente o que um dia existiu. No entanto, alerta Mommsen, "o mero exercício, por certo, não basta para forjar o mestre" (2010: 118). Isso porque ainda que siga todas as regras e se dedique rigorosamente ao método, o tornar-se historiador é mais que uma operação técnica: "pode-se dizer que o historiador não é formato, mas engendrado, que não é educado, mas que se educa" (Mommsen, 2010: 118). Conforme Mommsen, há um elemento fundamental no processo de pesquisa em história que não pode ser transmitido ao pesquisador, ele se chama intuição. É por meio dela que a técnica será embaralhada, talvez até revisada e contrariada, e que o aprendiz fabricará seu próprio itinerário de pesquisa. Atento a esse conselho, chamo a atenção para o fato de que os caminhos percorridos por mim nessa abordagem, assim como os aspectos que pontuei ao longo da análise, podem ser vistos como um roteiro possível, mas jamais único e irremediável. Como alertou Mommsen, "o historiador pertence talvez mais aos artistas do que aos intelectuais" (2010: 118).

O uso de um manual didático como documento histórico pode conduzir o pesquisador a diversos lugares e espaços do tempo. Vai depender, em princípio, da questão formulada por ele. Essas questões surgem de demandas específicas que dizem respeito à formação do jovem historiador, à instituição a qual está ligado, aos recursos teóricos e metodológicos colocados à sua disposição, à sua capacidade de perceber os detalhes e as conexões entre o documento à sua disposição e os campos de poder que fizeram dele um monumento a ser preservado. Alguns podem estar mais interessados na materialidade da obra, outros na recepção, outros nos discursos, outros, por fim, nas fontes que serviram de referência para a elaboração do material didático. Isolar um desses elementos faz parte da operação historiográfica, mas independente de qual o foco, é fundamental inserir seu documento em contexto mais ampliado e conhecer sua história para além do ponto em que se deseja aprofundar. Isso abrirá novas perspectivas para abordar o problema a ser investigado.

Dito isso, segue adiante o roteiro proposto por mim. A ordem é aleatória, pode ser alterada de acordo com as prioridades de cada um. Pode também ser ampliada, a depender da singularidade de seu documento:

- um bom trabalho de história se faz em rede, buscando associar-se a toda uma corporação de pesquisadores experientes que se debruçaram sobre o mesmo material que você. Isso ajudará a rever as questões formuladas, assim como propor avanços no conhecimento sobre o assunto;
- visitar os acervos pessoais do autor, como correspondências, memórias, biografias;
- tentar configurar o momento pessoal/existencial do próprio autor durante a produção livro. Nem sempre isso é relevante, ou mesmo possível de investigar, mas uma vez localizado pode abrir importantes perspectivas de conhecimento do documento e das diversas e complexas posições assumidas pelo autor na produção do material didático;
- ficar atento ao lugar profissional ocupado pelo autor, seu vínculo com instituições de saber erudito, cultural e escolar;
- inserir o livro em uma série de manuais didáticos para estabelecer os desvios, a singularidade desse documento em relação a outros do mesmo gênero;

- analisar o contexto social e político de produção do documento, situando, em especial, em que medida tais mudanças atingiram o sistema educacional, tal como a reformulação curricular. Mudanças curriculares, em especial em uma disciplina como a história, geralmente exigem uma reformulação das narrativas sobre o passado para adaptar-se aos novos tempos, e isso ocorre, vale destacar, em um campo de tensões;
- investigar não apenas a formação do autor, mas se ele já possuía alguma experiência com a pesquisa histórica. Para isso, vale construir um catálogo de suas publicações anteriores e posteriores ao material escolhido. Isso permitirá dimensionar sua produção em relação à sua trajetória profissional. Esse catálogo deve ser feito de forma a incluir todas as publicações do autor, em seguida recomendo isolar somente os materiais didáticos, aqueles que dizem respeito ao seu objeto em si. Com esse procedimento o jovem pesquisador poderá ter uma dimensão do trânsito do autor pela publicação desse gênero, mas, principalmente, poderá situar seu livro em uma ordem discursiva específica;
- analisar os aspectos editoriais e tipográficos da obra. Ficar atento aos detalhes como dedicatórias, prefácios, notas de rodapé, ilustrações, anexos e fontes citadas;
- ficar atento ao público-alvo da obra e se a linguagem do documento está adequada a tal público. Todo livro é destinado a um leitor em potencial;
- acompanhar as diversas edições do documento, ou seja, acompanhar não apenas seu nascimento, mas seu desenvolvimento ao longo dos anos;
- analisar a recepção do manual didático à época em que foi publicado. Pode-se recorrer aos arquivos pessoais do autor, aos arquivos da instituição a qual estava ligado ou mesmo aos jornais da época. Não menos importante podem ser os depoimentos de ex-alunos e amigos;
- mapear o possível raio de ação do livro, em quantas instituições ele circulou, quanto tempo ele vigorou como fonte de formação e informação histórica institucional;

- analisar os vínculos profissionais e/ou afetivos do autor com o editor;
- situar a obra no complexo jogo de forças que é o mercado editorial de manual didático;
- verificar a tiragem da obra;
- analisar a perspectiva de histórica vigente na obra, quais seus referenciais teóricos e metodológicos.

Notas

1 Para uma breve história das edições de *H. Brasil*, ver "Notas sobre uma introdução: João Ribeiro e a escrita da história do Brasil", incluída na coletânea *Os desvãos da História* (Rodrigues, 2015).

2 Trata-se do livro que reuniu suas poesias intitulado *Versos*, 3. ed., Rio de Janeiro, Jacinto Ribeiro dos Santos, 1902.

3 Sobre o assunto Itamar Freitas publicou um texto intitulado "Um laranjeirense em Berlim", disponível em <http://itamarfo.blogspot.com.br/search/label/João%20Ribeiro>, acesso em 28 maio 2016.

4 Sobre o aspecto da concepção política de João Ribeiro sobre a República e sobre a miscigenação ver os trabalhos de Hansen (2000) e Rambo (2015).

5 *História do Brasil: curso superior* não tinha nenhuma imagem. Essas foram incorporadas na versão para o primário, tal como registrado por Magalhães e Gontijo (2009) e Cristiani Bereta da Silva (2014).

6 Uma apreciação das edições de *H. Brasil* pode ser encontrada em "Notas sobre uma introdução", em *Os desvãos da História* (Rodrigues, 2015).

7 Sobre o assunto, ver "Notas sobre uma introdução" (Rodrigues, 2015).

8 Múcio Leão (1954: 51) registra que *Gramática portuguesa, 1° ano*, publicado em 1886, estava em sua 97ª edição em 1941. A versão destinada ao curso médio, originalmente publicada em 1887, chegou a 39ª edição em 1930, e a de curso superior, publicada também em 1887, em 1930 estava na 21ª edição.

9 Sobre o assunto, ver Rodrigues: *Nos desvãos da história* (2015).

10 A pesquisadora Maria Cristina Dantas Pina (2009) registra a adoção de *H.Brasil* no Ginásio da Bahia, o que foi abordado em sua tese de doutorado.

Referências

ARARIPE JR., Tristão de Alencar. Prefácio. *História do Brasil*. Curso superior. 2. ed. Rio de Janeiro: Livraria Cruz Coutinho de Jacintho Ribeiro dos Santos, 1901, pp. V-XVI.

BITTENCOURT, Circe. *Livro didático e saber escolar (1810-1910)*. Belo Horizonte: Autêntica, 2008.

CERTEAU, Michel de. *A escrita da história*. Rio de Janeiro: Forense Universitária, 2000.

DUTRA, Eliana Regina de Freitas. *Rebeldes literários da república*: história e identidade nacional no Almanaque Brasileiro Garnier (1903-1914). Belo Horizonte: Ed. da UFMG, 2005.

FREITAS, Itamar. João Ribeiro e o ofício do historiador: seus leitores, suas prescrições. In: *Anais do XXII Simpósio Nacional de História*. João Pessoa, 2003. Disponível em: http://anais.anpuh.org/wp-content/uploads/mp/pdf/ANPUH.S22.315.pdf. Acesso em: 29 set. 2016.

_____. O objetivismo ribeiriano e o valor historiográfico do presente. In: RODRIGUES, Rogério Rosa (org.) *Nos desvão da história*: João Ribeiro. Jundiaí: Paco Editorial, 2015.

GASPARELLO, Arlette Medeiros. *Construtores de identidades*: a pedagogia da nação na escola secundária brasileira. São Paulo: Iglu, 2004.

HALLEWELL, Laurence. *O livro no Brasil*: sua história. 2. ed. revista e ampliada. São Paulo: Edusp, 2005.

HANSEN, Patrícia Santos. *Feições e fisionomia*: a história do Brasil de João Ribeiro. Rio de Janeiro: Access, 2000.

Leão, Múcio. *João Ribeiro*: ensaio biobibliográfico. Rio de Janeiro: Publicações da Academia Brasileira de Letras, 1954.

Magalhães, Marcelo; Gontijo, Rebeca. O presente como questão: a República nas histórias do Brasil de João Ribeiro (1860-1934) e a proposição de uma "ética da atualidade". In: Rocha, Helenice Aparecida Bastos et al. *A escrita da história escolar*: memória e historiografia. Rio de Janeiro: Editora FGV, 2009.

Martius, Karl Philipp von. "Como se deve escrever a História do Brasil". *Revista Trimestral de História e Geografia*. n. 24, v. 6, t. 6, jan. 1845, pp. 381-403.

Mello, Ciro Flávio de Castro Bandeira de. *Senhores da História e do esquecimento*: a construção do Brasil em dois manuais didáticos de História na segunda metade do século XIX. Belo Horizonte: Argvmentvm, 2008.

Mommsen, Theodor. O ofício do historiador (1874). In: Martins, Estevão de Rezende (org.) *A história pensada*. São Paulo: Contexto, 2010.

Pina, Maria Cristina Dantas. *A escravidão no livro didático de história*: três autores exemplares (1890-1930). Campinas, 2009. Tese (Doutorado) - Unicamp.

Prost, Antoine. *Doze lições sobre a história*. Belo Horizonte: Autêntica, 2008.

Rambo, Marcos Alberto. O pão amargo da vida independente: João Ribeiro entre a monarquia e a república. In: Rodrigues, Rogério Rosa (org.) *Nos desvão da história*: João Ribeiro. Jundiaí: Paco, 2015, pp. 85-111.

Ramos, Alessandra da Silva. *História a varejo*: João Ribeiro e a crítica jornalística na Primeira República. Florianópolis, 2013. Trabalho de Conclusão de Curso (Graduação) – Udesc. Disponível em: <http://pergamumweb.udesc.br/dados-bu/00001a/00001a9c.pdf>. Acesso em: 29 set. 2016.

Ribeiro, João. *História do Brasil*: curso superior. 2. ed. Rio de Janeiro: Livraria Cruz Coutinho de Jacintho Ribeiro dos Santos, 1901.

_____. *História do Brasil*: curso superior. 13. ed. Rio de Janeiro: Livraria Francisco Alves, 1935.

_____. *História do Brasil*: curso superior. 14. ed. Rio de Janeiro: Livraria São José, 1953.

Ribeiro, Joaquim. Prefácio. In: Ribeiro, João. *História do Brasil*: curso superior. 14. ed. Rio de Janeiro: Livraria São José, 1953.

Rodrigues, Rogério Rosa. "Traços biográficos de João Ribeiro ou as muitas faces de João Viva a São João". *História*, Franca, v. 32, n. 1, jun. 2013a. Disponível em <http://www.scielo.br/scielo.php?script=sci_arttext&pid=S0101-90742013000100020&lng=en&nrm=iso>. Acesso em: 29 set. 2014.

_____. "Crítica e erudição em João Ribeiro". *Dimensões*. Vitória, v. 30, 2013b, pp. 87-109.

_____. "Nostalgia e política em João Ribeiro". *Anais do XXVII Simpósio Nacional de História*. Natal, jul. 2013c. Disponível em: <http://www.snh2013.anpuh.org/resources/anais/27/1371332297_ARQUIVO_NostalgiaepoliticaemJoaoRibeiro.pdf>. Acesso em: 18 abr. 2017.

_____. (org.) *Nos desvão da história*: João Ribeiro. Jundiaí: Paco, 2015.

Santos, Beatriz Boclin Marques dos. *O currículo da disciplina escolar história no Colégio Pedro II*. Rio de Janeiro, 2009. Tese (Doutorado) – UFRJ.

Sevcenko, Nicolau. *A corrida para o século XXI*: no loop da montanha-russa. São Paulo: Companhia das Letras, 2001.

Silva, Cristiani Bereta da. "Nação, região e a unidade nacional: uma leitura baseada em dois livros didáticos publicados na Primeira República". *Revista Brasileira de Educação*. v. 19, n. 57, abr.-jun. 2014.

Charges

Vinícius Liebel

A compreensão do lugar das charges nas pesquisas históricas está intrinsecamente vinculada à sua inserção, na modernidade, no aparato da imprensa e da formação de opinião. A análise e interpretação de temas contemporâneos, em especial aqueles de caráter político, têm, frequentemente, a imprensa como fonte primária ou secundária. O uso de textos jornalísticos nos estudos históricos é um dos expedientes mais utilizados tanto em pesquisas acadêmicas quanto em sala de aula. Relatos sobre problemas sociais, acontecimentos políticos ou eventos significativos veiculados na grande mídia são corriqueiramente tomados como fontes legítimas, sustentando análises e apoiando teorias sobre os mais diferentes temas. Entretanto, a análise da própria mídia costuma ser menos efusiva. São poucos os trabalhos históricos sobre a mídia em geral ou mesmo sobre veículos específicos. Dentre as dificuldades que se apresentam ao historiador, Jean-Noël Jeanneney (2003: 213) lista:

> O primeiro é a diversidade extrema dos objetos de estudo e sua dispersão. No caso da imprensa escrita, deve ser construído todo um repertório dos jornais que, na França, no decurso de um século, contam-se aos milhares. No audiovisual, durante muito tempo pareceu que a atenção podia se concentrar numa dezena de

> empresas, mas eis que a "explosão" das rádios privadas, acompanhada de um rápido desenvolvimento das rádios descentralizadas de serviço público, e em seguida a multiplicação dos canais de televisão, o desenvolvimento – mesmo lento – do cabo, a chegada dos satélites, eis que tudo isso aumentou enormemente, também neste caso, a amplitude da pesquisa necessária.

O campo de estudo sobre o tema abarca uma produção que tende a crescer ainda mais com a demanda pela compreensão da especificidade da imprensa, sua atuação na sociedade e as modificações por que têm passado. No campo dos estudos históricos políticos, em especial, o papel da imprensa nos diferentes períodos da história tem sido cada vez mais questionado. Nesse aspecto, estudam-se diferentes questões estruturais, como a utilização da imprensa por governos autoritários, o lugar da imprensa em regimes democráticos, a censura e a ação política dos órgãos de imprensa. Jornais, revistas e a mídia audiovisual são analisados enquanto atores ativos na arena pública, evidenciando sua condição de formadores de opinião pública.[1]

É nesse aspecto que uma História Cultural do Político vem a elevar os veículos de comunicação não apenas à condição de objetos privilegiados de análise por sua qualidade de formadores de opinião pública, mas principalmente de elementos característicos de grupos sociais e, enquanto tais, formadores e difusores de representações e visões de mundo. Lida-se, assim, com valores, *habitus* e visões de mundo que acabam por refletir, mas também ajudam a formatar, a cultura política de um grupo social ancorado diretamente a um ou a um conjunto de veículos de comunicação. O produto desses meios se torna, dessa forma, representativo de um segmento ou grupo social, o qual tem no jornal, revista ou programa um norte para se situar na lógica composta de sua própria realidade, mas que é, enquanto sua base de recepção (e de consumo), produtora da linha que guia sua mensagem.

Neste produto complexo que é o veículo de comunicação, em particular o jornal, vários elementos se mesclam até o resultado final. O trabalho do jornalista, o produtor de textos, se encontra com o do fotógrafo, do colunista, do pesquisador. Textos e imagens de diferentes matizes se mesclam para que diferentes interesses sejam contemplados. A política, em especial, costuma ter destaque, principalmente em jornais de grande circulação. Nesse segmento, o trabalho de reportagem costuma ser acompanhado dos textos dos chamados formadores de opinião, dos colunistas, que escrevem com a função de comentar, de forma aprofundada, um determinado acontecimento ou tema. Escritos dessa natureza, ainda mais do que aqueles de reportagem, podem ser considerados produtos de um determinado meio ou grupo social relacionado ao jornal. É neles que surgem as nuances da opinião, para além da (presumida) retidão da reportagem, e se evidenciam as estruturas de pensamento e de ação das quais os jornais dão prova. Ainda que os autores sejam vozes renomadas dentro do jornal, e que os profissionais da notícia prezem pela independência, não há dúvidas de que seus textos se adequam à linha redacional geral do veículo. Essa conformidade se refere não apenas a uma relação hierárquica entre patrão e empregado, mas também a um reconhecimento do ambiente, do *habitus* normativo que prevalece na redação,[2] levando o jornalista a um comportamento que se assemelha a uma autocensura constante e espontânea (Accardo, 1995: 42).

Tais reflexões são válidas igualmente para o trabalho do chargista, que apresenta opiniões e julgamentos em forma de pilhéria. Assim, seu trabalho acaba por se assemelhar ao do colunista, refletindo uma visão de mundo acerca do retratado. Mas ao usar o artifício do humor, o chargista acaba tendo uma liberdade que nem sempre os outros profissionais da redação podem ter. O humor aliado à imagem abre possibilidades que o texto escrito não tem, possibilitando um ataque, uma crítica ou uma ironia em um nível mais sutil do que as palavras podem alcançar. Com essa característica, a imagem da charge acaba por se mostrar um espelho mais direto da visão de mundo dominante no veículo de comunicação. O lugar da produção da charge, dessa forma, se mostra central na determinação de sua mensagem. E é a partir dessa premissa que ela se torna uma fonte legítima para o entendimento da dinâmica do grupo produtor e receptor de sua mensagem.

Ao pensarmos o ato de produção da charge como uma ação política no meio onde ela é difundida, abre-se a questão da sua autoria. Como já argumentado, apesar de ter sua liberdade profissional, o chargista, assim como o jornalista e o colunista, está sujeito ao *habitus* normativo da redação, ou seja, está inserido em uma estrutura de ação e pensamento bastante específica e que ditará o teor geral da imagem. Dentro dessa estrutura, entretanto, ainda é possível distinguir o papel do chargista em mais um nível. Quando analisamos o caso dos fotógrafos como contraponto, fica mais fácil visualizar tal especificidade. Tomando as reflexões de Ralf Bohnsack (2010, 2011) acerca da produção da imagem fotográfica, percebemos que, na composição final da imagem fotográfica, ocorre a justaposição da ação de dois elementos produtores da imagem. Tal diferenciação refere-se ao produtor retratador da imagem (o fotógrafo) e o produtor retratado (o objeto do retrato) e seus respectivos *habitus*. Bohnsack toma os dois produtores como elementos ativos nessa ação, denominando-os produtor da imagem que retrata e produtor da imagem que é retratado (*abbildende und abgebildende Bildproduzenten*). De fato, reconhece-se o papel de ambos na composição da imagem, sendo o *habitus* do produtor retratado prontamente reconhecido por ser o captado, enquanto o *habitus* do produtor/fotógrafo se revela nas escolhas feitas durante e após o ato da produção da imagem. O ângulo da tomada, a posição da câmera, a decisão do momento a ser fotografado, tudo isso revela a visão do fotógrafo e as estruturas mentais e sociais nas quais está inserido. Como o autor ainda salienta, os *habitus* dos produtores podem estar em harmonia ou em conflito, mas ambos são reconhecíveis. Se aplicarmos a mesma lógica para a análise das charges, veremos que a lógica não se aplica.

O papel do retratado no caso das charges deixa de ser "objetivo", ou seja, não é realizado por um modelo real e presente no momento de produção, e passa a ser um papel "subjetivo". A diferença entre a objetividade e a subjetividade nesse tipo de representação se faz clara, especialmente na comparação com a produção de uma fotografia. No caso do modelo objetivo, a interação entre o produtor retratado e o retratador ocorre como resultado de uma equação que envolve as estruturas mentais de ambos, bem como seus modos de agir e de interagir, ou seja, seus *habitus*. Como as reflexões de Bohnsack apontam, tais estruturas não precisam ser compartilhadas, sendo o resultado final um produto da somatória de ambos. Seja um retrato renascentista ou uma fotografia contemporânea, o produto final é um reflexo das estruturas mentais e de ação de ambas as partes.

Quando pensamos o modelo subjetivo, por sua vez, notamos que o papel do produtor retratado se transforma. Seu lugar deixa de ser físico e passa a ser essencialmente imaginário, ainda que sua representação conte com elementos provenientes do mundo das experiências. Isso porque o produtor representado não interage com o produtor retratador no momento da produção da imagem, transformando a imagem em uma interpretação sobre o personagem, sobre o momento ou o tema retratado. É, portanto, uma opinião. Na construção pictórica da charge, a criatividade e, principalmente, as estruturas mentais do produtor retratador, ou seja, do chargista, assumem posição central. O retratado pode, em verdade, sequer existir no plano real; pode ser um personagem imaginário, alegórico ou representativo de uma personalidade ou de um grupo social. O importante aqui é o fato de que o retratado é uma criação pessoal do chargista (enquanto membro de seu grupo social e/ou profissional), e nos casos em que esse processo é baseado em elementos reais, as características intrínsecas a essa criação, ou seja, a essa representação são também baseadas na percepção do chargista sobre esses elementos.

Ao tratarmos do caso específico da charge, a relação dessa característica subjetiva da imagem reforça o caráter político e passional de sua mensagem. O chargista se apropria de uma personalidade pública ou de um fato politicamente relevante e os apresenta em suas próprias cores. Através dessa representação crítica e/ou humorística, o desenhista apresenta seu julgamento ou seu elogio, sendo este o objetivo último da charge. No processo de criação, o papel do retratado pode ainda ser considerado uma mescla entre subjetivo e objetivo, visto que muitas vezes o personagem retratado existe e tem, portanto, uma presença também no plano da realidade. Não havendo uma interação imediata, as experiências com o objeto de representação deixam de ser guiadas pelos sentidos exteriores, ou seja, a visão, o tato e a audição, e passam a ser guiadas pelas faculdades interiores, no caso, pela imaginação. Através dela,

> Julgamos objetos que não estão mais presentes... e que não mais nos afetam diretamente. Ainda assim, quando o objeto é removido de nossos sentidos exteriores, passa a ser objeto para nossos sentidos interiores. Quando representamos para nós mesmos algo ausente, fechamos, por assim dizer, aqueles sentidos pelos quais os objetos nos são dados em sua objetividade. O sentido do gosto é como se nos sentíssemos a nós mesmos, é como um sentido interior... Essa operação de imaginação prepara o objeto para a "operação de reflexão". E essa operação de reflexão é a real atividade de julgar algo. (Arendt, 2012: 523)

Nesse cruzamento entre realidade e ficção, entre verdade e opinião, encontramos a estrutura sobre a qual a memória será construída. Isso porque a própria historicidade da charge se equilibra sobre esses pontos. Um exame detido da charge revela que sua caracterização enquanto fonte de pesquisa para os historiadores não prescinde dessas considerações, em especial quando seu caráter lúdico se mescla com o julgamento político que a opinião revela. É preciso compreender que, enquanto artefato de um grupo social bastante específico e limitado (ainda que esse limite seja traçado pelo alcance do jornal no qual o desenho foi publicado), a charge aponta para uma tomada de posição frente a um contexto, ou seja, frente a uma realidade política e social. É dessa forma que ela se apresenta como uma ação política, demarcando sua mensagem em um ponto da linha do tempo e que, muitas vezes, está a este tempo incondicionalmente atrelado. Mas apesar de se remeter ao tempo presente, a publicação de uma charge é também uma tentativa de gravar sua mensagem nas areias do tempo. A composição de imagem, chiste e opinião busca resistir e se sobrepor às demais opiniões semelhantes, ou seja, se pretende dominante ou, ao menos, relevante. Por essa busca por sua própria longevidade, a charge acaba sendo também o primeiro agente de sua própria memória.

Trata-se aqui não apenas da charge enquanto um artefato histórico propriamente dito, ou seja, enquanto uma marca na história. De fato, são raras as ocorrências nas quais as charges assumem um papel protagonista nas narrativas. O maior exemplo de tal protagonismo na história talvez seja o caso de Daumier e sua caricatura do rei Luís Felipe, que eternizou a alcunha de rei-pera (Imagem 1). A memória que a charge produz e evoca é muito mais atrelada ao entendimento do *everyday life*, do cotidiano do leitor e do produtor da charge, bem como do contexto político no qual estão inseridos. É o seu caráter de registro, de documento, que a torna uma peça no quebra-cabeça da dita memória coletiva[3] e também da memória desviante, subterrânea (Pollack, 1989). É o que compreendeu Baudelaire quando, sobre o mesmo Daumier, escreveu: "Ninguém como ele conheceu e amou (à maneira dos artistas) o burguês, este último vestígio da Idade Média, esta ruína gótica cuja vida é tão dura, este tipo ao mesmo tempo tão banal e tão excêntrico" (Baudelaire, 1924: 14, tradução nossa).

Não foi o rei-pera que chamou a atenção de Baudelaire, mas a inserção e a visão de Daumier sobre um grupo social do qual o chargista era não apenas observador, mas seu cronista. A obra do chargista atua, de forma bastante particular, na (re)construção de impressões e de recordações, na construção da memória, ou, como Halbwachs (2003: 29) descreveu, no recomeço de uma mesma experiência por muitas pessoas. A partir desse princípio, é possível afirmar que a charge e seu discurso humorístico podem agir como a liga que une um círculo em torno de um julgamento político, círculo que demarca, por fim, uma comunidade de experiências.

Imagem 1: Publicada em 1834 no jornal satírico *La Caricature*, a imagem do rei Luís Felipe com a face em formato de pera ganhou centralidade no debate político francês de sua época, sendo utilizada pelos republicanos em sua luta contra a monarquia. A imagem, seu desenhista e o editor do jornal foram perseguidos judicialmente pelo monarca, mas o resultado do processo foi de vitória para Daumier.

A MENSAGEM E O CONTEÚDO: HUMOR E VIOLÊNCIA

Na construção dessa comunidade de experiências em torno da charge, para além de sua divulgação massiva por meio dos jornais, o humor desempenha um papel central. É certo que a grande maioria das charges apresenta alguma forma de humor. Essa utilização do humor, entretanto, tem uma função dupla. A primeira é a função de lazer, através da qual a imagem da charge busca promover o riso e o interesse do leitor. Esse interesse é despertado, à primeira vista, pelo caráter lúdico dos desenhos, que em nada se assemelha com o tom sério da maior parte dos textos de um jornal, especialmente da seção de política. Apesar de ser pouco relacionada com a seriedade das notícias e opiniões presentes no jornal, a charge pode ser tão informativa quanto uma matéria jornalística e tão opinativa quanto uma coluna especializada. Entretanto, através de seu discurso humorístico, ela pode contar com um fator de influência adicional.

A forma de humor mostrada em uma charge pode também servir de documento sobre um período ou uma sociedade, visto que sua utilização reflete elementos culturais e conjunturais, especialmente no plano da política. Da mesma forma, a orientação política de um grupo pode ser constatada pelo humor corrente em sua cultura. O conteúdo da mensagem e as formas como o humor é expresso são fatores que podem indicar o *Zeitgeist* da sociedade, bem como a linha política dos produtores do discurso ou da imagem humorística. Alguns exemplos da História comprovam essa ideia.

Cícero descreve em seu *De Oratore* (1978) uma sociedade romana dividida pelo humor. A prática do humor, de acordo com o senador, mostraria a origem social, a educação e a *urbanitatis* (Ramage, 1960), ou seja, o refinamento citadino do cidadão. Segundo o tratado, um orador romano poderia utilizar o humor, por exemplo, para ganhar a simpatia de seu público. Mas a forma de expressão do humor delimitaria as diferenças entre os grupos sociais. Para Cícero, o decoro e a integridade deveriam prevalecer quando do uso do humor. Essa seria uma das formas de diferenciar o grupo da *nobilitas* ou um *homo novus* dos plebeus. Para o primeiro grupo, *urbanitas* e *gravitas* deveriam ser parte integrante do humor. "A função da graça aristocrática e senatorial era de preservar as regras desta classe – e, com polidez, advertir quem ultrapassava seus limites" (Graf, 2000: 56). O humor tem aqui uma função política e social: ele regula, como descrito por Graf, a comunicação dentro de um grupo e a demarca para o exterior, onde, a partir dele, uma hierarquia social se estabelece. O humor pode, dessa forma, ser encarado como um fator de diferenciação do *habitus* entre dois grupos sociais distintos, como no exemplo dado, entre a plebe e a *nobilitas*.

Essa função de hierarquização social do humor sofre uma adaptação, mas tem continuidade na Idade Média. A corte dos reis nesse período podia ter regras bastante rígidas a esse respeito, especialmente quando a figura do rei estava em questão. Em alguns casos, qualquer menção a erros reais ou problemas no reino era proibida, mas a figura do bobo da corte supria essa lacuna: através do humor o bobo mostrava a verdade que era vetada aos outros. O humor do bobo era assim explicitamente utilizado como um fator político e social, mas essa forma de humor e o meio pelo qual ele é externado são especificidades desse período histórico. Na verdade, a figura do bobo da corte é progressivamente eliminada das cortes europeias a partir do século XVI. Os governos absolutistas já não tinham mais lugar para suas verdades mordazes (Minois, 2000: 82)

Os exemplos citados mostram como o humor pode desempenhar papéis políticos e sociais bastante específicos em determinadas sociedades e em determinados períodos. Mostram ainda que o humor não apenas é uma parte constitutiva das relações sociais, mas que também pode expressar as disposições e orientações políticas e sociais. Esse é o caso das charges. Os desenhos e as representações que eles contêm refletem temas e dinâmicas políticas e sociais temporalmente delimitados. Também o produto do humor, o riso, é um fator social. Essa ideia tem um significado duplo: por um lado o riso é produzido a partir de interações e em um ambiente social, ou seja, precisa de dois ou mais agentes para ocorrer. As charges podem assumir aqui o papel de um dos agentes, visto que costumamos responder aos meios humorísticos (como charges em jornais ou programas televisivos de humor) como estímulos sociais (Provine, 2001: 44), ou seja, esses elementos podem substituir a necessária presença de um segundo agente em uma interação social. Por outro lado, o riso tem um efeito social próprio. Ele pode mudar o direcionamento de uma conversação, a disposição de um indivíduo ou influenciar um grupo. Pode ainda, como Cícero afirmou, ganhar uma audiência. Mas sua potencialidade não se limita a esses efeitos momentâneos e de curta duração. O humor e o riso podem influenciar de forma duradoura e profunda um indivíduo ou um grupo social.

As influências que o riso pode ter sobre os homens foram analisadas de forma metódica pela primeira vez no final do século XIX e início do século XX. Nesse sentido, os trabalhos de Sigmund Freud se tornaram clássicos sobre o tema. Em sua obra *Os chistes e sua relação com o inconsciente* (2006), Freud apresenta a ideia de que no momento do riso ocorre uma troca entre o ridente e o "cômico". Segundo o autor, o riso tem um efeito liberador dos traumas e das frustrações que a sociedade impõe ao indivíduo. Em outras palavras, o riso age como um emancipador de emoções, libertando o indivíduo do peso e das amarras às quais a sociedade o sujeita. Essa sensação libertadora e prazerosa exerce um efeito diretamente no inconsciente do ridente – no caso do objeto deste texto, do observador das charges – e promove um sentimento de "gratidão" para com aquele que o fez rir. A partir daí pode-se falar em uma simpatia em relação às ideias da mensagem humorística promovida pelo riso, em uma espécie de corrupção através do prazer da liberação.

Podemos encontrar a produção de prazer nos diferentes tipos de humor, seja no humor moderado das piadas inocentes, no humor forte dos chistes hostis (agressividade, sátira ou defesa) ou no humor obsceno sexualmente carregado. Cada um desses tipos de humor produz uma forma de prazer e tornam possível a satisfação de um instinto, seja ele libidinoso ou hostil. Referindo-se à hostilidade, o autor austríaco sustenta a tese de que esta condição natural do ser humano está tão reprimida no mundo moderno quanto a sexualidade, graças às regras sociais da civilidade e ao processo civilizatório. Assim sendo, os chistes hostis teriam a "função social" de extravasar essa agressividade reprimida. No grande quadro das formas de expressão humorísticas pintado por Freud, as considerações acerca dos chistes tendenciosos e agressivos se mostram particularmente úteis para a análise das charges: "Os chistes de tendência agressiva transformam o ouvinte inicialmente indiferente em um compartilhador do ódio ou do desprezo (que o chiste apresenta), criando para o inimigo um exército de opositores onde antes existia apenas um" (Freud, 2006: 147). Fica claro, com isso, o vínculo profundo que a mensagem humorística tem com as subjetividades, apresentando uma relação conflituosa entre a agressividade e o prazer.

Ainda que na classificação de Freud não haja lugar para a neutralidade no humor (pois até mesmo o mais simples dos chistes buscaria algo, seja apoio, simpatia ou a fuga de uma crítica), é possível conceber a ideia de um gracejo ingênuo ou apartidário. Entretanto, quando se trata de charges e do humor político, essa possibilidade se mostra inviável. O motivo para isso é que mesmo o constituinte mais elementar da charge, a figura caricaturada, não pode ser representada de forma neutra. A composição da charge é um conjunto formado pelo personagem (político) caricaturado, um acontecimento do mundo político e a visão de mundo do produtor da imagem. Essa relação é por natureza uma relação política, e o conteúdo da charge acaba sendo um juízo político. Mesmo quando o autor procura evitar qualquer crítica explícita, algum julgamento está presente na imagem e, por si só, promove alguma forma de influência no mundo das aparências, isto é, no mundo do político.

A crítica através do gracejo pode também influenciar diretamente o alvo do ataque, quer dizer, o humor também pode influenciar o elemento criticado na imagem. A utilização do humor como arma para promover um ataque é bastante disseminada, não apenas no campo das charges, mas nas experiências cotidianas. Essa propriedade tem, entretanto, a condição de que a piada seja feita abertamente, em público. Para tanto, é necessária a participação de ao menos três atores: o cômico ou a mensagem pública, o alvo do ataque humorístico (ou sua representação) e ao menos um observador. Isso porque o objetivo de tal ação é de natureza psicológica, direcionado à humilhação do alvo. Através da exposição pública (e humorística) dos erros ou dos defeitos do alvo, o cômico visa à sua humilhação e, com isso, à correção das ações ou das opiniões do alvo das críticas. Bergson (2001: 65) formulou essa dinâmica da seguinte forma: "(a comicidade) exprime, portanto, uma imperfeição individual ou coletiva que exige correção imediata. O riso é essa correção. O riso é certo gesto social que ressalta e reprime certa distração especial dos homens e dos acontecimentos".

Tal repressão é a tentativa de uma correção individual ou coletiva. Através da humilhação, o cômico busca a imposição de uma nova ordem, a construção de um novo (e melhor) tempo. Ao contrário da teoria freudiana, segundo a qual o riso libera um prazer reprimido e através dessa liberação ganha o apoio daquele que ri, a ideia de Bergson levanta a esperança de que a sociedade, através do riso (e da humilhação por ele causada), seja trazida à ordem. Mais uma vez segundo Bergson (2001: 12-3):

> Uma personagem de tragédia não mudará em nada a sua conduta ao saber que a julgamos; poderá perseverar nela, mesmo com a plena consciência do que é, mesmo com o sentimento nítido do horror que nos inspira. Mas um defeito ridículo, ao sentir-se ridículo, procura modificar-se, pelo menos exteriormente. Se Harpagon nos visse rir de sua avareza, eu não digo que se corrigiria, mas a mostraria menos, ou a mostraria de outro modo. Podemos dizer desde já: é nesse sentido, sobretudo, que o riso "castiga os costumes". Ele nos faz tentar imediatamente parecer o que deveríamos ser, o que sem dúvida acabaremos um dia por ser de verdade.

A diferença entre as teorias de Freud e Bergson está no foco da análise: enquanto o austríaco analisa os possíveis efeitos do riso sobre o observador/ouvinte da comicidade, o foco de Bergson recai sobre a pessoa/grupo/situação ridicularizada. Isso não faz as teorias opostas, mas, antes, complementares. Além disso, com o foco sobre a humilhação Bergson abre uma importante linha de reflexão que aponta para o papel da violência no humor, e em especial na charge.

A violência pode ser apontada como a segunda principal característica das charges, logo abaixo do próprio humor. Pode-se dividir a violência ligada às charges em duas categorias: a violência indireta, que é causada pelo humor, pela ironia e pela humilhação (de acordo com o modelo apontado por Bergson), e a violência direta, que agride abertamente seu alvo e que não se utiliza necessariamente do humor e do riso. Assim como o humor, a violência pode surgir de diferentes formas e graus de intensidade em uma charge e pode apontar tanto para o objeto direto da crítica quanto para o observador do desenho. Aqueles que apoiam ou que são partidários do objeto de crítica são receptores primários da mensagem da violência (e da humilhação) das charges. O alvo[4] de uma charge que retrate o ex-presidente norte-americano Barack Obama, por exemplo, é muito provavelmente não apenas ele mesmo ou suas ações. A charge não deve, portanto, ter algum tipo de influência (apenas) sobre o ex-presidente (o *alvo formal*), mas antes e principalmente sobre seus partidários e apoiadores (*alvo informal*). Esses são o "público" do ataque e com isso os reais destinatários da crítica e da violência expressadas. Dessa forma, é intencionada a correção de suas ações, é sugerida a reflexão e sua mudança de opinião em relação ao alvo formal; em suma, é intencionada uma nova ordem na qual os partidários do alvo formal deixem de sê-lo. A crítica e a violência podem ser exercidas pelo chargista de maneira intencional ou não – especialmente se pensarmos no caso das críticas indiretas. Entretanto, mesmo quando a violência é empregada de forma não intencional, as charges podem exercer a mesma influência e ter o mesmo efeito de humilhação sobre seus leitores, no caso, alvos indiretos. A violência indireta nas charges segue também o modelo de Bergson, mas ao invés da humilhação do objeto da charge e do riso é à humilhação do leitor que ela é endereçada, ou melhor, do leitor que nutra uma simpatia em relação ao objeto da crítica.

A partir da constatação da existência dos alvos formais e informais da violência, chega-se ao *alvo solidário*. Este, no caso, é representado pelo leitor ou observador do desenho que já apresenta uma posição de oposição em relação ao retratado na charge, ou seja, ao alvo formal. Ao observar o representado, o alvo solidário tem de antemão uma atitude favorável à mensagem, sendo sua reação natural o apoio e a simpatia em relação a ela. O alvo solidário encontra na mensagem da charge a reafirmação e a corroboração de sua própria opinião. Nesse sentido, fica claro que o alvo solidário, assim como o alvo informal, já tem sua opinião formada antes de entrar em contato com a mensagem da charge, que é fundamentalmente contra o alvo formal (a situação ou o personagem representado). Além deles, é possível ainda identificarmos um quarto alvo das charges em relação a seu posicionamento diante da mensagem. Trata-se do *alvo indefinido*, o grupo de observadores e leitores que ainda não tem sua opinião a respeito do objeto da crítica, do chiste e/ou da violência e, por isso mesmo, é um campo de batalha para os formadores de opinião e propagandistas no campo da política – o campo natural de atuação das charges.

A tabela seguinte apresenta um resumo da classificação até aqui apresentada:

Classificação do Alvo:	**Posição correspondente em relação ao tema, *i.e.*, ao *Alvo Formal***
FORMAL	-
INFORMAL	Apoio, suporte
SOLIDÁRIO	Antagonismo
INDEFINIDO	Neutralidade

O fato de o alvo indefinido ser apresentado com uma posição de neutralidade em relação ao alvo formal não quer dizer necessariamente que ele não tenha qualquer interesse pelo tema representado. Também não significa que essa posição se mantenha após o contato com a mensagem da charge ou que permaneça neutra indefinidamente. Trata-se mais de uma opinião ainda não formada ou em formação que, exposta a diferentes informações e opiniões, pode ser alterada. Aqui as ideias freudianas sobre o humor podem encontrar uma aplicação teórica mais objetiva. Através dessa "violência humorística", ou melhor, dessa violência indireta (porque produzida pelo chiste, não pelo ataque direto) e do riso produzido pelo humor, ocorre a aproximação inconsciente do alvo indefinido (o que ri) e a opinião expressa pelo produtor da charge. Como Freud (2006: 117, tradução nossa) descreve:

> Um chiste nos permite explorar no inimigo algo de ridículo que não poderíamos tratar aberta ou conscientemente, devido a obstáculos no caminho; ainda uma vez, o chiste *evitará as restrições e abrirá fontes de prazer*. Ele ademais subornará o ouvinte com sua produção de prazer, fazendo com que ele se alinhe conosco sem uma investigação mais detida, exatamente como em outras frequentes ocasiões fomos subornados por um chiste inocente que nos levou a superestimar a substância de uma afirmação expressa chistosamente. Tal fato é revelado à perfeição na expressão corrente "die Lacher auf seine Seite ziehen [trazer os que riem para nosso lado]".

Uma mudança social ou política pode se operar através do riso. A situação (risível) retratada pode ganhar a simpatia do observador, exatamente como Cícero propunha ainda no século I. Na ação de rir se encontra uma chave para a expressão da crítica e também para sua aceitação. Segundo o modelo de Freud, uma charge pode "trazer os que riem" para o lado de sua crítica, ou seja, para o lado da oposição ao alvo formal. O alívio causado pelo riso e a descontração do humor se aliam a uma crítica ou a um ataque humorístico e o resultado é a introjeção de um discurso pela via subjetiva do prazer.

Tratou-se, até aqui, do que chamamos de violência indireta, ou seja, dos ataques efetuados por meio do atenuante discursivo que é o humor. Mas também a violência direta (aquela efetuada sem o subterfúgio do humor e, portanto, sem o elemento da humilhação causada pelo riso) se relaciona com a classificação acima. O uso da violência direta na arena pública também busca a humilhação do alvo direto, está claro; entretanto, a busca dessa humilhação aberta tem seu objetivo mais diretamente ligado aos alvos solidário e indefinido. Essa violência direta fomenta o ódio do opositor ao alvo formal, incentivando a expressão desse sentimento por parte do alvo solidário. Por outro lado, busca modificar de forma direta a visão do alvo indefinido pela propagação dessa visão negativa em relação ao alvo formal. Nesse caso, o que se objetiva é minar qualquer resquício de simpatia que o alvo indefinido possa ter em relação ao representado, bem como a disseminação do desprezo ou, em casos extremos, do ódio. No processo de utilização da violência direta em uma charge, é comum que o ataque se concentre no caráter ou na natureza da figura ou do grupo retratado. Sua moral e, por vezes, sua condição humana são atacados nesse processo de desqualificação.

A violência direta não busca qualquer apoio na dinâmica do prazer proporcionado pelo humor, como ocorre na violência indireta. Sua intenção, antes, é a de produzir sentimentos negativos e, através deles, delimitar claramente o alvo formal e seus apoiadores. O resultado político desse processo é o isolamento desses elementos na opinião pública e, com isso, o emprego do maniqueísmo no discurso político. Em casos extremos, esse processo pode ser seguido por seu reflexo no campo das relações sociais através da delimitação dos grupos sociais e sua classificação dicotômica entre bons e maus, amigos e inimigos. Dessa forma, as charges podem ser tomadas como elementos que auxiliam a acelerar esse processo de fragmentação político-social, ajudando a criar o ambiente que irá propiciá-lo.

Devido a essas características, as charges se apresentam como parte ativa do jogo político. Elas incluem uma declaração política que pode influenciar as discussões e opiniões políticas de forma consciente ou inconsciente. Dessa forma, as charges contribuem marcadamente com o "mercado de ideias" e com o debate público, estando ativamente envolvidas na criação e manutenção de estruturas mentais. Essas circunstâncias são suficientes para justificar sua pesquisa e análise, bem como de seu lugar na construção da memória de um determinado grupo.

Além disso, charges também fazem parte e são expressões de lutas simbólicas no campo social. Elas não apenas dão apoio a ideias, ideologias e atores políticos, como também podem promover a difamação, a humilhação através do riso ou a delimitação de diferentes grupos político-sociais. No campo político, sua análise pode ser usada para projetar uma espécie de mapa dos grupos sociais, os quais não são (apenas) determinados por seus *status* econômico ou social, mas também por suas visões de mundo, crenças, ideias e preconceitos. A alteração desses elementos mentais pode ser tão fluida e variada quanto as possibilidades de mudança de uma opinião. Como indicado anteriormnte, tal mudança pode ser mesmo incentivada, entre outros, por um desenho. A charge pode assumir, assim, um papel "catequizador".

Essa luta na arena política é promovida não apenas pela propagação de ideias e visões de mundo. Essa é, por certo, uma parte essencial dessa dinâmica. Mas, como a discussão acerca do humor e da violência apresentada mostra, a participação das charges na arena pública pode ser ainda mais profunda do que o seu papel de mera propaganda. Esses componentes das charges não atuam como forças legitimadoras ou construtivas na arena política. Sua função é a de destruição e agressão. As charges, nesse contexto, são agentes de violência, e sua função é a de minar dois dos elementos principais do poder: a autoridade e a força e, portanto, tem como objetivo minar o próprio poder (Arendt, 1970: 44). Essa dinâmica pode operar em todas as direções: a charge pode atacar a autoridade ou a força de um poder instituído, bem como de um ator político que busca o poder ou apenas atua no mesmo ambiente. Ou seja, ela mina a autoridade e a força dos alvos formais e informais. As violências direta e indireta podem causar a decomposição da legitimidade de seus alvos, mesmo que o desenho não seja produzido com essa intenção explícita. Devido à crítica ou à representação do erro e da fraqueza de seu alvo, a charge mostra o caminho para a sua queda. Assim, a charge, como um instrumento de violência, não produz poder. No entanto, ela pode minar a autoridade ou a força de um grupo político, e seu discurso (explícita ou implicitamente) pode mostrar uma nova opção de poder.

A eficácia da charge nessa dinâmica política depende de variadas condições. Estas incluem a força de seus alvos, a clareza da sua mensagem e do regime de poder no qual ela está inserida. A charge, é claro, não é uma ferramenta todo-poderosa. Sozinhas elas não são responsáveis por mudanças político-sociais nem pela queda de governos. Seu efeito se refere muito mais à reação momentânea ou duradoura de seus espectadores, que riem da charge, com ela se emocionam ou se agitam, se acomodam ou se rebelam. É dessa forma que a charge marca o seu lugar na arena política e na História.

O OFÍCIO DO HISTORIADOR – ANÁLISE DAS CHARGES

No que foi exposto até aqui, o lugar das charges nas dinâmicas sociais, suas características centrais (o humor e a violência) e sua condição de artefato histórico e fonte de memória para uma História do Político foram apresentados e analisados de forma abrangente. Entretanto, o uso das charges na reconstrução e no estudo do passado não prescinde de uma metodologia própria para maximizar os resultados da análise. Ainda incipiente no campo das humanidades (com a clara exceção da História da Arte), a análise de imagens ainda busca desenvolver métodos de abordagem que facilitem o acesso do pesquisador aos conteúdos pertinentes inseridos nas imagens, bem como às estruturas mentais e de ação que são nelas refletidas. Dentre essas metodologias, destaca-se o método documentário, desenvolvido pelo sociólogo alemão Ralf Bohnsack.

Fundamentado sobre a tradição da Sociologia do Conhecimento de Karl Mannheim e na Sociologia praxiológica de Pierre Bourdieu (1980, 1994), o método documentário prega a busca pela transposição do sentido imanente (literal) para o sentido documentário das imagens, ou seja, na "troca do questionamento sobre o que são os fenômenos ou realidades culturais e sociais pela pergunta como foram produzidos" (Bohnsack, 2010: 158, tradução nossa). Na busca pelas estruturas sociais, as quais estão na base dessa busca pelo "como" sugerida por Bohnsack, as imagens sofrem um processo de reconstrução de seus diferentes níveis de sentido (*Sinnschichten*), na acepção de Mannheim (1964: 103). Para guiar as reflexões dos pesquisadores nesse processo, lança-se mão dos preceitos estipulados pelos métodos iconológico, de Erwin Panofsky, e icônico, de Max Imdahl. O objetivo do método documentário ao conjugar tais tradições é alcançar uma compreensão ampla do maior número possível de níveis imagéticos que compõem a fonte, bem como de sua relação com o contexto de produção, passando da análise sobre (*über*) a fonte para uma análise através (*durch*) da fonte.

A análise a seguir é um exemplo da utilização do método, e será mostrada, de forma exemplar e um tanto apressada, em seu passo a passo.[5] Como fonte primária, será utilizado um panfleto anônimo difundido na França, em particular em Paris, no ano de 1887 (Imagem 2). A prática de distribuição e venda de desenhos que mostravam críticas e sátiras contra reis, políticos e a Igreja remonta ao período da Reforma, na qual as charges tiveram papel ativo na circulação de ideias. Charges que mostravam desmandos dos reis, privilégios do clero e da alta nobreza também formaram o arsenal de críticas que foi ativado durante o período que precedeu a Revolução Francesa, o que demonstra a formatação de uma prática social e política diretamente vinculada a essa forma de arte. Sendo impressas tanto em material de baixa qualidade quanto em definição mais alta, mostrando temas simples ou alegorias bem trabalhadas, esses desenhos eram vendidos por artistas que aproveitavam o interesse em determinado tema daqueles que podiam pagar pelas gravuras.

Outra especificidade digna de nota da imagem trabalhada a seguir é o uso da imagem de Bismarck no panfleto. O século XIX vê o surgimento de uma cultura imagética consistente, e o reconhecimento de figuras-chave da política europeia é facilitado e fomentado pela difusão de charges e caricaturas de qualidade gráfica cada vez maior. Impulsionada por revistas e jornais ao estilo de *Charivari*, *La Caricature* e *Punch*, e também pelos avanços tecnológicos no campo da imprensa, essa cultura imagética está fortemente vinculada à arte da caricatura, e o reconhecimento das figuras centrais retratadas nas charges é condição primária para que o conteúdo da mensagem seja compreendido. No período entre 1862 e 1890, Bismarck se tornou uma das figuras mais retratadas nesse tipo de documento na Europa, fazendo com que essa cultura visual personalista atingisse sua imagem e ele se tornasse, em larga medida, a representação mais utilizada para a própria Prússia e, mais tarde, Alemanha.

Interpretando a imagem: O Monstro Marinho

Imagem 2: O Monstro Marinho (*Das Meerungeheuer*), charge publicada em formato de panfleto na França em 1887.

A análise pré-iconográfica

Na primeira fase da interpretação, a análise pré-iconográfica, o interesse do pesquisador é a descrição detalhada do que se encontra representado na imagem. Dessa forma, no caso aqui analisado, podemos perceber a presença de três planos em sua composição geral. O plano de fundo, claro, no qual, à primeira vista, nada pode ser distinguido, delimitado pela linha do horizonte (Imagem 3). No plano central se destaca um mapa da Europa, que desce da borda superior da imagem como um mapa escolar em sala de aula. No mapa, três elementos textuais se destacam: *Carte D'Europe*, ou seja, Mapa da Europa, *France* e *Russie*, destacando assim os dois países na composição. Além disso, duas figuras femininas se apresentam lado a lado. A da esquerda segura uma espada embainhada e que aponta para o solo; a segunda, que veste um capacete ornamentado com uma águia, também segura uma espada, mas neste caso, desembainhada e apontando para o lado direito. Ambas as mulheres usam vestidos, a da esquerda porta ainda uma capa sobre seus ombros. As feições das mulheres são fechadas, a da direita parece olhar diretamente para o observador da imagem enquanto a da esquerda, com o queixo levemente levantado, parece olhar para o horizonte.

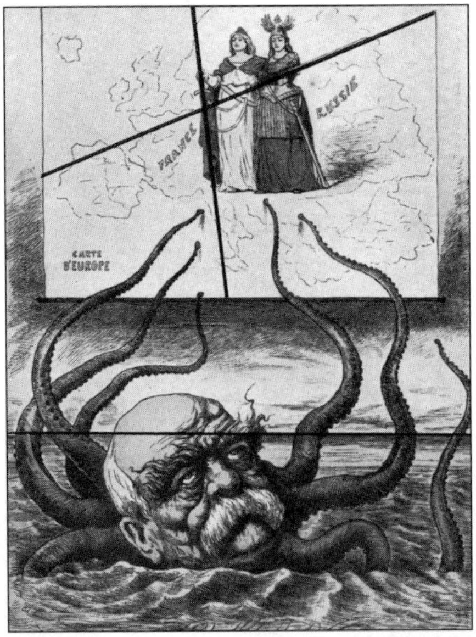

Imagem 3

No primeiro plano encontramos a figura central da imagem, um animal de sete tentáculos aparentes que surgem a partir de uma cabeça de um homem idoso. O animal sai da água, e na borda inferior da imagem se lê a palavra *Rhin*, nome francês do rio Reno. Seis dos tentáculos da criatura se voltam para o quadro/mapa localizado na parte superior da composição, assim como o seu próprio olhar. Suas sobrancelhas parecem seguir o mesmo padrão dos tentáculos, partindo desordenadamente de suas pálpebras. A figura tem ainda cabelos e bigode brancos, cobrindo o bigode toda a região da boca. Suas feições são completadas com os olhos vidrados e voltados para o alto. Na composição geral, a luz parece incidir da parte superior entre o primeiro e o segundo planos, lançando uma sombra na parte central da imagem, isto é, nas costas da parte inferior do mapa.

Análise iconográfica

Seguindo a interpretação, a metodologia clássica de Panofsky aponta para a análise iconográfica, na qual o foco recai sobre os gestos e ações que ocorrem na coreografia global da imagem, buscando um sentido geral para cada um deles, de acordo com o senso comum. Também o sentido primário de símbolos, arquétipos e signos de forma geral são levantados na análise iconográfica; em suma, trata-se da análise dos elementos presentes no imaginário.

A ilustração mostra um monstro marinho, espécie de leviatã que se ergue nos mares e a tudo destrói. A alegoria do leviatã abre duas frentes de interpretação iconográfica: a primeira se refere à figura bíblica e a segunda, derivativa, à teoria do Estado hobbesiana.

Na alegoria bíblica, o leviatã é uma criatura dos mares que recebe diferentes acepções, desde o inverso de deus – ou seja, o próprio diabo – até a representação do caos ou do orgulho. Peter Binsfeld (1589), ao promover uma correspondência dos pecados mortais com os demônios bíblicos, interpretou o leviatã como o monstro símbolo da inveja (Guiley, 2009: 231). Sua força é descrita como insuperável, e em sua frente "dança o terror". No livro de Jó, o leviatã não pode ser controlado:

> É absolutamente inútil tentar capturá-lo. Até só o pensar nisso aterroriza! Não há ninguém que seja tão ousado, que se atreva a provocá-lo e muito menos a conquistá-lo. Pois se ninguém lhe pode resistir, quem poderia então erguer-se contra mim? Nada recebi de ninguém. Tudo o que existe debaixo dos céus é meu. (Jó, 41, 9-11)

Assim como na alegoria bíblica, o leviatã de Hobbes (2003) tem na força e no medo suas características centrais. Ao tomar essa representação para pensar o Estado moderno, Hobbes busca deixar clara a abrangência e o controle que o aparato estatal acaba por exercer. Mais do que isso, apresenta o Estado como uma força incontrolável, fora do alcance dos indivíduos. O leviatã não pode ser dominado, e a ele tudo pertence.

Mas Hobbes polariza ainda, com sua representação, a característica sensória que envolve sua teoria. Mais especificamente, o leviatã está intimamente ligado ao medo e ao terror. Como descreve o historiador da arte Horst Bredekamp (1999: 16, tradução nossa):

> Hobbes não queria deixar dúvidas de que o medo compunha o ponto de partida e também o objetivo de suas reflexões. Ele conta com a natureza do homem, cujo vício no lucro, na segurança e na glória conduz a uma luta permanente contra concorrentes e oponentes. No estado de natureza, o que o controla é o "medo permanente e o perigo da morte violenta; e a vida dos homens é solitária, miserável, repugnante, animalesca e curta". O prejuízo e as mortes generalizadas não podem acabar por si próprios, mas precisam ser coibidos através de uma concepção artística do Estado, o qual reprimirá os interesses individuais e a eterna luta de todos contra todos através da violência e do terror. Como instrumento da legítima defesa, esse instrumento precisa gerar o medo para que possa desempenhar sua função.

Através dessa dupla caracterização do medo, enquanto origem do Estado e enquanto meio de sua ação, reforça-se o caráter agressivo do homem e do próprio aparato estatal, qualificando-o e o justificando ao mesmo tempo. Não há espaço para dúvidas: o leviatã é, essencialmente, uma representação de violência.

Outras representações importantes para a análise iconográfica aqui desenvolvida envolvem as duas figuras femininas. Através de sua indumentária, aliada à posição e destaque no mapa que lhes serve de fundo, é possível reconhecer ambas como figuras representativas da França e da Rússia. Frutos da efervescência nacionalista do século XIX, essas personagens ganham espaço nas charges para simbolizar seus países e sintetizar as narrativas dos jogos diplomáticos internacionais. No caso da França, com Marianne, e da Rússia, com a mãe Rússia (Rossiya-Matushka), essas representações pretendem demonstrar um "espírito" e valores próprios de seus povos, adotando, nas narrativas em que são empregadas, características e uma personalidade afim. É assim que Marianne surge altiva e confiante na imagem, e Rossiya-Matushka séria e combativa. A caracterização, entretanto, não se dá meramente pela postura corporal e pela expressão facial das personagens. Elementos do vestuário, particularmente seus chapéus, determinam a composição. No caso da alegoria russa, o capacete com a águia bicéfala e coroada denuncia sua pátria, visto ser esse um símbolo das armas do Império czarista. Já no caso da francesa, o chapéu jacobino se tornou um adorno intrinsecamente ligado à Marianne em suas representações históricas, e não só ela, mas tornou-se um traço distintivo para personagens franceses em geral.

A personificação do leviatã em um rosto específico segue um princípio semelhante. A constatação de que o personagem retratado é o chanceler alemão Otto von Bismarck não está ligada necessariamente ao seu contexto, uma vez que a popularização de sua representação, como já colocado, o transformou em um ícone de seu país. Sua figura é constantemente evocada em representações nacionais na Alemanha, e sua memória (visual inclusive) garante sua presença no imaginário. Bismarck assume um papel semelhante ao de Marianne e Rossiya-Matushka e ajuda a ordenar a narrativa condensada na charge, a qual se localiza, como indicado na parte inferior da composição, no rio Reno, uma das fronteiras naturais entre Alemanha e França e que tangencia a região da Alsácia. É interessante notar como a constante evocação dessas figuras nas charges do século XIX auxilia na construção de identidades nacionais, de percepções do diferente e na delimitação de espaços de experiências conjuntivas que formam comunidades, não necessariamente homogêneas, mas com códigos de reconhecimento e balizas narrativas próprias. A construção de metáforas, de enquadramentos metafóricos (Lakoff, 2009), de metonímias, enfim, de argumentos para o desenvolvimento de narrativas complexas a partir de um quadro crítico e/ou satírico é possibilitada por essa constante evocação de elementos constitutivos do imaginário.

A composição formal da imagem

Nesse passo iniciamos a mudança da pergunta "o que" é representado na imagem para a pergunta "como" essas representações são construídas. O princípio que norteia essa fase da interpretação é baseado no método icônico formulado por Max Imdahl (1988, 1996a, 1996b). Para o historiador da arte, as cores, as linhas, as luzes e as formas ganham relevância nas análises das imagens.

> [...] Diferentemente da interpretação iconológica de Panofsky, a interpretação icônica tem início já no plano pré-iconográfico e principalmente na composição formal da imagem. A interpretação icônica pode – de acordo com Imdahl – manter-se em grande parte separada do conhecimento iconográfico prévio, isto é, da atribuição de sentido iconográfica. (Bohnsack, 2010: 161, tradução nossa)

É a composição geral da imagem, em termos gráficos e técnicos, que interessa para a visão de Imdahl. É através desses elementos que o método vai contribuir para a percepção de como a imagem foi construída, auxiliando na apreensão das estruturas sociais e mentais que a sustentam. Nas palavras do próprio Imdahl (1988: 99, tradução nossa),

> O método icônico é uma metodologia de descrição de fenômenos, a qual – isso deve ser apontado – tem por base um conceito de forma e de imagem diferente daquele dos métodos iconográfico e iconológico. Ele dedica-se à síntese do "olhar que olha" e do "olhar que reconhece" enquanto fundação de uma apreensão de sentido bastante específica e que seria informulável de outra maneira, investigando como semântica e síntese influenciam na imagem.

A proposta icônica de Imdahl se refere, assim, ao estudo da imagem pela imagem, ou seja, de sua constituição formal. Elementos como a planimetria e a perspectividade podem resultar em dados diferenciados para interpretação e lançar luzes sobre pontos para os quais ainda não se havia atentado, bem como contribuir com a análise iconológica ao proporcionar um olhar crítico baseado na tecnicidade (ou falta dela) inerente à imagem.

Com isso em mente, é preciso levar em consideração que ao analisar a composição formal de uma caricatura, podemos ser confrontados com alguns percalços, especialmente por conta da natureza grotesca e caótica da charge. Nesses casos, muitas vezes o artista não é guiado por regras formais, mas utiliza o traço livre para produzir o desenho, o que pode levar a uma irregularidade na composição geral. Ainda assim, a análise dos elementos formais pode encontrar informações importantes para a interpretação final, ainda que tal análise leve à conclusão de que a composição é completamente irregular.

Na composição global da imagem aqui analisada, temos a divisão em dois ambientes que fica evidenciada pela linha do horizonte que perpassa a testa do leviatã (Imagem 3). De fato, em composição com o quadro que é destacado na parte superior, onde se encontra o mapa da Europa, a linha do horizonte garante uma projeção de profundidade, que é reforçada pelo "movimento" dos tentáculos em direção ao quadro. O ambiente destacado do mapa, por sua vez, tem nas espadas que as figuras femininas carregam seu elemento norteador, impondo uma rigidez a esse quadro que não se encontra no primeiro plano, guiado pelo caos das linhas tentaculares.

O movimento evidenciado pela dicotomia de padrões nesses dois ambientes é ainda reforçado pela dinâmica imposta pela personagem central. Sua movimentação segue um fluxo evidente que se concentra em uma área específica, demarcada pelo triângulo na Imagem 4 e localizada aos pés das figuras femininas no mapa. A cinesia que envolve os tentáculos e o prolongamento de seus movimentos (Imagem 5) corroboram essa observação. Na composição cênica, que denota um afunilamento da orientação do leviatã em direção ao interior do quadro e, mais especificamente, em direção às figuras femininas, fica evidente uma performatividade de agressão e violência.

Imagem 4

Imagem 5

Análise icônico-iconológica

A interpretação da imagem através do estudo de sua singularidade como fonte histórica e social é a parte central da interpretação iconológica. Esse passo compreende a caracterização de evidências determinantes no reconhecimento de elementos coletivos, como um país, uma época ou uma classe, bem como de religiões, ideologias e filosofias (Panofsky, 2006: 39). Isso aponta para a análise da visão de mundo (*Weltanschauung*) e do *habitus* (no sentido de Bourdieu, 1980) da sociedade ou grupo em questão, ou seja, do *modus operandi* tanto do pensar quanto do agir de seus diferentes produtores.

Em linhas gerais – e os caminhos da análise serão aqui apenas apontados, uma vez que o espaço necessário para desenvolvê-la seria muito maior que o aqui disponível –, a imagem precisa ser em primeiro lugar contextualizada. Sabendo de seu local e ano de produção (França, 1887), é possível reconstruir seu contexto. Mas se fosse o caso de não termos esses dados, alguns elementos-chave da cena nos permitiriam deduzir um intervalo de anos possíveis para a confecção do panfleto. No caso, as duas alegorias nacionais no interior do mapa fazem referência a uma aliança entre Rússia e França. Além disso, é claro, a referência direta ao chanceler alemão Otto von Bismarck leva a crer que a charge foi desenhada durante o seu mandato. Bismarck permaneceu no cargo entre 1871 e 1890, quando foi então aposentado pelo imperador Guilherme II. Ainda, a Rússia fazia parte da União dos Três Imperadores, um acordo diplomático de consulta e apoio mútuo celebrado por Rússia, Alemanha e Áustria-Hungria que era parte essencial do equilíbrio de poderes na Europa arquitetado pelo chanceler alemão com vistas a isolar a França no jogo diplomático. A União, entretanto, chegou ao fim em 1886, ano em que a Rússia se reaproxima, de forma reticente, da França, uma vez que as suspeitas contra as ações da Áustria e da Alemanha no Leste Europeu se avolumam. Nas palavras de George Frost Kennan (1985: 167):

> Raramente o ano civil coincide tão nitidamente com determinada fase da história diplomática como foi o ano de 1886 e o novo estágio alcançado nas relações franco-russas. Foi um ano que abrangeu a vida do terceiro ministério Freycinet na França. Os erros daquele ministério foram os fatores determinantes, durante o correr do ano, das relações entre os dois países. O ano incluiu, como na clássica história de amor, primeiro, complicações no desenvolvimento de uma intimidade que ambas as partes intimamente aspiravam, em seguida, um esforço para reconciliação e, finalmente, sob todas as aparências, um final relativamente feliz, ocasião em que ambas as partes consideravam-se mais sábias.

Dessa forma, o ano de produção da charge fica evidentemente confinado aos anos de 1886 e 1890, ou seja, os quatro anos que separam o fim da União dos Três Imperadores e a queda do próprio Bismarck na Alemanha. A aproximação da Rússia com a França se dava de forma lenta e gradual, além de em paralelo à assinatura do Tratado (secreto) de Resseguro, o qual reafirmava a aliança entre Alemanha e Rússia. Para os franceses, que viam no avanço da Alemanha e no isolamento político orquestrado por Bismarck os maiores desafios a serem superados no plano internacional, a possibilidade de estabelecer um acordo com a Rússia e reequilibrar o poder no continente europeu era vista com entusiasmo.

A partir da contextualização da imagem, é possível interpretar de forma específica a mensagem da charge. Em uma pesquisa de *corpus* documental mais abundante, uma análise comparativa entre as fontes poderá resultar na constatação de um padrão, buscando, em essência, quais as estruturas mentais que permeiam a produção das imagens e que formas de ação são imputados aos personagens, ou seja, pode-se observar uma espécie de *habitus* idealizado sendo representado nas charges. No caso aqui analisado, com base na performatividade dos personagens, pode-se constatar a ideia de força e de resistência/defesa na expressão das duas figuras alegóricas nacionais, enquanto o monstro marinho alemão se projeta em direção ao continente, denotando uma tentativa de envolvimento ou de ataque/conquista.

As alegorias bíblica (orgulho e inveja) e política (controle, terror e medo) ligadas ao leviatã dão ainda um sentido próprio ao personagem central e a suas ações. As interpretações percorrem esse rol de valores e de atributos, transpondo-os às motivações da Alemanha em sua busca pela dominação e à projeção de um domínio alemão sobre o continente. O imperialismo alemão, de caráter continental, em comparação com o francês particularmente, pode ser aqui analisado, uma vez que é a defesa do continente que está sendo pregada. Partindo da localização do monstro, nas margens do rio Reno, a dominação intentada pelo monstro alemão é evidentemente voltada apenas ao continente, não transpondo para o além-mar. Diante desses enquadramentos conceituais, demonstra-se a construção de um inimigo alemão agressivo e invejoso, enquanto uma nova irmandade franco-russa se forma na defesa da Europa, interpondo-se à passagem do monstro em direção ao coração do continente.

Na construção cênica, entretanto, fica clara uma contradição da imagem. Tanto a França quanto a Rússia estão "livres" no mapa, não sofrem interferência e não estão sendo ocupadas. Na verdade, o monstro se dirige ao centro do mapa (Imagens 4 e 5), justamente onde se localiza a Alemanha. Apesar da mensagem global da charge indicar a agressão alemã, a composição cênica aponta para uma opressão, um estancamento da Alemanha por parte da França e da Rússia. Ainda que se considere a representação do leviatã, a agressão imputada aos alemães pode ter uma fonte diversa daquela do orgulho ou da inveja, uma vez que o território alemão está bloqueado. Essa contradição aparente evidencia, ao final, que as agressões e as tentativas de anulação dos outros atores diplomáticos partiam de todos os pontos. O isolamento da França, revertido com a aproximação da Rússia, se mostra o primeiro passo em direção a um outro isolamento – dessa vez o da Alemanha.

CONSIDERAÇÕES FINAIS

Através da imagem aqui analisada, foi possível demonstrar os usos do método documentário nos estudos das charges, bem como demonstrar a condição ímpar da charge tomada como fonte para os estudos políticos. A alegoria do leviatã, mais do que uma ilustração da visão de mundo e das estratégias visuais utilizadas na confecção das charges no período, aponta para uma dimensionalização do sentimento de terror que se buscava atribuir, na França, ao elemento alemão no jogo político europeu. Possibilitou, portanto, um vislumbre do processo de construção de representações na arena política, bem como um vislumbre das estruturas sociais que transpassavam aquele ponto cronológico da impressão da charge. O *modus operandi* desse processo é verificado na construção de metáforas e alegorias, bem como na composição de *frames* (Lakoff, 2009) temáticos nas representações. A dicotomia entre dois campos específicos (a Alemanha e os defensores da Europa) e a vinculação de valores específicos a esses elementos demonstram como as estratégias visuais corroboram na formatação de uma opinião pública (no caso nacional e nacionalista).

A temática da imagem mostra também a relação próxima que as charges têm com as paixões políticas e a produção de sentimentos. A dinâmica que a imagem impõe ao imaginário, transpondo representações e transformando significados, contribui para a difusão e sedimentação desses sentimentos em diferentes níveis de sentido. Dessa forma, símbolos, mitologia e mitos políticos modernos agem, junto do humor, na propagação de ideologias e visões de mundo, contribuindo da mesma forma para a formação de seu reflexo nas estruturas praxiológicas da sociedade. As charges, ao lidarem com o subjetivo no campo da política, oferecem-nos uma janela para o entendimento das dinâmicas próprias do campo político das sociedades e dos grupos sociais que as envolvem. Elas nos abrem caminho às comunidades de sentido em seu entorno e às suas memórias.

Notas

1 O tema da formação da opinião pública através da mídia é complexo e envolve uma série de elementos, como a relação do veículo com seu público, com patrocinadores e *advertisers*, bem como o número de atores envolvidos na empresa. Walter Lippmann (2008: 258) argumenta que quanto maior o número de leitores, mais independente um jornal será por não depender do capital externo para sua sobrevivência. Ainda, quanto maior o número de anunciantes em um veículo, menor a influência que eles podem exercer sobre sua linha editorial. Nessa equação, o papel político-social que a publicação se outorga, a linha editorial adotada, o nicho de mercado (ou grupo social a que a mídia se vincula), tudo isso influencia, em maior ou menor grau, o papel do veículo na formação da opinião pública.

2 Accardo (1995) fala de uma relação entre níveis estruturais (o mercado, o mercado de trabalho etc.) e um nível pessoal que se refere ao jornalista e seu *background* cultural e educacional. Ao analisar o trabalho profissional de jornalistas, o sociólogo aponta para um campo de tensão entre esses dois níveis de compreensão e experiências; é nessa tensão que existe o que se pode chamar de liberdade de produção desses profissionais. Tal liberdade, entretanto, está sempre vinculada ao *habitus* ligado à profissão (o que Mannhein chamaria de *Standortverbundenheitshabitus*), e esse *habitus* profissional acaba tendendo, de forma geral, à posição das grandes estruturas dirigentes.

3 É preciso frisar que esta dita "memória coletiva" é compreendida aqui como uma construção, fruto de um jogo de forças com evidentes violências simbólicas e físicas. Em meio a esse jogo, a charge pode se mostrar relevante em múltiplos campos, como uma evidência do discurso dominante e vencedor ou como um artefato que registra a voz dissidente e silenciada. Ela demonstra, por sua própria existência, um resquício de ideia e de julgamento, um resquício que registra, de alguma forma, uma comunidade de sentido e de experiência.

4 O conceito de alvo não é utilizado aqui no sentido simples de alvo de ataque. Antes, alvo é definido aqui como aquele elemento que está sendo afetado ou influenciado, ou melhor, como aquele que é ou se sente afetado diretamente pela mensagem, ou o receptor primário da mensagem da charge.

5 Para outros exemplos de análise de charges segundo o método, ver Liebel (2011a, 2011b, 2015a, 2015b).

Referências

Accardo, Alain et al. *Journalistes au quotidien*: outils pour une socioanalyse des pratiques journalistes. Bordeaux: Le Mascaret, 1995.

Arendt, Hannah. *On Violence*. New York: Harcourt, 1970.

______. *A vida do espírito*. Rio de Janeiro: Civilização Brasileira, 2012.

______. Barbosa, Marialva. *História cultural da imprensa no Brasil*. 2 v. Rio de Janeiro: Mauad, 2010.

BAUDELAIRE, Charles. *Les dessins de daumier*. Paris: G. Cres & Cie., 1924.

BERGSON, Henri. *O riso*. São Paulo: Martins Fontes, 2001.

_____. *Matéria e memória*: ensaio sobre a relação do corpo com o espírito. São Paulo: Martins Fontes, 2010.

_____. *Memória e vida*. São Paulo: Martins Fontes, 2011.

BINSFELD, Peter. *Tractatus de confessionibus maleficorum et Sagarum recognitus*. S.l., 1589.

BOHNSACK, Ralf. "A interpretação de imagens e o Método Documentário". *Sociologias*. Porto Alegre, ano 9, n. 18, jun./dez. 2007, pp. 286-311.

_____. "The Interpretation of Pictures and the Documentary Method". In: *FQS: Forum Qualitative Social Research*. Berlin, v. 9, n. 3, art. 26, sep. 2008. Disponível em: http://www.qualitative-research.net/index.php/fqs/article/view/1171/2591. Acesso em: 2 mar. 2017.

_____. *Rekonstruktive Sozialforschung*. Einführung in qualitative Methoden. 7. ed. Opladen, 2010.

_____. *Qualitative Bild- und Videointerpretation*. Die dokumentarische Methode. Opladen, 2011.

BOURDIEU, Pierre. *A economia das trocas simbólicas*. São Paulo: Perspectiva, 1974.

_____. *Les sens pratique*. Paris: Les Editions de Minuit, 1980.

_____. *Raisons pratiques*. Paris: Souil, 1994.

BREDEKAMP, Horst. *Thomas Hobbes visuelle Strategien*. Berlin: Akademie, 1999.

CÍCERO, Marco Túlio. *De Oratore/Über den Redner*. Stuttgart: Reclam, 1978.

FREUD, Sigmund. *Der Witz und seine Beziehung zum Unbewußten/Der Humor*. Frankfurt: Fischer, 2006.

GRAF, Fritz. Cícero, Plauto e o riso romano. In: BREMMER, Jan; ROODENBURG, Hermn (org.) *Uma história cultural do humor*. Rio de Janeiro: Record, 2000.

GUILEY, Rosemary. *The Encyclopedia of Demons and Demonology*. New York: Infobase, 2009.

HALBWACHS, Maurice. *A memória coletiva*. São Paulo: Centauro, 2003.

HOBBES, Thomas. *Leviatã*. São Paulo: Martins Fontes, 2003.

IMDAHL, Max. *Giotto – Arenafresken*. Ikonographie – Ikonologie – Ikonik. München, 1988.

_____. *Zur Kunst der Tradition*. Gesammelte Schriften. v. 2. Frankfurt a.M., 1996a.

_____. *Reflexion - Theorie - Methode*. Gesammelte Schriften. v. 3. Frankfurt a.M., 1996b.

JEANNENEY, Jean-Noël. A mídia. In: RÉMOND, René (org.) *Por uma História Política*. Rio de Janeiro: FGV, 2003, pp. 213-25.

KENNAN, George Frost. *O declínio da ordem europeia de Bismarck*. Brasília: Universidade de Brasília, 1985.

LAKOFF, George. *The Political Mind*. New York: Penguin, 2009.

LIEBEL, Vinícius. *Politische Karikaturen und die Grenzen des Humors und der Gewalt*. Opladen: Budrich, 2011a.

_____. "Entre Sentidos e Interpretações – Apontamentos sobre análise documentária de imagens". ETD – *Educação Temática Digital*. Campinas, v. 12, n. 2, jan.-jun. 2011b, pp. 172-89.

_____. "Humor, Violence and Memory – Comments on the use of cartoons as a source in Political History". *Projeto História*. São Paulo, n. 53, maio-ago. 2015a, pp. 182-214.

_____. "Ângelo Agostini e a Charge no Crepúsculo Imperial – Apontamentos Preliminares acerca da Questão Abolicionista". *Almanack*. Guarulhos, n. 11, dez. 2015b, pp. 742-78.

LIPPMANN, Walter. *Public Opinion*. Leipzig: BNP, 2008.

MANNHEIM, Karl. *Wissenssoziologie – Auswahl aus dem Werk*. Berlin; Neuwied: Luchterhand, 1964.

_____. *Strukturen des Denkens*. Frankfurt am Main: Suhrkamp, 1980.

_____. *Konservatismus*. Frankfurt am Main: Suhrkamp, 1984.

_____. *Ideologie und Utopie*. Frankfurt am Main: Klostermann, 1995.

MINOIS, George. *História do riso e do escárnio*. São Paulo: Unesp, 2000.

PANOFSKY, Erwin. *Ikonographie & Ikonologie*. Köln: 2006.

POLLACK, Michael. "Memória, esquecimento, silêncio". *Estudos Históricos*. Rio de Janeiro, v. 2, n. 3, 1989, pp. 3-15.

PROVINE, Robert. *Laughter* - A Scientific Investigation. New York: Penguin, 2001.

RAMAGE, Edwin. "Early Roman Urbanity". *American Journal of Philology*. Baltimore, n. 81, 1960, pp. 65-72.

SODRÉ, Nelson Werneck. *História da imprensa no Brasil*. Porto Alegre: EdiPUCRS, 2011.

Prontuários de instituições de confinamento

Fernando Salla e *Viviane Borges*

Este capítulo analisa o lugar dos prontuários – conjunto de documentos de natureza variada sobre a vida dos indivíduos mantidos em instituições de confinamento – no âmbito da pesquisa acadêmica. Amplamente utilizado nas áreas da saúde e do direito, o uso de prontuários como fonte em pesquisas nas ciências humanas e sociais vem ganhando amplitude nas últimas décadas. Essa fonte tem sido reconhecida como portadora de potenciais tanto para uma melhor compreensão das estratégias de poder presentes no governo da instituição e dos indivíduos, como para o conhecimento mesmo das trajetórias anteriores desses indivíduos. Interessa discutir aqui, também, os limites impostos pelos documentos que formam os prontuários, enquanto produção oficial de informações, registros que exibem, mas que também apagam situações e silenciam relações sociais travadas no interior de uma instituição, documentos nos quais é rara a presença de expressões dos sujeitos confinados. Tratam-se de arquivos sensíveis,[1] cujos cuidados em relação a seus limites sugerem que as pesquisas nas áreas das ciências humanas, que recorrem a essa documentação, tenham que ser cercadas de cautelas necessárias para a garantia de uma reflexão ética e metodologicamente consistente.

Nossa reflexão tem especial atenção para com os prontuários de instituições voltadas ao controle social (prisões, manicômios, unidades de internação de menores infratores, vadios etc.) de grupos sociais aos quais se atribui o desvio, como a loucura, a vadiagem, o crime. Os documentos que os integram podem ser oriundos da polícia, do poder Judiciário, da área médica, além daqueles produzidos internamente como os relativos ao trabalho, à educação, à terapia, aos problemas disciplinares etc.

Trataremos inicialmente da constituição do aparato institucional no Brasil, propondo uma reflexão a respeito do surgimento de instituições voltadas à gestão da população, focando no caso das prisões, dos manicômios e das unidades para menores, problematizando sua condição de local privilegiado para a produção de informação sobre os indivíduos. Em seguida, faremos uma avaliação dos limites e potencialidades que os prontuários possuem para a pesquisa. Sem ter a preocupação de fazer um balanço exaustivo, discutiremos como vem sendo utilizada essa fonte nas pesquisas, na área da História e da Sociologia, no Brasil. Por fim, utilizaremos como ilustração alguns prontuários de diferentes instituições a partir de pesquisas que vêm sendo realizadas em Florianópolis e São Paulo.

INSTITUIÇÕES DE CONFINAMENTO E REGISTROS

Prisões, manicômios, orfanatos, asilos para isolamento de doentes, são todas criações relativamente recentes, que guardam uma vinculação com a emergência mesma das formações sociais marcadas pelo capitalismo. O papel dessas instituições foi analisado, entre outros autores, por Foucault (1987a, 1987b) que, com maior acuidade, as apresenta como parte das novas estratégias de poder que buscavam fixar territorialmente e disciplinar as populações. Para tanto, saberes diversos geraram uma progressiva produção de conhecimentos e registros sobre os indivíduos confinados. Até então, ao longo da Idade Média, os mosteiros e os conventos talvez tenham sido os únicos locais de confinamento duradouro, ainda que voluntário em grande parte dos casos, com regramento da vida cotidiana que se impunha aos indivíduos numa lógica da obediência religiosa. Se havia registros escritos nesses locais, eles não versavam sobre os indivíduos enquanto alvos de um escrutínio para o seu controle e disciplinamento. Nesse sentido, a proliferação de instituições de confinamento presente na história ocidental, desde o século XVI, se confunde com a criação de novas tecnologias de poder bem como de novos saberes. Em *Vigiar e punir*, Foucault (1987a) destaca o quanto as ciências sociais emergem e se desenvolvem como parte dessa engenharia de conhecimento sobre os indivíduos, de uma forma geral, e da observação e análise, em particular, daqueles que se encontravam confinados.

Os candidatos a essas instituições de sequestro podem ser os que Foucault (2010: 201) denominou *homens infames*, "vidas de algumas linhas ou de algumas páginas, desventuras e aventuras sem nome, juntadas em um punhado de palavras". Mas nem por isso, uma vez inseridos nessas instituições de controle, escapam de um escrutínio, de um registro. Como observou Arlette Farge (2012: 13), em relação aos arquivos policiais da Paris do século de XVIII, são produzidos sobre eles vestígios brutos, informações, relatos, descrições "de vidas que não pediram absolutamente para ser contadas dessa maneira, e que foram coagidas a isso porque um dia se confrontaram com as realidades da polícia e da repressão".

No Brasil, a construção de um aparato institucional voltado aos desviantes tem início no século XIX, quando os grandes hospícios e as penitenciárias vêm substituir as soluções paliativas e insalubres criadas para confinar aqueles que subvertiam a ordem. Até então, os porões das Santas Casas destinavam-se aos loucos e as cadeias públicas deletérias aos presos, estes eram os espaços por eles ocupados. Junto com as grandes edificações surgem os registros, a massa documental que fundamenta a produção de um saber/poder baseado na observação constante dos sujeitos confinados, seja para puni-los, seja para tratá-los.

Os primeiros manicômios brasileiros datam do final do século XIX e nascem sob a perspectiva da institucionalização da loucura, redesenhando os espaços destinados aos tidos como loucos. O Hospital Pedro II no Rio de Janeiro (1852), Hospital Colônia de Juquery em São Paulo (1898) e Hospital Colônia de Barbacena em Minas Gerais (1903) foram pioneiros no processo de assistência à doença mental. O restante do país seguiu o confinamento de doentes nos porões das Santas Casas e das cadeias públicas, ou ainda o encaminhamento destes aos hospitais mencionados, provocando a sua superlotação. A criação de hospitais psiquiátricos, colônias agrícolas para alienados e manicômios judiciários se intensificou entre as décadas de 1920 e 1940, quando os demais estados passaram a criar suas próprias instituições.

Durante o século XIX e início do XX, os hospitais psiquiátricos eram lugares de abandono, mas também de produção de saber.

No caso das prisões, desde a entrada em vigor do Código Criminal do Império, em 1830, é que apareceram as primeiras Casas de Correção (penitenciárias) destinadas ao cumprimento da pena de prisão com trabalho que era estipulada naquele estatuto legal. Em meados do século XIX aparecem as Casas de Correção da Corte e de São Paulo e mais para o final do século é que outras províncias constroem prisões do mesmo tipo. Muitas preocupações com a produção de conhecimentos sobre os internados surgiram por inspiração do sucesso que tiveram no Brasil as ideias de Cesare Lombroso[2] (Salla, 1999).

Na passagem do século XIX para o XX, sob os impulsos higienizadores dos republicanos do período, surgiram também instituições destinadas a tirar do cenário urbano os mendigos, os vadios, os menores abandonados ou delinquentes. Institutos disciplinares para menores, colônias correcionais para vagabundos, asilos para mendigos são construídos e igualmente se tornam instrumentos de controle desses indivíduos considerados desviantes. Tornam-se aos poucos locais de intensa produção de informações sobre os internos na lógica de um exercício de poder sobre eles que recorria ao esquadrinhamento de sua personalidade, de suas heranças genéticas, que investigavam os locais de moradia e as relações sociais como fontes de corrupção moral e de tendências criminosas.

Nesse sentido, as instituições de confinamento, para o exercício do controle sobre os indivíduos, não só passaram a produzir uma série de documentos que registravam os fluxos de objetos e de pessoas, as rotinas distribuídas no tempo, mas ainda uma variada gama de registros destinados a melhor conhecer os indivíduos. E é na lógica que buscava conter, punir, emendar os desviantes que as instituições de confinamento produzem vestígios que os retratam.

OS PRONTUÁRIOS E A PESQUISA EM CIÊNCIAS HUMANAS

Entre os muitos documentos produzidos no interior das instituições de confinamento, voltados para a identificação e controle dos fluxos de objetos e pessoas que ali entram e saem, ou para o conhecimento e controle dos indivíduos confinados, interessa-nos aqui tratar dos prontuários entendidos como conjuntos de documentos organizados para a identificação e reunião de informações sobre a história dos indivíduos, no interior da instituição e antes dela.[3]

Os prontuários de internos das instituições de isolamento não se constituem fonte de fácil utilização para o pesquisador. Uma das dificuldades diz respeito aos obstáculos formais que são impostos ao acesso à documentação, uma vez que são considerados pela legislação e frequentemente pelos responsáveis pelas instituições como sigilosos. Conforme o *Dicionário Brasileiro de Terminologia Arquivística* (2004: 70), documento sigiloso é aquele "[...] que pela natureza de seu conteúdo sofre restrição de acesso". Protocolos éticos (em relação aos laudos elaborados por médicos, psiquiatras, psicológicos) ou mesmo interdições legais (no caso, por exemplo, dos adolescentes em conflito com a lei) podem se constituir também obstáculos que são acionados para dificultar o acesso aos prontuários.[4] Por reunirem documentos pessoais, de caráter privado, como a identificação completa, filiação, naturalidade, endereço, além de diagnósticos e faltas cometidas dentro do espaço institucional, tais fontes acabariam por expor também as práticas cotidianas à avaliação de olhares externos, o que levou muitas direções de instituições a restringir a consulta.

No caso de prontuários de pacientes, o Conselho Federal de Medicina (resolução 1638/02) reconhece sua importância para a instituição, para o paciente e também para o ensino e a pesquisa, além de seu valor como prova, como instrumento de defesa legal. Prontuários de pacientes psiquiátricos são englobados por essa resolução, sendo um direito do internado, cabendo à instituição seu preenchimento.

Da mesma forma, a existência do prontuário penitenciário foi colocada na Lei de Execução Penal (Lei n. 7210) como um pressuposto para avaliar a vida institucional do preso. Mais recentemente, o decreto que regulamentou o sistema penitenciário federal também apontou a sua importância nas dinâmicas institucionais que envolvem o preso. No caso de transferência de instituição, o sentenciado deve estar acompanhado pelo prontuário. Um prontuário sem anotações disciplinares pode representar bom comportamento, já as faltas disciplinares incidem diretamente na reabilitação do preso.[5] No caso de pacientes psiquiátricos, a análise dos diagnósticos e do comportamento do interno ao longo dos anos poderia contribuir para sua permanência na instituição.[6] Esses registros tornam-se, assim, fundamentais para problematizar as práticas institucionais, são reveladores de uma constelação de acontecimentos históricos múltiplos a respeito da sociedade que criou tais espaços.

A localização mesma dessa documentação nem sempre é fácil, sobretudo em se tratando de pesquisas que busquem internos que passaram pela instituição, que já morreram, enfim, que foram parar no chamado "arquivo morto", local destinado aos documentos considerados antigos e já sem importância para o uso corrente. Predomina, em geral, um pouco cuidado com a documentação genericamente identificada como "antiga", não se reconhecendo a necessidade de sua preservação ou então de sua remoção para instituições especializadas, como os arquivos públicos.

Muitas vezes, quando se encontra a localização de prontuários para uma pesquisa, não nos deparamos com arquivos organizados, mas sim os encontramos apenas amontoados em lugares inadequados e sem qualquer elemento que ajude a sua incorporação na pesquisa.[7] Quando existe algum tipo de organização, ela geralmente atende apenas ao cotidiano funcional da instituição, não prevendo a pesquisa acadêmica.[8]

Uma vez superados esses não poucos obstáculos, o pesquisador ainda terá que considerar algumas cautelas importantes no seu trabalho com esse tipo de documento. Questões fundamentais como a necessidade de se compreender o contexto em que foram produzidos os documentos e sua autoria tornam-se muitas vezes novos entraves. Para a compreensão de como funciona uma instituição de confinamento, é muito importante pesquisar em que momento se produziu o laudo médico, quem foi o seu autor, ou então quando e porque foi feito um registro de uma infração disciplinar e por quem. Os prontuários são verdadeiros dossiês das vidas dos sujeitos confinados, preenchidos ao longo de anos, por vezes décadas. Portanto, podem conter um acúmulo de informações registradas por diferentes funcionários ao longo do tempo, ampliando o campo de busca. Da mesma forma, os anos de internação podem ser lacunares, mal preenchidos ou ainda ilegíveis. Outros pontos essenciais, como a natureza dos documentos, ou seja, para que finalidade eles foram gerados, a lógica de sua organização etc. levam o pesquisador a buscar informações sobre a organização institucional ao longo dos anos. Num prontuário, por exemplo, podem ser gerados documentos que se destinam a informar agentes externos (como o poder Judiciário), requisitar a intervenção de órgãos administrativos superiores, registrar o comportamento de um paciente, de um preso e assim por diante. Todas essas questões tornam fundamental a pesquisa nos Arquivos Estaduais e Municipais, em fontes como relatórios e correspondências institucionais, documentos ricos para pensar as práticas institucionais.

Prontuários são documentos muito específicos, que suscitam uma miríade de interpretações. O encontro dos sujeitos com as instituições de confinamento produziu as informações ali registradas, frequentemente tidas como delicadas e comprometedoras, o que implica cuidados éticos. Conforme apontado, nas pesquisas na área de ciências humanas, focando aqui o caso da História e da Sociologia, existe a preocupação em se preservar a identidade dos envolvidos, não revelando seus nomes ou quaisquer outros dados que possam levar à sua identificação. Tais procedimentos cautelares são muitas vezes exigidos por instituições para disponibilizar os documentos para a pesquisa. Através de assinatura de Termos de Compromisso e/ou carta de aprovação do projeto de pesquisa em comitês de ética vinculados à Plataforma Brasil,[9] as instituições de guarda dos acervos documentais procuram responsabilizar o pesquisador pelo uso dos dados obtidos durante seu estudo.[10]

Considerando-se tais dimensões e cautelas para a análise de documentos, vale ressaltar que os prontuários de internos representam, portanto, conjuntos valiosos de documentos para fundamentar as pesquisas acadêmicas. Há limites a considerar nos prontuários, como o fato de serem produzidos na lógica do funcionamento da instituição, por autoridades que estão controlando os internos, exibindo aspectos e ocultando outros, abafando, em geral, as expressões dos internos, sendo compostos por uma multiplicidade de agentes internos e externos motivados por objetivos distintos. Mas há potenciais em torno dos quais não se pode minimizar o uso de tais documentos: é por eles que se consegue melhor identificar as práticas de gestão da instituição, sobre como são conduzidos os indivíduos ali internados, quais são os principais conflitos que emergem e quais são as soluções mais usuais às quais se recorre. De um ponto de vista da História Social, os prontuários permitem alcançar fragmentos das trajetórias anônimas, os dramas vividos pelos *marginais anônimos* (loucos, vadios, criminosos, prostitutas, crianças e adolescentes) e as estratégias de controle social que pesam sobre eles.

Enfim, prontuários são documentos sensíveis, remetem, na maior parte dos casos, a pessoas que foram desprovidas de qualquer direito sobre si, entregues a uma instituição que decidia sobre suas vidas e seu cotidiano (Borges, 2014). São vestígios passados dolorosos, ainda em estado latente, uma tessitura de narrativas sobre pessoas que não pediram absolutamente para ser lembradas, pertencentes "a esses milhares de existências destinadas a passar sem deixar rastro" (Foucault, 2010: 207). Existências que tiveram, nesse embate com o saber/poder institucional, a possibilidade de que seus vestígios atravessassem décadas e chegassem até nós.

O USO DOS PRONTUÁRIOS NA PESQUISA NO BRASIL

Pode-se considerar ainda pequeno o número de estudos que, no Brasil, teve como fonte principal os prontuários. Talvez pela sempre presente dificuldade de conservação dessa documentação pelas instituições e pelas as dificuldades de acesso a ela, nem sempre é possível contar com os prontuários, seja como recurso principal seja como material auxiliar nas pesquisas.[11]

A expansão dos estudos acadêmicos voltados para as instituições de controle social, desde os anos 1980, bem como movimentos como a luta antimanicomial impulsionaram muitas pesquisas em torno dessas instituições e consequentemente o interesse pelos prontuários como fonte relevante de pesquisa.

Como se observou, a reforma psiquiátrica permitiu a incursão dos pesquisadores nos manicômios, os quais passaram a ter acesso a registros oficiais, como os prontuários. Os estudos sobre o tema da doença mental na área das ciências humanas datam da década de 1980 e principalmente 1990.[12] Nota-se nas últimas décadas a proliferação de trabalhos interessados em processos sociais e políticos e suas relações com as instituições, principalmente sob duas perspectivas. Em alguns estudos, os internos aparecem imersos no saber/poder da psiquiatria, sujeitados pela instituição e suas práticas de controle.[13] Em outros, os discursos e as ações dos dirigentes e as falas dos pacientes, apreendidas principalmente através dos registros encontrados em seus prontuários, passaram a ser entendidas não apenas na esfera da simples oposição entre poder e resistências, mas em suas potencialidades reveladoras das práticas institucionais, construção de subjetividades e suas relações com o sociocultural.

O interesse pela pesquisa dos prontuários tem possibilitado estudos sobre a escrita dos tidos como loucos, através de cartas, diários e bilhetes, ocasionalmente encontrados dentro dos prontuários para o deleite dos pesquisadores.[14] Somam-se a estes as pesquisas focadas em uma leitura na contramão das fontes institucionais, numa tentativa de enxergar o interno dentro dos vestígios que procuravam apreendê-lo, tornando "necessário fazer um uso subversivo dos registros institucionais, na tentativa de perceber o cotidiano e as marcas dos marginalizados nas entrelinhas dos documentos oficiais" (Borges, 2013: 129). Desvelam ainda a possibilidade de renovar estudos clássicos, ligados aos personagens médicos, categorias e teorias diagnósticas e o mundo asilar, colocando em perspectiva os diferentes sujeitos "detentores do poder explicativo sobre os processos biológicos, psicológicos e sociais: profissionais da saúde, doentes e doenças" (Venâncio e Cassilia, 2010: 33).[15] Tais temas passam a ser pensados a partir de suas especificidades locais, da preocupação com a experiência do internamento e sua relação com o meio social e o saber médico.[16]

Sendo o prontuário um tipo documental que reúne documentos de natureza diversa sobre os sujeitos confinados, sua organização interna pode ser de elevado interesse para a pesquisa. Uma prisão, uma unidade de internação para menores abandonados ou delinquentes, um manicômio judiciário, quando organizam os prontuários dos internos, não armazenam neles somente documentos específicos que motivaram a internação, como os crimes, as infrações. Compreendem documentos de natureza médica ou criminológica que podem trazer uma verdadeira devassa sobre a vida presente e passada dos internos. Na Penitenciária do Estado (em São Paulo) nos anos 1920, o médico psiquiatra José de Moraes Mello (Cancelli, 2005) criou dossiês destinados a reunir uma volumosa quantidade de informações sobre os presos: o "Boletim Serviço de Medicina e Cirurgia", com informações médicas (exames, ocorrências, atendimentos etc.); o "Boletim de Criminologia", destinado a fazer uma aprofundada pesquisa sobre a vida do interno (documento fortemente influenciado pelas ideias de Lombroso); quando o condenado tinha tatuagens, outro caderno era organizado (denominado "Archivo de Tatuados"), com os dados do condenado, fotos das tatuagens e observações do médico psiquiatra; e, ainda, se o condenado fosse considerado doente mental, era então organizado outro boletim denominado "Serviço de Psychiatria" (Salla, 1999).

Os desdobramentos dessa prática de produção de informações sobre os internos foram muitos em São Paulo. Em 1935, o Serviço Social de Menores foi reorganizado e, além dos institutos disciplinares previstos para internação de abandonados e delinquentes, foi criado um Instituto de Pesquisa Juvenil, integrado por médicos, psicólogos e outros profissionais com a tarefa de elaborar diagnósticos sobre os menores para seu encaminhamento "adequado" para uma das unidades de internação. No caso da população encarcerada, foi criado o Serviço de Biotipologia Criminal, em 1939, pelo Decreto 10.773, que logo depois foi transformado, em dezembro de 1941, pelo Decreto-Lei 12.439, em Instituto de Biotipologia Criminal, que funcionava anexo à Penitenciária do Estado. Sua tarefa era fazer prontuários com os estudos mais meticulosos sobre os presos do estado (não só os da Penitenciária do Estado), na lógica de um pretenso conhecimento criminológico que abrangia informações processuais, médicas, psicológicas e sociais.

Não existem estudos com um balanço da formação dessa documentação e das alterações pelas quais tenha passado desde esse período até o presente, mas tudo sugere que os prontuários tenham se tornado mais "operacionais" recentemente, ferramentas para informações práticas para o juiz ou outras autoridades e menos um conjunto de documentos revelando as preocupações com a elaboração de diagnósticos criminológicos. Mesmo assim, tais preocupações não foram banidas dos tais laudos sociais, psicológicos e psiquiátricos.

Questões atuais como a reforma psiquiátrica, a violência nas prisões e as discussões a respeito da redução da menoridade penal têm motivado um amplo interesse por pesquisas em distintas áreas das ciências humanas e sociais. Em meio a uma multiplicidade de documentos e outras fontes possíveis de acesso para a construção e desenvolvimento das pesquisas, são os prontuários dos internos um dos recursos fundamentais para as investigações, ainda que revestidos de várias dificuldades como foi observado anteriormente.

NARRATIVAS INSTITUCIONAIS

Os prontuários trazem uma estrutura que permite traçar o perfil do interno e aspectos de sua vivência dentro do espaço de confinamento. Permitem problematizar comportamentos, normas internas, relações de convívio, poder, formas de tratamento, de punição e, sobretudo, o cotidiano institucional. Os prontuários instituem sujeitos, criam uma identidade institucional, por exemplo, através do número de matrícula, e se prestam a reunir outros documentos de natureza variada, como partes de processos criminais, exames médicos, vida escolar, atividades diversas, castigos etc. Encontra-se nos prontuários uma "narrativa" rica de elementos que desvelam como são construídos, tratados e punidos esses sujeitos, mas que é ao mesmo tempo implacável em silenciar as vozes, as expressões, desses sujeitos. Essas "vozes" silenciadas podem emergir quando escovamos tais fontes a contrapelo, desvelando vestígios deixados por estes homens infames, apreendidos pelas instituições de confinamento.

Nesse sentido, os prontuários se combinam com as observações de Arlette Farge (2009: 14):

> O arquivo é uma brecha no tecido dos dias, a visão retraída de um fato inesperado. Nele, tudo se focaliza em alguns instantes de vida de personagens comuns, raramente visitados pela história, a não ser que um dia decidam se unir em massa e construir aquilo que mais tarde se chamará história.

Analisaremos aqui alguns casos envolvendo essas fontes e que demonstram as potencialidades de tais documentos para a análise das práticas institucionais e para a problematização das subjetividades inscritas nas entrelinhas do controle institucional.

AS PRÁTICAS INSTITUCIONAIS

Um primeiro caso a ser tratado é o dos prontuários que foram organizados a partir de 1935 em São Paulo quando da reforma de toda a assistência social no estado, incluindo o Serviço Social de Assistência e Proteção aos Menores. Esse serviço atuava no plano das relações institucionais envolvendo o Juízo de Menores e os locais para onde eram encaminhados os menores por abandono ou por infração. Dentre esses locais estavam o Instituto Disciplinar da Capital, o Instituto Disciplinar de Mogi-Mirim, o Reformatório Profissional de Taubaté e um vasto conjunto de instituições religiosas de abrigamento de crianças órfãs e abandonadas mediado pela Liga das Senhoras Católicas.

Interessante observar que esses prontuários[17] foram organizados para viabilizar as tarefas burocráticas do Serviço Social de Assistência e Proteção aos Menores e não como parte das dinâmicas internas das unidades daquele Serviço (como, por exemplo, o Instituto Disciplinar). Nesse sentido, são relativamente raros os documentos das rotinas do dia a dia das instituições. Eles refletem mais as relações entre as instituições do que efetivamente aspectos da vida dos internos, ainda que se possa extrair dos documentos muitos fragmentos dessa vida pessoal e institucional. Além disso, como essa preocupação com a documentação se deu em 1935, muitos prontuários foram criados *a posteriori* para regulamentar a situação de crianças e adolescentes que haviam entrado em algum instituto disciplinar antes daquela data. Tudo sugere que não havia registro consistente nem no Juízo de Menores nem nos institutos disciplinares sobre a entrada e saída de crianças e adolescentes.

Assim, os prontuários reuniam documentos da movimentação da criança ou do adolescente. Por exemplo, trazia a sentença do juiz, a guia de internação, as transferências de um instituto para outro, as comunicações dessas transferências para o juiz, as solicitações de desinternação por parte das instituições que abrigavam os menores, os ofícios do Serviço Social de Menores para os juízes com tais solicitações.

Tais prontuários são, em geral, heterogêneos quanto aos documentos que os compõem. Muitos são completos contendo desde a sentença, guia de internação, registros de ocorrências variadas dos internos (fugas, passagens pelo serviço de saúde, transferências etc.), procedimentos necessários para a desinternação, informes sobre pecúlio, sobre colocação no trabalho. Porém, muitos outros são bastante lacunares, não possibilitando sequer a identificação da idade, os motivos da internação, as razões da desinternação.

Os prontuários não necessariamente reúnem todas as providências de movimentação de crianças e adolescentes que as instituições tomavam e que por definição deveriam ser registradas em ofício e comunicadas ao juiz. Tudo sugere que era bastante irregular o fluxo de informações que seriam de praxe circular entre o Juízo de Menores, o Serviço Social de Menores (SSM) e as unidades em que se encontravam os "menores".

De qualquer modo, os prontuários desse Serviço para o período das décadas de 1920 e 1930 trazem importantes potenciais para a pesquisa sobre o trato dos abandonados e dos "menores" delinquentes. Em parte, os prontuários expressam como eram organizados os serviços governamentais logo após a criação do Juízo de Menores em 1924 e da adoção do Código de Menores em 1927. Neles, encontram-se informações, ainda que dispersas, sobre as principais inciativas governamentais que moldaram os serviços administrativos e judiciais no trato da questão do abandono e da delinquência juvenil.

Há também um potencial considerável de análise na documentação que integra os prontuários em relação às concepções médicas e psicológicas que se faziam presentes principalmente nos laudos do Instituto de Pesquisa Juvenil, que realizava avaliações dos menores para fins de orientação do tratamento a ser indicado, da unidade de internação de maior conveniência.

Aos potenciais proporcionados pela documentação correspondem também certos limites dos prontuários pesquisados. Alguns já foram apontados anteriormente, como a ausência de documentação e de informações básicas sobre a vida do internado. Mas, talvez, as lacunas mais relevantes digam respeito à pouca informação sobre as rotinas das instituições de internação. É possível identificar, apenas de modo tangencial, algumas atividades de trabalho e educação que os internos realizavam, bem como seu comportamento, através da anexação de um documento denominado "folha corrida", que trazia um resumo da vida do interno com suas atividades, seu aproveitamento e ainda ocorrências disciplinares, fugas e punições.

Se o primeiro caso descrito aponta para as possibilidades de uso dos prontuários para se compreender as dinâmicas das instituições que fazem a gestão de um segmento social (no caso os menores abandonados ou delinquentes), o segundo caso, descrito a seguir, trata de prontuários produzidos pela antiga Febem (Fundação para o Bem-Estar do Menor) e atual Fundação Casa desde 1990 até 2006.[18]

A documentação pesquisada – pastas e prontuários – era composta por vários documentos juntados à medida que o adolescente era inserido nas instituições de internação para cumprimento de medida socioeducativa. Pastas e prontuários em alguns momentos eram documentos distintos e em outros momentos estavam unificados. Por isso, apresentavam, muitas vezes, documentos duplicados, mas, de modo geral, nos prontuários eram anexados documentos como o boletim de ocorrência, partes do processo judicial, dados sobre o adolescente coletados na Fundação, ofícios trocados entre o Poder Judiciário e a Fundação, guia de transferência do adolescente para outra unidade de atendimento (internação, internação provisória ou semiliberdade), termo de entrega do adolescente, relatórios de acompanhamento do adolescente, entre outros, dependendo do tipo de medida a ser cumprida. Já nas pastas, além de muitas vezes haver cópia dessa mesma documentação, havia registros dos atendimentos feitos no interior da Fundação, como documentos de atendimento do jovem pelos técnicos (assistentes sociais, psicólogos).

Essa variedade de documentação, que integra pastas e prontuários, traz, portanto, elementos variados para uma análise também das formas de funcionamento das instituições de controle, uma vez que há documentos sobre como a polícia elabora seus registros (por exemplo, no boletim de ocorrência), como se manifesta o juiz tanto na sentença como no acompanhamento da medida socioeducativa. O prontuário é rico, ainda, na produção de documentos sobre a vida dos internos, produzidos principalmente pelos chamados técnicos (psicólogos, assistentes sociais, educadores etc.). Nos atendimentos realizados por esses técnicos, estão plasmadas, nos seus laudos, nas suas anotações, as percepções e os pontos de vista de que se nutrem em relação ao adolescente em conflito com a lei. Mas é possível ir além e "garimpar" as expressões dos jovens, algumas de suas falas, angústias, expectativas. Em geral, a documentação que integrava os prontuários permitiu também capturar aspectos da vida familiar do adolescente, como as ocupações laborais dos pais e seu nível de envolvimento no cumprimento da medida socioeducativa.

Seguindo essa mesma perspectiva, a análise dos prontuários da Penitenciária de Florianópolis vem possibilitando uma série de estudos voltados à temática da gestão da população. Entre as questões suscitadas, o problema dos menores em conflito com a lei tem sido uma preocupação. A análise dessas fontes permitiu vislumbrar que da inauguração da Penitenciária estadual, em 1930, até a criação do Abrigo de Menores, em 1940,[19] menores infratores entre 14 e 18 anos, sentenciados por terem cometido algum tipo de crime, eram condenados à internação, mas acabavam mandados para uma prisão comum.[20] Os prontuários evidenciam uma série de práticas que permitem refletir sobre o tratamento destinado aos menores, mostram a impermeabilidade entre a lei e a prática punitiva. O Código de Menores de 1927 acabou criando uma brecha, indicando que todos entre 14 e 18 anos poderiam ser enviados para prisões comuns quando não existissem instituições adequadas. Contudo, a legislação ressaltava a necessidade de mantê-los em espaço separado dos presos adultos, o que nem sempre ocorria. Nesses espaços, eles eram também chamados de presos, detentos, sentenciados, obedecendo as regras da nova casa, ou seja, o mesmo tratamento destinado aos adultos.

Assim, a tentativa de implementar o Código de Menores de 1927 conduziu a uma prática institucional que, por décadas, mesmo tentando atender aquilo que estabelecia a lei, esbarrava nos embates do cotidiano, limitado por suas possibilidades imediatas e paliativas. A análise das práticas institucionais registradas nos prontuários demonstra que o tratamento destinado aos menores se aproximava daquele destinado aos presos comuns, em muitos casos se igualava. O trabalho nas oficinas, a regulação dos horários para dormir e acordar e as atividades escolares eram mecanismos que serviam para produzir comportamentos considerados adequados, visando reeducar o internado e assim devolvê-lo à sociedade como sujeito produtivo. A análise dos prontuários mostra que, sujeitados a esse regime, os sentenciados negociavam, resistiam ou compactuavam com a trama institucional e seus arranjos punitivos.

REGISTROS SENSÍVEIS

Formulários, documentos padronizados, datilografados ou preenchidos à mão, uma aparente monotonia que se desfaz quando nos deparamos com registros de si deixados por internos durante seu contato com a instituição de controle, como cartas, poemas, bilhetes e outros escritos. Analisaremos aqui alguns temas presentes nesses escritos, entre eles destacamos as críticas à instituição e as mazelas vividas durante o confinamento.

Em *Loucos (nem sempre) mansos*, Borges (2012) relata um caso em que poemas e cartas foram encontrados no prontuário de um paciente internado na década de 1970 no Centro Agrícola de Reabilitação para pacientes psiquiátricos (RS). Os versos de A. jogavam com as palavras a fim de criticar a instituição:

> peço que prestem atenção/no que eu vou dizer agora/me por no hospital o resto da vida/sem poder sair para fora/se doutor de medicina é Deus/então eu sou Nossa Senhora (Borges, 2012: 4).

Os registros deixados pelos internados, confiscados e anexados a seus prontuários, conforme estabeleciam as normas institucionais, a fim de servirem como potenciais provas (seja de sua insanidade, seja de seu crime), desvelam em alguns casos a maneira como esses sujeitos entendiam as razões de seu confinamento. Em um dos prontuários da Penitenciária de Florianópolis encontramos um registro de 48 páginas, um caderno escrito à mão por um sentenciado, o qual relata sua versão a respeito do crime de homicídio pelo qual foi condenado, além de denunciar as péssimas condições em que vivia na prisão. O documento é identificado pelo detento como o "Livro da Verdade" e seu autor, que cumpriu pena entre 1934 e 1943, solicitava que o relato fosse encaminhado ao tribunal, o que nunca ocorreu, visto que foi anexado a seu prontuário.

A tentativa de tornar pública determinada versão sobre o ocorrido é outro tema frequente entre os escritos localizados nessas fontes. Wadi (2009), ao analisar três cartas encontradas no prontuário de uma paciente do Hospital Psiquiátrico São Pedro (RS) internada no início do século XX, mostra que seus registros procuram instituir sua versão sobre o crime cometido. Pierina, que assassinou a filha de dois anos, foi tida como louca e internada no manicômio. Em seus registros, três cartas anexas a seu prontuário, ela afirmava ser criminosa e não louca, e que teria agido de forma consciente, assassinando a filha para que esta não sofresse como a mãe, tendo como destino um casamento infeliz e a pobreza.

Muitas vezes, a necessidade de escrever esbarrava na ausência de suportes para a escrita. Não apenas papéis e cadernos convencionais eram utilizados, visto que o acesso a esse material nem sempre era possível, mas qualquer suporte que permitisse o registro. Em um dos prontuários da Penitenciária de Florianópolis, um sentenciado fez uso da embalagem de um maço de cigarros para escrever, denunciando o sofrimento por ele vivido na prisão e expressando sua fé.

O sofrimento de estar confinado é assunto recorrente nos escritos anexados aos prontuários. Nos prontuários do Hospital Colônia Sant'Ana (São José, Santa Catarina) localizamos os versos de um internado. A.T. dizia-se compositor e poeta. Seus registros falam de solidão, da saudade da vida além muros, tema que também perpassa sua correspondência.

> De tanto pensar eu fico meio louco/Vai morrendo aos poucos este sofredor/Mas quando morrer não quero que chore/ Por que nunca morre a voz deste cantor (HCS, Prontuário médico, 1988).

Além dos registros deixados pelos confinados, outros vestígios podem fazer parte dos prontuários. As cartas enviadas por familiares, anexadas aos prontuários, também são fontes importantes para pensar questões ligadas à subjetividade e às práticas institucionais. No caso de espaços prisionais, o envio e o recebimento de cartas estavam ligados ao bom comportamento, sendo este controle uma das preocupações dos regimentos institucionais. No que se refere aos hospitais psiquiátricos, razões ligadas ao tratamento muitas vezes impediam esse contato com o exterior. Certamente existia também um receio das instituições em relação às denúncias por vezes feitas pelos internados em suas cartas.

Viana (2015), ao estudar os menores internados no Hospital Colônia Sant'Ana na década de 1940, analisou duas cartas enviadas por familiares em busca de notícias sobre aqueles que estavam internados. Esses documentos permitem problematizar o internamento por meio da experiência daqueles que também o viveram, a partir de outra perspectiva, evidenciando as barreiras de acesso das famílias aos sujeitos confinados. A angústia em não ter notícias do parente confinado perpassa as preocupações desses registros em hospitais e penitenciárias, mostrando o quanto era delicada e nem sempre fácil a comunicação entre a sociedade exterior e a intramuros.

Além de registros escritos, em alguns raros casos é possível encontrar objetos junto aos prontuários. No acervo da Penitenciária de Florianópolis foram localizados dois prontuários com objetos ligados a tentativas de suicídio: uma corda, com a qual o sentenciado teria tentado o enforcamento, e um caco de vidro, que teria servido para cortar os pulsos.

Nesses dois prontuários não existem relatos diretos dos sentenciados envolvidos, nenhuma carta, nenhum vestígio de si, apenas registros institucionais que evidenciam como esta lidava com essas práticas. Anexar o objeto provaria que o sentenciado atentou contra a própria vida e servia como prova para compor a teia de exames que atestariam contra sua sanidade mental.

CONSIDERAÇÕES FINAIS

Nossa proposta neste capítulo foi fazer uma reflexão sobre o lugar dos prontuários produzidos pelas instituições de confinamento no âmbito da pesquisa acadêmica na área das ciências humanas. Ao apontarmos alguns obstáculos para o acesso a essa documentação ou mesmo algumas dificuldades que o pesquisador encontra para o uso do variado material que a integra, tivemos como preocupação indicar os limites que essa fonte apresenta. Porém, tais limites motivam, ao mesmo tempo, a busca por outras fontes (como a legislação, os relatórios governamentais etc.), ampliando positivamente a pesquisa para que as análises não fiquem ancoradas apenas nos prontuários.

Os prontuários, de um lado, expressam as estratégias de condução do dia a dia da instituição, reúnem registros sobre o controle dos indivíduos, constituem-se um conjunto "oficial" de documentos que dá voz a alguns sujeitos e silencia a outros. Mas, de outro, é possível encontrar nessa documentação os escritos de angústias, as expressões de sofrimento e mesmo denúncias por parte dos internos em cartas, bilhetes, desenhos. Nos prontuários, estão armazenados vestígios de existências que habitaram esses espaços estigmatizados. Vestígios que indicam, ao mesmo tempo, seus comportamentos, aquilo que a instituição regulava como ordeiro ou questionável, as faltas, as punições, os caminhos trilhados dentro do confinamento. Mas também os traços de revolta, de desespero.

Mesmo sendo uma documentação muito restrita ao mundo das instituições de confinamento, voltada para o registro de muitas de suas práticas cotidianas, os prontuários apresentam diversas pontes de comunicação com o seu exterior. Ali podem estar reunidos os registros policiais, os laudos psiquiátricos, os tratamentos médicos ou laborterápicos, as sentenças judiciais, os castigos aplicados às faltas disciplinares, os pareceres sobre comportamento dos internos. Uma ampla variedade de documentos é elaborada fora mesmo da instituição, revelando as práticas de operadores e suas instituições (como os da polícia ou do Judiciário). Outros tantos documentos (laudos, registros de castigos etc.) são feitos ou preenchidos no interior delas, mas para atender expectativas de agências externas para liberação de presos, transferência de local de tratamento etc.

Procuramos mostrar que os prontuários condensam nos seus mais variados registros as práticas que regem o funcionamento de uma instituição, possibilitam compreender como ela se impõe aos indivíduos internados, governando sua vida cotidiana. No entanto, ainda que de forma fragmentária, estão ali registradas as rebeldias, as revoltas, os sofrimentos dos internos. Nesse sentido, os prontuários abrem incontáveis caminhos que o pesquisador pode seguir seja no território das análises sobre as instituições de confinamento e suas práticas, seja nos domínios da condição vivida pelos internos.

Notas

1 Nos propomos a pensar esses documentos como arquivos sensíveis, expressão comumente utilizada para documentos produzidos em situações de violações de direitos humanos, principalmente ligados a regimes ditatoriais (Fico, 2012), os quais podem comprometer a imagem dos envolvidos, cujo acesso conflitaria com o direito a privacidade.

2 Cesare Lombroso, nascido em Verona, na Itália, em 1835, é apontado como um dos nomes mais importantes da criminologia moderna. Era formado em medicina. Uma de suas principais obras é *O homem delinquente*. Seus estudos influenciaram profundamente médicos e juristas no Brasil na passagem do século XIX para o século XX.

3 Não entraremos aqui em questões específicas do campo do direito ou da medicina para pensar as peculiaridades de prontuários de presos e pacientes psiquiátricos, mas sim em suas potencialidades para a pesquisa em ciências humanas e seus limites éticos.

4 Tais questões trazem implicações éticas ao pesquisador, como o uso de pseudônimos a fim de não identificar os sujeitos pesquisados. A este respeito ver: Wadi, 2009; Borges, 2012; e Viana, 2015.

5 Decreto Federal n. 6.049, de 27 de fevereiro de 2007.

6 Pensamos aqui em um período anterior à Lei da Reforma Psiquiátrica.

7 Para uma reflexão sobre o uso em geral de documentos na pesquisa ver, por exemplo, May, 2004; Cellard, 2008; Israël, 2015; Borges, 2013.

8 Nesses espaços é frequente a organização onomástica, ou por ordem de entrada na instituição, tornando possível pesquisar somente através do nome completo dos sujeitos envolvidos.

9 A Plataforma Brasil é um sistema eletrônico criado pelo Governo Federal para sistematizar o recebimento dos projetos de pesquisa que envolvam seres humanos nos Comitês de Ética em todo o país.

10 Esse é o caso do Museu da Loucura (MG, prontuários do Hospital Colônia de Barbacena), do Centro de Documentação e Pesquisa do Hospital Colônia Sant'Ana (SC, prontuários do referido hospital), do Arquivo Público do Rio Grande do Sul (prontuários do Hospital Psiquiátrico São Pedro) e do Instituto de Investigação em Ciências Humanas da Udesc (SC, prontuários de detentos da Penitenciária de Florianópolis).

11 No ano de 2005, houve um grande incêndio no arquivo do Hospital Psiquiátrico de Franco da Rocha que destruiu cerca de cem anos de história daquela instituição, atingindo arquivos, prontuários e uma biblioteca. Embora Salla (1999) tenha utilizado os prontuários da Penitenciária do Estado intensamente na sua pesquisa em 1996, vários outros pesquisadores posteriormente não conseguiram ter acesso a esses documentos, as próprias autoridades não sabendo o destino que foi dado a eles quando de lá retirados entre 1997 e 1999.

12 Cabe apontar a existência de alguns poucos trabalhos centrados nas contribuições de Foucault desde fins dos anos 1970: Costa, 1976; Machado et al., 1978; Cunha, 1986.

13 Ver Cunha, 1986; Engel, 2001.

14 A respeito desses últimos estudos voltados aos escritos dos tidos como loucos ver Porter, 2002.

15 Facchinetti, 2004; Facchinetti e Venancio, 2006; Oda, 2007, 2009; Venancio e Potengy, 2015.

16 A este respeito ver Wadi 2005, 2006, 2009; Bertolli Filho, 2006; Santos, 2007, 2008; Facchinetti et al., 2010; Borges, 2014; Viana, 2015.

17 Atualmente estão depositados no Arquivo do Estado, mas seu acesso se dá pelo Centro de Pesquisa e Documentação (CPDoc), da Escola de Formação e Capacitação Profissional (EFCP) da Fundação Casa (Centro de Atendimento Socioeducativo do Adolescente). As informações sobre essa documentação estão alicerçadas numa pesquisa realizada no segundo semestre de 2015, sobre o período 1925-1934.

18 Esse recorte cronológico se deve a uma pesquisa ("Adolescentes em conflito com a lei: pastas e prontuários do 'Complexo do Tatuapé' (São Paulo/SP, 1990-2006)") desenvolvida junto a essa documentação entre 2008 e 2010 com financiamento do CNPq.

19 Sobre o Abrigo de Menores e a história dos na Penitenciaria de Florianópolis ver: Arend, 2011; Cassettari, 2015.

20 No referido período, foram encontrados 41 prontuários referentes a menores enviados à Penitenciária de Florianópolis.

Referências

ARREND, Silvia. *Histórias de abandono*: infância e justiça no Brasil (década de 1930). Florianópolis: Editora Mulheres, 2011.

BERNAL, Elaine Marina Bueno. *Arquivos do abandono*. São Paulo: Cortez, 2004.

BERTOLLI FILHO, Claudio. "Prontuários médicos: fonte para o estudo da história social da medicina e da enfermidade". *História, Ciências, Saúde – Manguinhos*. Rio de Janeiro, v. 3, n. 1, 1996, pp. 173-80.

_____. "Prontuários Médicos e a Memória da Saúde Brasileira". *Boletim do Instituto de Saúde*. n. 38, São Paulo, abr. 2006.

BORGES, Viviane Trindade. *Do esquecimento ao tombamento*: a invenção de Arthur Bispo do Rosário. Porto Alegre, 2010. Tese (Doutorado em História) – UFRGS.

_____. *Loucos (nem sempre) mansos*. Porto Alegre: Editora da UFRGS, 2012.

_____. "Arquivos Marginais: Crime e Loucura em Santa Catarina (1930-1970)". *Anais do XXVII Simpósio Nacional de História*. Natal, jul. 2013.

_____. "'Atenção boa, sentimentos bons e emoções normais': um olhar sobre os detentos avaliados pela Seção de Medicina e Criminologia da Penitenciária de Florianópolis (1935-1945)". *Anais Eletrônicos do 14º Seminário Nacional de História da Ciência e da Tecnologia*. Belo Horizonte, 2014. Disponível em: <www.14snhct.sbhc.org.br/arquivo/download?ID_ARQUIVO=1918>. Acesso em: 3 nov. 2016.

BRASIL. Decreto n. 17.943-A, de 12 de outubro de 1927. Consolida as leis de assistência e proteção a menores. Coleção de Leis do Brasil, Poder Executivo, Rio de Janeiro, RJ, 31 dez. 1927, p. 476.

BRETAS, Marcos Luiz. "As empadas do confeiteiro imaginário: a pesquisa nos arquivos da justiça criminal e a história da violência no Rio de Janeiro". *Acervo*. Rio de Janeiro, v. 15, n. 1, jan./jun. 2002, pp. 7-22.

CANCELLI, Elizabeth. *Carandiru*: a prisão, o psiquiatra e o preso. Brasília: Ed. UnB, 2005.

CELLARD, A. A análise documental. In: POUPART, Jean. *A Pesquisa Qualitativa*: enfoques epistemológicos e metodológicos. Trad. Ana Cristina Nasser. Petrópolis: Vozes, 2008, pp. 295-316.

CASSETTARI, Fernanda. *Os menores atrás dos grandes muros*: penitenciária da Pedra Grande (1931-1939). Florianópolis, 2015. Monografia – Udesc.

COSTA, Jurandir Freire: *História da Psiquiatria no Brasil*. Rio de Janeiro: Garamond, 1976.

CUNHA, Maria Clementina P. *O espelho do mundo*: Juquery, a história de um asilo. Rio de Janeiro: Paz e Terra, 1986.

ENGEL, Magali G. *Meretrizes e doutores*: saber médico e prostituição no Rio de Janeiro (1840-1890). São Paulo: Brasiliense, 1989.

_____. *Os delírios da razão*. Médicos, loucos e hospícios (Rio de Janeiro, 1830-1930). Rio de Janeiro: Fiocruz, 2001.

ESTEVES, Martha de Abreu. *Meninas perdidas*. Os populares e o cotidiano do amor no Rio de Janeiro da Belle Époque. Rio de Janeiro: Paz e Terra, 1989.

FACCHINETTI, Cristiana. O brasileiro e seu louco: notas preliminares para uma análise de diagnósticos. In: NASCIMENTO, Dilene Raimundo do; CARVALHO, Diana Maul de (orgs.) *Uma história brasileira das doenças*. Rio de Janeiro: Paralelo 15, 2004, pp. 295-307.

_____; VENANCIO, Ana Teresa A. "Entre a psicanálise e a degenerescência: sexualidade e doença mental no início do século XX no Brasil". *Revista Latinoamericana de Psicopatologia Fundamental*. v. IX, São Paulo, 2006, pp. 151-61.

_____. et al. "No labirinto das fontes do Hospício Nacional de Alienados". *História, Ciências, Saúde – Manguinhos*, v. 17, Rio de Janeiro, dez. 2010, pp.733-68.

FARGE, Arlette. *O sabor do arquivo*. São Paulo: Edusp, 2009.

FICO, Carlos. "História do tempo presente, eventos traumáticos e documentos sensíveis. O caso brasileiro". *VARIA HISTORIA*. Belo Horizonte, v. 28, n. 47, jan/jun 2012, pp. 43-59.

FOUCAULT, Michel. *Vigiar e punir*: nascimento da prisão. 20. ed. Petrópolis: Vozes, 1987a.

_____. *Eu, Pierre Rivière, que degolei minha mãe, minha irmã e meu irmão*... um caso de parricídio do século XIX. Rio de Janeiro: Graal, 1987b.

_____. A vida dos homens infames. In: *Ditos e escritos*. v. 4. Trad. Vera Lucia Avelar Ribeiro. Rio de Janeiro: Forense Universitária, 2010.

ISRAËL, Liora. O uso dos arquivos em Sociologia. In: PAUGAM, Serge (org.) *A pesquisa sociológica*. Petrópolis: Vozes, 2015, pp. 141-55.

KUMMER, Lizete. "Laudos periciais como fonte para o estudo da história da psiquiatria: a atuação do Manicômio Judiciário do Rio Grande do Sul (1925-1941)". *Anais do XXVI Simpósio Nacional de História – ANPUH*. São Paulo, jul. 2011.

MACHADO, Roberto et al. *Danação da norma*: a medicina social e constituição da psiquiatria no Brasil. Rio de Janeiro: Edições Graal, 1978.

MAY, Tim. *Pesquisa social*: questões, métodos e processos. Porto Alegre: Artmed, 2004.

ODA, Ana Maria Galdini Raimundo. "O banzo e outros males: o páthos dos negros escravos na memória de Oliveira Mendes". *Revista Latinoamericana de Psicopatologia Fundamental*. São Paulo, v. 10, 2007, pp. 346-61.

_____. "Passado e presente na psicopatologia da paranoia". *Revista Latinoamericana de Psicopatologia Fundamental*. v. 12, São Paulo, 2009, pp. 759-65.

PORTER, Roy. *Das tripas coração*: uma breve história da medicina. São Paulo: Record, 2002.

SALLA, Fernando. *As prisões em São Paulo (1822-1940)*. São Paulo: Annablume-Fapesp, 1999.

SANTOS, Nádia Maria Weber. "História, sensibilidade e ficção: o manicômio brasileiro e a loucura na narrativa íntima de Lima Barreto". *História. Debates e Tendências*. Passo Fundo, v. 6, 2007, pp. 187-205.

_____. História, subjetividade e cultura em leituras sensíveis do Eu: um exemplo nas escritas ordinárias de hospício. In: SANTOS, Nádia Maria Weber; ROSSINI, Miriam de Souza; PESAVENTO, Sandra (orgs.) *História cultural*: narrativas, imagens e práticas sociais. Porto Alegre: Asterisco, 2008, pp. 71-98.

SCOTTI, Zelinda Rosa. "Os prontuários do Hospício São Pedro: metodologia para formação de banco de dados". *Revista Ágora*. Vitória, n. 12, 2011, pp. 1-12.

VENANCIO, Ana Teresa; POTENGY, Gisélia Franco (orgs.) *O asilo e a cidade*: histórias da Colônia Juliano Moreira. Rio de Janeiro: Garamond, 2015.

VENANCIO, Ana Teresa A.; CASSILIA, Janis Alessandra Pereira. "A doença mental como tema: uma análise dos estudos no Brasil". *Espaço Plural*. v. 22, 2010, pp. 24-34.

VIANA, Bruna da Silveira. *Um lugar para os ditos anormais*: assistência psiquiátrica a crianças e jovens na primeira década do hospital Colônia Sant'Ana (1942-1951). Florianópolis, 2015. Dissertação (Mestrado) – Udesc.

WADI, Yonissa Marmitt. "A escrita epistolar no hospício: documento médico, documento histórico". *Revista Latinoamericana de Psicopatologia Fundamental*. São Paulo, n. 1, v. VIII, 2005, pp. 137-49.

_____. "Experiências de vida, experiências de loucura: algumas histórias sobre mulheres internas no Hospício São Pedro (Porto Alegre/RS, 1884-1923)". *História Unisinos*. São Leopoldo, n. 1, v. 10, 2006, pp. 65-79.

_____. *A história de Pierina*: subjetividade, crime e loucura. Uberlândia: Edufu, 2009.

Percursos teóricos e metodológicos dos estudos sobre HQs na Argentina e Brasil

Laura Vazquez e *Conceição Pires*

Este texto tem um duplo objetivo: inicialmente nos interessa refletir sobre as linhas teóricas existentes no campo dos estudos sobre as chamadas "artes gráficas e desenhadas", considerando os diferentes enfoques e perspectivas das pesquisas realizadas na Argentina e no Brasil, e apresentar um panorama dessa área de estudo ainda em formação. Embora em ambos os países existam tradições analíticas associadas aos "cânones acadêmicos", apenas nos últimos anos este tipo de produto cultural tem sido revalorizado pela academia e pelo sistema de conhecimento do campo artístico e da crítica. Tal reflexão mostra-se importante, por um lado, ao proporcionar um dimensionamento dessa área de estudos e, por outro, por nos dar condições para visualizar as fronteiras que persistem e as potencialidades existentes.

Uma vez que não pretendemos esgotar a bibliografia sobre o tema, exploraremos a produção desenvolvida a partir dos anos 1960, momento em que se expandem os estudos sobre quadrinhos, colocando em relevo as principais categorias de análise contempladas pelos diferentes campos de saber que se dedicaram ao tema. Em síntese, uma vez que os quadrinhos como objeto de pesquisa não têm sido valorizados da mesma maneira que outros documentos historiográficos, a proposta deste capítulo é gerar uma familiaridade com o tema e delinear um diagnóstico dessa área de conhecimento.

O segundo objetivo é propor ferramentas teórico-metodológicas para problematizar a linguagem, os sistemas de produção, os modos de circulação e a relação (sempre tensa no que tange ao campo mais amplo das artes visuais) entre imagem e texto a partir da análise de caso e da bibliografia específica sobre o tema. Trata-se de examinar as HQs como documentos políticos, sociais e culturais, com materialidades cujo sentido estético requer um olhar que atenda tanto aos aspectos históricos como artísticos, sem que se sobrevalorize uma dimensão sobre a outra.

Para concretizar a reflexão proposta, optamos por desenvolver uma análise de distintas fontes bibliográficas, demarcando as delimitações entre enfoques ou "correntes de estudos", e também (o que entendemos como inovador) expondo nossas próprias intervenções nesse campo.

Compreendemos que a formação de recursos humanos (orientação de estudantes, cursos e aulas ministradas, organização de congressos e jornadas) e a sistematização e divulgação de bibliografias, fontes teóricas e materiais de arquivos em relação à área (revistas e documentação gráfica), ao mesmo tempo que auxilia na orientação de estudantes e pesquisadores neófitos ao tema, contribui para colocar em relação e diálogo modos distintos de pensar e investigar o objeto em questão, algo fundamental para repensar e reconstruir esse campo de estudo de forma crítica e colaborativa.

Finalmente, apresentamos como parte de nossos objetivos discutir de que forma historiadores, sociólogos, comunicólogos e demais pesquisadores das ciências humanas podem não só abordar as histórias em quadrinhos como tema de pesquisa, mas também discutir como estas apresentam questões importantes para o tempo em que foram gestadas e, por fim, como contribuem para ampliar o saber histórico e em relação direta com nossas sociedades.

HQs E HUMOR GRÁFICO NA ARGENTINA: FONTES E OBJETOS DE ESTUDO NO CAMPO DAS CIÊNCIAS HUMANAS E SOCIAIS

Em primeiro lugar, queremos afirmar que entendemos que a história da construção do objeto que aqui denominaremos de "artes gráficas e desenhadas" (compreendendo tanto as HQs como o humor gráfico), na

Argentina como no Brasil, se confunde com a própria história política, social e cultural desses países. De modo que buscaremos reconstruir, simultaneamente, ambos os processos para entender mais amplamente a configuração do campo. Como veremos, a história teórica do meio evidencia distintos segmentos em diferentes contextos que não podem ser concebidos de forma linear, acumulativa ou progressiva, de modo que o texto siga parcialmente um percurso cronológico. Da mesma maneira, não podemos, neste capítulo com limitado espaço, dar conta de cada etapa, mas sim nos concentrar em definir as contribuições mais relevantes no interior de uma ampla periodização que compreende várias décadas.

Nesse sentido, realizar um estado da arte é sempre uma tarefa incompleta, que arrisca deixar de lado produções inovadoras. Não é nossa intenção resenhar nem mencionar todas as contribuições existentes, mas demarcar pontos de partida para a investigação com o objetivo de que outros pesquisadores venham somar trabalhos mais precisos e atualizados. Assinalados esses aspectos, nos esforçaremos para reconstruir, de forma mais completa possível, as contribuições teóricas da Argentina e do Brasil a partir de uma divisão ampla entre estudos de divulgação/jornalísticos e enfoques acadêmicos/linhas de investigação.

Desde a década de 1960, as perspectivas teóricas do campo podem delinear-se em duas grandes correntes de investigações: um tipo de ensaio histórico cultural que se desenvolveu fundamentalmente no campo do jornalismo cultural e as publicações especializadas do meio – Jorge B. Rivera (1992), Guillermo Saccomanno e Carlos Trillo (1980), Juan Sasturain (1995, 2004, 2013), Pablo De Santis (1992, 1994, 2004), Eduardo Romano (2004) – e um tipo de estudo semiótico centrado na análise do discurso no marco da teoria cultural e estética – Oscar Masotta (1982), Oscar Steimberg (1977, 2000, 2001). Da primeira vertente poderia resultar uma terceira linha, que compreende os escritos e relatos dos próprios protagonistas (desenhistas, roteiristas e editores). Nesse caso, trata-se de fontes primárias para os estudos e poderiam agrupar-se em memórias em primeira pessoa, homenagens, fichas técnicas, anedotários e biografias que reconstroem a vida de seus atores. Essas fontes são chaves para o acesso à informação, ainda que seja necessário submeter à prova sua validade empírica, revisar os dados históricos e cotejar as informações, uma vez que a maioria dos casos se incorre em erros característicos deste tipo de reconstruções ligadas à própria experiência e à vivência pessoal.

A título de ilustração, entre esses trabalhos, podemos mencionar as intervenções do roteirista Héctor Oesterheld e o desenhista Ramón Columba na revista *Dibujantes* ou em suas próprias editoras (os metatextos de *Frontera* e *Editorial Columba*) por dar uns exemplos paradigmáticos do modo de ensaio profissional, técnico e didático. Além disso, e de forma precursora, cabe citar o "Manual de estilo" de Enrique Lipszyc, *El dibujo a través del temperamento de 150 famosos artistas* (1953), seguido da *La historieta mundial* (1957) e *Técnica de la Historieta* (1966) com prólogo de Oscar Masotta. Também na mesma linha, o didático livro do roteirista Alfredo Grassi, *Qué es la historieta* (1971), editado pela Editorial Columba.

Nesses casos, o quadrinho é abordado a partir de seus aspectos técnicos e de realização, constituindo verdadeiros manuais de ensino para os desenhistas aprendizes.

Evidentemente que suas lições, conselhos e premissas de trabalho se encontram atualmente anacrônicas diante das significativas mudanças que se desenvolveram no mercado. Entretanto, considerando o contexto histórico dessas publicações (décadas de 1950 e 1960), podemos afirmar que se trata de uma nova abordagem que coincidiu em grande parte com uma mudança nas percepções e opiniões dos desenhistas e roteiristas acerca dos seus trabalhos, uma vez que já não se consideravam "trabalhadores de um gênero menor", mas profissionais de uma arte legítima ou legitimável com o tempo.

O crítico Oscar Masotta foi o principal referente nacional da "nova corrente de estudos", delineando suas inquietudes teóricas ao editar os três números da revista *LD (Literatura Dibujada*, 1968/1969), onde se publicavam simultaneamente textos analíticos (assinados pelo próprio Masotta) e uma galeria seleta e deliciosa dos melhores quadrinhos da história. De certa forma, *LD* é um catalogo de exceções e um mostruário particular e pessoal.

Os trabalhos de Oscar Masotta inauguraram a operação crítica em torno dos quadrinhos nos anos 1960 e estão marcados pelo estruturalismo e pela semiótica. Seu enfoque caracteriza-se pelo interesse na forma em que os quadrinhos organizam a informação (na dimensão do conteúdo), a qualidade dos signos qualificados e/ou padronizados e pela repetição de esquemas. Masotta se interessava pela linguagem como um conjunto de rasgos sofisticados que conformavam uma nova forma de representação e de comunicação e um inovador meio de massas moderno de transformação crítica e ideológica.

Na mesma linha, o campo artístico também valorizou a linguagem das HQs fundamentalmente através de instituições culturais como o Instituto Torcuato Di Tella ou a revista *Primera Plana*. Foi o mesmo Masotta quem, no ano de 1968, junto a David Lipszyc dirigiu a Primera Bienal Mundial de Historieta, realizada no Instituto Di Tella e que deu lugar a uma aproximação que se consolidará nos anos seguintes entre o campo artístico e os quadrinhos (Vazquez, 2010).

Essas abordagens iniciaram um caminho de complexificação e de crítica construtiva que terá, aos finais dos anos 1960, seus referentes autorizados, seus circuitos de legitimação, suas próprias regras de canonização (quais autores e quais revistas são consagradas pelo nascente campo crítico) e complexidade, segmentação e novas exigências do público adulto de quadrinhos. Isso é fundamental porque até a atualidade se aplica esse modelo que segue o sistema de classificação, valoração e padronização de outros campos afins.

Assim mesmo, e já na década de 1970, a reflexão e a análise sobre as HQs surgiram no âmbito universitário como um interesse maior do campo dos estudos culturais e sociais até então principiantes. As referências-chave desse processo que chancelou a entrada dos quadrinhos em certos circuitos intelectuais foram os trabalhos pioneiros de Umberto Eco, *Apocalípticos e integrados* (1965), e as investigações de literaturas desenhadas derivadas da *Société Civile d'Études et de Recherches des Littératures Dessinées* (Socerlid), associação francesa de estudos sobre quadrinhos fundada em 1964. Uma experiência inicial cabe considerar neste momento: entre os anos de 1973 e 1974, uma disciplina de literatura argentina coordenada por Eduardo Romano (Facultad de Filosofía y Letras da Universidad de Buenos Aires) incluiu as histórias em quadrinhos como material de estudo obrigatório junto às letras de tango, aos folhetins e aos programas de rádio. Os trabalhos de Eduardo Romano (1985), como os de Rivera, concentram-se na relação entre meios e cultura popular, uma preocupação importante nos estudos recentes do campo da comunicação de massa.

Jorge Rivera (1992) irá recorrer ao intrínseco caráter marginal e paracultural da linguagem. Sua preocupação com a inserção dos quadrinhos nas camadas populares nos oferece importantes dados para reconstruir aquilo que se chamou "a idade dourada dos quadrinhos" na Argentina. O livro *Panorama de la historieta en Argentina* (1992) incorpora uma preocupação com os cruzamentos entre os quadrinhos e outros meios, especificamente com o cinema, a publicidade, o folhetim, a fotografia e a literatura, e de que forma esses cruzamentos afetam a linguagem específica dos quadrinhos. Também os ensaios publicados na primeira fase da revista *Crisis* e nos fascículos de *Capítulo* do Centro Editor de América Latina são fundamentais para ler quadrinhos em uma chave nacional e popular. Fazendo parte da cultura nacional e não de uma manifestação da cultura transnacional, a partir de seu ponto de vista, os quadrinhos formariam um *continuum* com os meios massivos e populares.

Esses gêneros populares ligados aos interesses de um grupo de intelectuais peronistas terão seu desenvolvimento mais amplo nas décadas seguintes e em continuidade com essa linha de pensamento, nos profícuos ensaios e intervenções de Juan Sasturain (1995). Seus ensaios têm como matriz teórica a conexão entre o popular e o massivo em função de questões políticas mais amplas. Nas décadas posteriores, é significativa a ausência de estudos que deem conta da política de reconfiguração simbólica e material que se produziu na área. No entanto, um conceito ou categoria analítica parece cruzar as escassas abordagens realizadas durante os anos da última ditadura militar na Argentina: a marginalidade intrínseca do campo dos quadrinhos. A título de ilustração em *Historia de la historieta argentina* (1980), um livro fundamental e citado de forma recorrente, Trillo y Saccomanno sustentam que, apesar da instabilidade da ordem institucional e das condições adversas impostas pelo mercado, a atividade dos quadrinistas, por ser intrinsecamente marginal, subsistiu às mudanças estruturais do sistema.

Não por acaso que este trabalho foi publicado por Ediciones Récord (uma editora e agência de quadrinhos massivos e populares), o que abona o duplo caráter de marginalidade do meio e do objeto de análise. Essa mesma vertente está presente nos livros fasciculares de Carlos Trillo y Broccoli, *El Humor Gráfico*, *El Humor Escrito* e *El Humor Escrito* (1972), editados pelo Centro Editor de América Latina e na coleção *La Historia Popular – Vida y Milagros de nuestro Pueblo* (Ceal).

Endossando essa tese, Juan Sasturain põe em relação as formas marginais dos quadrinhos e a constituição da identidade nacional para afirmar o papel crucial que as expressões e gêneros "menores" (quer dizer, expressões e produções populares) têm no devir histórico cultural de uma nação. Sua contribuição central é o livro *El domicilio de la aventura* (1995), uma compilação de artigos publicados em revistas em quadrinhos e/ou humor gráfico como *Humor*, *El Péndulo y Super Humor*, em suplementos culturais dos jornais (*Clarín*, *La Opinión*) e em catálogos de eventos – entre 1979 e 1991, onde postula a matriz nacional/popular ligada à experiência peronista e seu projeto político.

Mais adiante caberia ainda agregar seu livro *Buscados vivos* (2004), uma recopilação de entrevistas a desenhistas e roteiristas realizadas pelo autor. É válido pontuar também colaborações mais recentes do autor, como seu livro *Breccia el viejo* (2013), uma reconstrução valiosa e completa da vida e obra do desenhista, as participações em programas de televisão de sua autoria (*Continuará*, *Plop caete de risa*, *Disparos em la Biblioteca*, *Canal Encuentro*) e, de maneira mais específica, a direção da revista *Fierro* em sua primeira e segunda época. Possivelmente não houve outro intelectual orgânico com maior trajetória que Sasturain em sua duradoura e coerente vocação pedagógica, como divulgador cultural desse campo. Desde o início, em sua atividade como roteirista (a modo ilustrativo, vale mencionar *Perramus*, com desenhos de Alberto Breccia), até a atualidade não é possível desconsiderar seu intenso trabalho no meio.

Mesmo assim, e a partir de outra vertente analítica, Oscar Steimberg (1977) sublinhará que, à marginalidade característica da produção quadrinística, caberia agregar a condição de ser uma linguagem com particular complexidade, cujos deslocamentos estéticos e narrativos exigem a leitura a partir de sua trajetória estilística e genérica. O autor sustenta também que as limitações intrínsecas e os traços esquemáticos acarretam em sua aparente simplicidade possibilidades e rupturas imprevistas que não admitem o fechamento do sentido nem de sua enunciação definitiva. Os trabalhos de Oscar Steimberg em seu livro *Leyendo historietas* (1977) constituem um estudo fundacional e que continua sendo um material indispensável como fonte crítica e de conhecimento. Entendemos que sua contribuição foi e tem sido a mais rigorosa e inovadora dentro do campo intelectual de análise sobre o meio.

Já nas décadas de 1980 e 1990, cabe citar um tipo de produção intelectual mais ligada à academia proveniente de diferentes correntes de estudos. Concomitante a esses desenvolvimentos no interior do campo, tem lugar uma vertente que chamaremos aqui de "nacional e popular" dos quadrinhos argentinos que compreende um conjunto de trabalhos que partem de reconstruções históricas realizadas com intenções mais sistemáticas e que representam uma primeira linha onde aprofundarão em busca de dados editoriais, fichas técnicas e apreciações sobre a trajetória e a evolução da indústria cultural. Essa linha está diretamente relacionada, então, com uma preocupação fundamental: o crescimento, a crise e as mudanças que acontecem no mercado.

Trata-se de um tipo de trabalho que oferece dados quantitativos, organiza periodizações, apresenta fichas de vida e obra dos atores-chave do campo e intervém legitimando certas produções sobre outras. De forma paradigmática, podemos mencionar o monumental trabalho de Oscar Edgardo Vázquez Lucio (também conhecido e publicado como Siulnas) e sua *Historia del humor gráfico y escrito en Argentina (1801-1985) I* (v. I e II, 1985-1987), editado por Eudeba, e que segue sendo o "manual" de consulta e de referências mais importante na Argentina.

É pertinente mencionar que a falta de valorização de determinadas produções extra-acadêmicas (como a pesquisa mencionada) deve ser revisada criticamente pelos próprios investigadores, uma vez que estes "apaixonados" e eruditos têm dedicado sua vida a buscar dados, complementar informações, realizar entrevistas, preservar revistas e completar coleções. Sem subsídios estatais na maioria dos casos, nem bolsas de ajuda econômica, construíram acervos que hoje consultamos e que retornamos seguidamente. É necessário, portanto, restituir-lhes a consideração que merecem e incluir suas referências em nossas bibliografias acadêmicas.

Nesse grupo, cabe mencionar os exemplares trabalhos do coletivo La Bañadera del Comic (2001, 2005). Esse coletivo tem desenvolvido uma intensa tarefa de pesquisa, compilação e análise de fontes primárias e publicado de maneira conjunta ou individual em revistas especializadas, como a *Revista Latinoamericana de estudios sobre la historieta de Cuba*, a espanhola *Tebeosfera* ou em sua própria revista, a *Sonaste Maneco*. Também assinalamos o empenho de Mariano Chinelli e seu valioso trabalho de difusão da vida e obra do desenhista desaparecido Héctor Germán Oesterheld (a esse respeito, ver seu arquivo on-line, Archivo HGO: http://archivohgo.blogspot.com.ar) e as contribuições do colecionador Gustavo Ferrari, especialista na obra de Hugo Pratt e Alberto Breccia.

Em termos de jornalismo cultural, é valido citar o cuidadoso livro de Judith Gociol e Diego Rosemberg, *La historieta Argentina: una historia* (2000), o estudo de Alan Pauls sobre Lino Palacio (1995), o exemplar trabalho de José María Gutiérrez (1999), os ensaios do escritor Pablo de Santis (1992, 1994, 2004), *La Historia de Tía Vicenta* (1994), de Edgardo Russo e o *Releyendo a Patoruzú*, de Susana Muzio (1993). Claro que cada uma dessas entradas supõe distintos níveis de rigor, pertinência e solidez que não cabe discriminar nem analisar neste capítulo.

Queremos mencionar também as notas realizadas por Andrés Accorsi e seus colaboradores na mítica revista *Comiqueando*, que começou em 1994, com distintas periodizações e publicações, e que supõe um âmbito de atualização permanente dos quadrinhos nacionais. O trabalho de Accorsi adquire maior volume com sua atuação à frente do Comicópolis, o festival de quadrinhos argentino mais importante das últimas décadas, mas que, infelizmente, foi interrompido no momento de escritura deste capítulo. Mesmo assim, eventos e encontros como os realizados pela Asociación Civil Viñetas Sueltas, o festival organizado na cidade de Rosario, Crack Bang Boom (para nomear alguns dos mais significativos), constituem espaços de importante vinculação entre estudiosos, jornalistas e autores, que não só facilitam o contato frente a frente, como também possibilitam a reflexão crítica e construtiva sobre o meio. Cabe ressaltar os espaços facilitadores de encontro realizados em livrarias (Moebius, Crumb, Punc, Eterna Cadencia, La Revistería), escolas e laboratórios e os ciclos como os da Feria del Libro e sua agenda dedicada às HQs.

As conferências abertas ao público e as atividades de apresentação de livros sobre histórias em quadrinhos e humor gráfico atualizam o contato com os leitores e oferecem intercâmbios produtivos entre investigadores e autores que facilitam o trabalho de campo e a relação direta com os "objetos de estudo". Nesse sentido, entendemos que o campo teórico também se constrói graças às suas múltiplas sociabilidades.

Nos últimos anos, especificamente em 2013, destaca-se a reedição do mítico livro *Leyendo Historietas*, de Oscar Steimberg, publicado originalmente em 1977, e que, desde então, ainda não havia sido reeditado. A edição ampliada e revisada realizada pelo autor deu conta de sua plena e experiente atividade na área. Da mesma forma, convém destacar seu trabalho sobre os novos quadrinhos de aventuras e as refundações dos estilos e dos gêneros (Steimberg, 2000) e seu artigo fundamental sobre os problemas e temas do humor gráfico (Steimberg, 2001).

Finalmente, chegamos ao último conjunto de textos que informam nosso estado da arte: os estudos contemporâneos sobre quadrinhos e humor gráfico. Nesse âmbito se entrecruzam trabalhos provenientes do campo da história da arte, da história da mídia e os estudos sobre comunicação, a história política e, em alguns casos, a sociologia. Nesse conjunto, que se encontra em plena expansão e desenvolvimento, podemos começar por mencionar os trabalhos de Carlos Scolari (1999) sobre os quadrinhos, uma análise do campo industrial e massivo durante a década de 1980, os de Marcela Gené acerca dos desenhos de Perón (2005) e das revistas humorísticas publicadas nos primórdios do peronismo e durante o mesmo (2009). Especificamente sobre as primeiras tiras gráficas e caricaturas, os artistas e a passagem da imprensa satírica do século XIX à imprensa humorística massiva, cabe destacar o trabalho de José María Gutiérrez (2014), o de Malosetti Costa (2005) e de Claudia Román (2010).

Seguindo com os recentes estudos sobre história social e cultural dos quadrinhos, devemos mencionar os trabalhos de Laura Vazquez, especialmente seu livro *El Oficio de las Viñetas* (2010), mas também vários textos presentes em *Fuera del Cuadro* (2012). No primeiro livro (resultado de sua tese de doutoramento), Vazquez realiza uma reconstrução de duas décadas fundamentais da história dos quadrinhos argentinos (1968-1984), relacionando esse período com os anos da chamada "idade de ouro" da indústria (décadas de 1940 e 1950).

Em uma linha similar se inscreve a tese de Florencia Levín (2013), dedicada à seção de humor do jornal *Clarín*, que utiliza figuras da análise do discurso e da construção de séries de imagens destacando diversos elementos gráficos relacionados a imagens da morte e da tortura, que apareceram no jornal durante os anos da ditadura militar. Também contamos com o trabalho de Ana Pedrazzini, que, a partir de uma perspectiva da análise do discurso e da semiótica, estudou as caricaturas por meio de um trabalho comparativo para refletir sobre a construção satírica da imagem dos presidentes Carlos Menem e Jacques Chirac (2010, 2012).

Problemáticas similares estão sendo trabalhadas em outros períodos históricos. Assim, podemos mencionar os trabalhos de Mara Burkart (2017) voltados para a análise da revista *HUM®* como um espaço de contestação e experimentação durante a última Ditadura Militar. Um trabalho que a autora ampliou para concentrar-se nas caricaturas de Perón em *Satiricón* (2010) e depois na reconstrução do projeto editorial dessa mesma revista (Burkart, 2013a). Atualmente, a pesquisadora tem se dedicado à análise comparada entre o humor gráfico durante os períodos ditatoriais (Burkart, 2014a, 2014b, 2013b).

Finalmente, cabe mencionar uma área de estudos muito recente que contempla o cruzamento dos estudos de gênero e das produções do campo do humor (humor, quadrinhos, tiras gráficas). Essa nova vertente surgiu com parte dos avanços em matéria de identidades de gênero e sexualidades, os estudos *queer* e a representação da corporalidade e da sexualidade dissidentes. Os quadrinhos funcionam como um espaço tradicionalmente reservado para a representação de universos, olhares ou pontos de vista masculinos. Paradoxalmente, enquanto em outras áreas ligadas às mídias, à política e à cultura a mulher alcançou uma maior projeção – em relação a períodos anteriores –, no campo das HQs e do humor gráfico sua incidência segue sendo menor e relativa. Mencionamos na Argentina as contribuições das investigadoras Mariela Acevedo (2012) e Facundo Saxe (2015), ambas com desenvolvimentos nas áreas e intervenções críticas e militantes no referido campo.

Recapitulando: na produção argentina podemos perceber um ressurgimento do interesse pelos quadrinhos como objeto de estudo que começou em meados da década de 1960 e que havia se mantido até fins da década seguinte. Não obstante, os estudos dessa natureza não desapareceram, diminuíram em sua circulação e produção e ficaram relegados a circuitos extra-acadêmicos ou a investigações em geral circunscritas ao humor gráfico. Os últimos 15 anos têm sido de uma intensa atividade e reativação da indústria quadrinística e acadêmica: congressos, seminários universitários, teses de pós-graduação, traduções internacionais, arquivos e bibliotecas com materiais nacionais e internacionais sobre o tema, contatos e relações acadêmicas entre investigadores da região facilitados pelas novas tecnologias. Esse último aspecto (pesquisa/novas tecnologias) que possibilita não só o acesso a documentos internacionais, como também o contato com colegas pesquisadores, instituições e acervos históricos é tema de outro ensaio, mas não podemos esquecer da importância dessas conexões uma vez que têm transformado radicalmente não só o modo de fazer quadrinhos, mas também de pesquisá-los.

Nesse sentido, é fundamental a referência da bibliografia tanto latino-americana como anglo-americana e franco-belga nas teses e produções recentes. De tal forma, poderíamos assegurar que entre a década de 1960 e a primeira metade do século XXI (2016) assistimos a um fluxo que não só amplia os debates sobre quadrinhos e humor gráfico para outras zonas da cultura, a arte e a mídia, mas permite ler o que aqui chamaremos de uma mudança disciplinar das literaturas marginais/populares para as artes gráficas e visuais. Esse reacomodamento destinou-se a dar novos sentidos ao objeto de estudo e, portanto, novos interesses epistemológicos de indagação e pesquisa. Ou seja, se na fase pioneira nosso objeto foi concebido como parte dos gêneros menores e não reconhecidos pelos cânones artísticos, na atualidade é característico de um campo ampliado das artes visuais e um objeto ligado aos estudos historiográficos acadêmicos.

Como vemos, o campo de trabalhos sobre humor gráfico, quadrinhos e caricaturas na Argentina é um espaço temático em plena expansão e de que só temos dado conta nas suas principais contribuições. Aproximações mais recentes como as realizadas por Amadeo Gandolfo (2013, 2014), Federico Reggiani (2007), Laura Fernández (2012) Pablo Turnes (2011, 2012) e Lucas Berone (2011, 2012) supõem afinidades de grande fôlego para abordar trajetórias, revistas, personagens ou periodizações que até o momento estavam abertas nas análises sobre a cultura visual argentina. Nessa linha, alguns trabalhos podem ser agrupados a partir das questões compartilhadas, como, por exemplo, análises sobre a vida e obra do roteirista Oesterheld (nos casos de Von Sprecher e Reggiani, 2010; Berone, 2011; Fernández, 2012, 2015), problemas em torno de temas amplos referentes aos quadrinhos, à sociedade e à cultura (Berone, 2012; Turnes, 2012; Reggiani, 2007), ou os modos de circulação de revistas e obras, assim como a refundação dos estilos de época em determinadas conjunturas históricas no campo do humor gráfico e dos quadrinhos (Burkart, 2013b, 2014b; Gandolfo, 2013; Turnes, 2011).

Nesse sentido, mencionamos o Grupo de Estudios y Crítica de la Historieta Argentina, organizado na Universidad Nacional de Córdoba por Roberto von Sprecher e codirigido por Federico Reggiani (UNLP). O espaço reúne uma série de pesquisas concluídas e em curso, na sua maior parte relacionadas com os quadrinhos argentinos, como, por exemplo, as de Von Sprecher e Reggiani (2010 e 2011). Ainda assim, encontramos em todas essas abordagens uma preocupação comum em justapor desenho, política, comércio e o oficio, que em definitivo é um território ambíguo no qual habita as HQs.

Cabe assinalar que a distância geográfica entre os distintos grupos de estudo tem sido minimizada pelos congressos, jornadas, colóquios e encontros realizados nos últimos anos. Após a interrupção momentânea das Viñetas Serias, depois de três edições, vale mencionar a realização do Congreso Universitario de Historietas (CUH) na Universidad Nacional de La Plata, organizado pelo Centro de Estudios de Literaturas Comparadas (2015). Entendemos que esses novos espaços de encontro são fundamentais e necessários para o desdobramento de um trabalho comum, interesses e preocupações que superam as barreiras sempre delimitadas e individualistas das carreiras acadêmicas. Os pesquisadores, bolsistas e estudantes de pós-graduação muitas vezes ao estarem concentrados (possivelmente durante anos) necessitam "pôr à prova" e em discussão suas próprias pesquisas e para isso tanto os congressos como as publicações especializadas são ferramentas fundamentais que se fazem necessárias para fortalecer e multiplicar.

HQs E HUMOR GRÁFICO NO BRASIL: FONTES E OBJETOS DE ESTUDO DAS ANÁLISES HISTÓRICAS

Nesta segunda parte do capítulo, apresentaremos um panorama, sempre incompleto, dos caminhos tomados pela pesquisa histórica no Brasil para abordar esse campo de estudos, focando nos trabalhos desenvolvidos a partir da década de 1980, quando, em virtude de um processo de reavaliação da História como disciplina, novas possibilidades metodológicas favoreceram a ampliação do campo.

Estamos nos referindo às trilhas abertas nos anos finais do século XX pela nova História Cultural e Política que passaram a tecer diálogos férteis com disciplinas e temas que outrora se colocavam em polos distantes e, por vezes, conflitantes. Assim, ancorados nas possibilidades que a interdisciplinaridade oferece e interessados nas interferências dos modelos e critérios culturais nos processos sociais, um conjunto significativo de estudos – grande parte teses, dissertações e monografias de conclusão de curso – buscou os quadrinhos e o humor gráfico tanto como objeto de análise dos modos de sentir e pensar de uma época, quanto como um gênero literário, com linguagem e características próprias, que, consideradas em conjunto com as formas de produção, veiculação e usufruto, auxiliam na compreensão das realidades paralelas que produzem.

De imediato, é importante afirmar que nos dedicaremos aos estudos que se voltaram especificamente a esses objetos culturais: HQs ou humor gráfico, deixando em segundo plano – sem desconsiderar sua importância – aqueles trabalhos que se interessaram pelas revistas e jornais em que tais produtos circularam. Tendo isso em vista, podemos afirmar que tais estudos ainda não representam um quantitativo significativo, diferentemente dos outros campos disciplinares, como Comunicação, Letras ou Linguística, em que é quase impossível citar todos os trabalhos importantes produzidos e que se tornaram referenciais para os estudos históricos contemporâneos, tais como os quatro volumes do pioneiro trabalho de Herman Lima, a *História da Caricatura no Brasil* (1963), os estudos de Moacy Cirne (1970, 1971, 1982, 1990), Álvaro de Moya (1970, 1993, 1996, 2003), Sonia Bibe Luyten (1984), Waldomiro Vergueiro (2009a, 2009b, 2015), entre outros.

Certamente isso se deve à tradição logocêntrica dos estudos históricos, apesar do irrevogável reconhecimento da importância do visual nas sociedades contemporâneas (Meneses, 2003). Por outro lado, é fato, quase inconteste, que esse campo de estudos pode alargar e enriquecer as formas de compreensão do imaginário social, das sensibilidades, práticas e experiências de uma dada sociedade, bem como dos conflitos e disputas simbólicas que se passam em diferentes esferas da vida social – política, cultural. Ou seja, as "artes gráficas e desenhadas" podem e devem ser compreendidas "sob a ótica da dinâmica, da transformação da sociedade", como "um campo operacional, em que se elege um ângulo estratégico de observação da sociedade — de toda a sociedade" (Meneses, 2003: 25), distanciando-se assim de mais uma compartimentação da história.

Meneses (2003) defende que no campo dos estudos visuais, como em qualquer campo dos estudos históricos, o importante é a construção de problemas históricos que poderão vir a ser resolvidos através das fontes eleitas. A chave dessa forma de abordagem consiste, portanto, em colocar em primeiro plano a sociedade e os elementos que possibilitam as relações sociais, ou seja, a cultura, de forma que esse tipo de objeto atue como documento que, tal como outras fontes de pesquisa, apresente elementos para se examinar a dimensão visual da sociedade, contribuindo, assim, para a "investigação de aspectos relevantes na organização, funcionamento e transformação de uma sociedade" (Meneses, 2003: 28).

Essa é uma proposição que considera o papel que as imagens têm na construção cultural de uma determinada sociedade e de um contexto histórico, colocando-as como evidências históricas importantes e se afastando, enfim, do seu emprego meramente ilustrativo.

As metodologias analíticas propostas pelos estudos visuais contemporâneos têm guiado as pesquisas recentes no campo da História que colocam os quadrinhos e o humor gráfico como caminho auxiliar para se refletir não somente sobre uma determinada realidade histórica e a sociedade na qual as imagens estão inseridas, mas também sobre o papel de catalisadoras que desenvolvem ao propagar representações acerca dessa sociedade/realidade.

Os livros *Histórias de presidentes: a República no Catete* (1989) e *Brasil pelo método confuso: humor e boemia em Mendes Fradique* (1993), da cientista política Isabel Lustosa, fazem parte do conjunto de publicações que inauguraram uma abordagem histórica para a análise de charges, caricaturas, cartuns produzidos no começo do século XX e que tematizam as questões políticas nacionais. Embora ambos os livros não apresentem, nem se proponham a fazer, uma abordagem metodológica ou teórica voltada especificamente para a análise dos quadrinhos, charges e caricaturas, destacam-se por apresentarem esses produtos culturais como parte importante do campo de disputas políticas e ideológicas que se desenvolveram no Brasil no começo do século XX.

Em perspectiva diversa com ênfase no imaginário social, no livro *Prazer e poder do Amigo da Onça* (1989), o historiador Marcos Silva utilizou os quadrinhos do personagem "Amigo da Onça", produzido pelo artista Péricles Maranhão, para fazer um estudo dos significados que esse personagem produzia no Brasil dos anos 1943-1961. Em seu segundo livro, *Caricata república: Zé Povo e o Brasil* (1990), uma versão modificada de sua dissertação de mestrado, Silva abordou o personagem Zé Povo, desenhado por diferentes artistas que colaboravam em diversas revistas ilustradas brasileiras no começo do século XX, como uma síntese humorística dos problemas vividos pelo povo brasileiro. Nesses estudos, Silva fundamenta os objetos/fontes eleitos nos argumentos produzidos pelas – já não tão novas – História Cultural e Política, com o objetivo de assinalar o potencial que o humor gráfico oferece para que se possa explorar outras dimensões da vida social.

Merecem atenção destacada também os trabalhos de Luis Guilherme Sodré Teixeira, *Sentidos do humor, trapaças da razão: a charge* (2005) e *O traço como texto: a história da charge no Rio de Janeiro de 1860 a 1930* (2001). No primeiro, o autor desenvolve uma reflexão não só sobre a charge, mas sobre a caricatura, o cartum, a imagem humorística de uma forma mais geral percebidos como produtos culturais "socialmente definidas e historicamente determinadas" (Teixeira, 2005: 30), enquanto no segundo discorre sobre a história da charge no Rio de Janeiro entre 1860 e 1930.

Um aspecto que chama a atenção é o fato de a maioria absoluta dos estudos sobre quadrinhos e o humor gráfico ter utilizado as ferramentas metodológicas desenvolvidas pelas pesquisas no campo da comunicação e da linguística. Considerando esse dado, Ciro Flamarion Cardoso apresenta, no interessante artigo "Um conto e suas transformações: ficção científica e História" (2004), um uso diferenciado de uma modalidade da semiótica textual, a teoria e análise das narrativas, para propor uma metodologia de análise histórica aplicada à interpretação de duas adaptações para os quadrinhos do conto "Um ruído de trovão", escrito em 1952 por Ray Bradbury.

A sua premissa é que uma análise cuidadosa das configurações internas das obras geradas pela cultura de massa, colocando em evidência aquilo que ele compreendia como a "materialidade de seu discurso, de seus parâmetros interpretativos", torna possível "entender melhor o período que as viu nascer, ao passo que o conhecimento de tal período permite, reciprocamente, entendê-las melhor" (Cardoso, 2004: 23). Em sua proposta, Cardoso aspirava fundamentar a tese de que a análise de obras ficcionais – sejam estas o cinema, os quadrinhos, a literatura ou a TV – deve se ocupar com as configurações comprovadamente presentes no texto.

Cardoso empregou a mesma metodologia para realizar a análise do conto e das adaptações em quadrinhos de 1954 e 1993, sem desconsiderar as especificidades que envolvem os quadrinhos – o que forçosamente levou a uma transcodificação do conto. Em virtude do caráter inaugural da sua proposta, cremos ser pertinente apresentá-la para, a partir daí, verificarmos seus usos posteriores.

Em primeiro lugar, o autor se deteve de forma cuidadosa no contexto de produção, no intuito de colocar em relevo como as condições sócio-políticas do período interferiram no conteúdo da mensagem veiculada. Em seguida, apresentou uma análise do conteúdo especifico do conto e dos quadrinhos que se dividiu em três partes: inicialmente desenvolve-se a identificação do "universo diegético", que, em suas palavras, consiste "na soma do enredo com o contexto imaginário (universo ficcional em que a história se desenvolve)" (Cardoso, 2004: 9); no segundo momento, a análise se direciona à "atorialização (estrutura dos atores intervenientes na ação)" (2004: 11); finalmente, realiza uma "leitura isotópica" identificando as redes temáticas abordadas e que se repetem no conto, bem como os elementos figurativos e axiológicos presentes nas respectivas redes temáticas destacadas.

Considerando nossos interesses pontuais, não discorreremos sobre as conclusões que tal análise alcançou. Entretanto, é importante destacar que seu exame aponta a persistência das mesmas redes temáticas com o diferencial de que nos quadrinhos estas são abordadas com ênfases figurativas e diagramais distintas, o que, por conseguinte, interfere no teor da mensagem.

A metodologia de análise para as histórias em quadrinhos aplicada por Cardoso se constitui num contraponto às premissas desconstrucionistas acerca da relatividade dos processos interpretativos das obras ficcionais, uma vez que

> [...] quando contamos, descrevemos ou analisamos uma obra de ficção, ao mesmo tempo a estamos interpretando, já que a reconstruímos (ou desconstruímos) pelo ato de análise e o que oferecemos não pode ser confundido com a obra em si – uma representação, por ser representação, não é o real representado (Cardoso, 2004: 23).

Essa proposta metodológica foi a referência para a análise desenvolvida por Ivan Lima Gomes em sua dissertação de mestrado *O Brasil imaginado em quadrinhos na Revista Pererê (1960-1964)*. Fundamentado no conceito de imaginário social e na filosofia da linguagem proposta por Bakhtin, Gomes desenvolveu uma análise das HQs da *Revista Pererê* concebendo os quadrinhos como um espaço de veiculação de um imaginário social sobre temas como "nação, cultura popular, folclore e infância", de disputa discursiva e de manifestações ideológicas. Ou seja, para o autor, é imprescindível pontuar os elos que se estabelecem entre a produção estética e os projetos políticos e ideológicos próprios do contexto histórico em que esta foi produzida.

A semiologia também foi a referência metodológica para a dissertação de mestrado de Fabio Vieira Guerra, *Super-heróis Marvel e os conflitos sociais e políticos nos EUA (1961-1981)*, que partilha da compreensão de que as HQs são manifestações culturais que trazem em seu conteúdo as interferências do contexto histórico em que foram gestadas, logo se encontram envolvidas em embates ideológicos e culturais, e que comportam um sistema de signos que precisa ser analisado em sua materialidade.

A partir da premissa de que as publicações da editora Marvel Comics auxiliam de forma significativa na compreensão do imaginário americano sobre o contexto de Guerra Fria, o autor optou por utilizá-las para abordar as transformações da política interna e externa norte-americana no período entre 1960 e 1970. Embora o autor não desenvolva uma análise detalhada das imagens, tal qual realizado por Gomes e Cardoso, é evidente sua preocupação em pontuar as redes temáticas e os elementos figurativos e axiológicos que as configuram, bem como os atores centrais e as referências ideológicas aos quais estes corresponderiam.

Essa abordagem perspectivista, que valoriza o conjunto de signos como expressão concreta das crenças, verdades e ideologias, foi colocada de forma suplementar por uma segunda tendência marcante nos estudos históricos que buscam nas análises das HQs transcender o constructo imagético e colocar em relevo o papel que tais produtos culturais ocupam na configuração dos imaginários coletivos. São pensados, assim, como produtores ou vetores de circulação de práticas, ideias e ideologias, e o que se coloca em jogo especificamente é seu caráter dialógico e propositivo.

Nesse caso, figuram não só como fontes importantes e inovadoras para a atividade de escrita da história de um tempo ou uma sociedade, mas também como objetos da análise histórica e são contemplados no interior do conjunto que envolve o contexto de produção, os produtores e os meios de circulação. São percebidos como registros de época que favorecem a visualização dos problemas, temas, vivências, linguagem, as sensibilidades e práticas dos atores sociais que circulam nos espaços urbanos no Brasil.

Nessa tendência de abordagem, parte-se do pressuposto de que tais objetos culturais capturam na realidade em que estão inseridos os elementos discursivos e visuais que serão empregados para a construção da representação dessa realidade. Nesse sentido, apresentam uma especial potencialidade para capturar as mudanças e permanências das sociedades em que foram produzidos, veiculados e consumidos.

Temas como política, por exemplo, são pensados em estreita aliança com outras questões mais amplas, mas não especificamente ou não somente políticas, como a crise do sujeito na pós-modernidade (Salles, 2011), o desencantamento político no Brasil pós-ditadura e a inserção acelerada da juventude urbana na esfera do consumo (Santos, 2012), os novos códigos linguísticos, comportamentais, vivências e práticas dos atores sociais que circulam nos espaços urbanos (Pires, 2016; Cezaretto, 2010), as transformações nas formas de fazer e tratar a política (Cezaretto, 2010; Santos, 2012). Outro aspecto presente nessa linha de abordagem é o interesse não só no conteúdo imagético, mas, sobretudo, pelo conteúdo discursivo das histórias colocadas para estudo. Nesse caso, embora nem todos se orientem pelos referenciais oferecidos pela análise do discurso – tendo concepções plurais sobre a noção de discurso –, o foco vai para a narrativa e as temáticas abordadas e a relação dos temas eleitos pelas histórias com o contexto histórico nas quais estão inseridas.

Finalmente, destaca-se o cuidado que apresentam em delinear o público leitor desse produto cultural. Nesse caso, as HQs e o humor gráfico são compreendidos como parte importante da indústria de entretenimento, cujo impacto social deve ser considerado relevante uma vez que atuam como mediadores culturais que, de alguma forma, interferem na produção de uma opinião pública. Ao serem concebidos como registros de época, tais produtos culturais nos dão a ver problemas e temas próprios dos espaços onde foram gestados e consumidos.

O estudo de Thiago Monteiro Bernardo (2009), *Sob o manto do morcego: uma análise do imaginário da ameaça nos EUA da Era Reagan através do universo ficcional do Batman*, caminha nessa direção. Na primeira parte de seu estudo, Bernardo afirma a sua percepção das HQs como "mediadoras culturais de uma 'visão de mundo', sendo detentoras de ressonância própria" (2009: 18). Através das HQs do Batman, o autor analisa "as transformações ocorridas no imaginário da ameaça nos EUA durante a segunda Guerra Fria" (2009: 29), período correspondente ao mandato do presidente Ronald Reagan (1985-1989). Sem prescindir de uma contextualização que situe os temas eleitos nas histórias em seu local de produção e consumo, o autor empregou como ferramenta metodológica o conceito de "diagnóstico crítico", tomado de empréstimo de Douglas Kellner (2001), associado a análise "do discurso verbal-icônico" em torno de um eixo temático específico: "imaginário da ameaça ao *american way of life*" (Bernardo, 2009: 29).

A atenção para as representações críticas da Guerra Fria nas HQs foi também o foco do estudo da dissertação de mestrado de Krakhecke (2009), especificamente nas histórias *Batman – o cavaleiro das trevas* e *Watchmen*, lançadas entre 1986 e 1987. Com base em uma fundamentação teórica tomada de empréstimo da historiografia política e cultural e de uma análise de conjuntura contextual das HQs, o autor optou por não adotar uma metodologia única e especifica.

Os estudos de Bernardo e Krakhecke têm em comum não só o interesse pelo imaginário da Guerra Fria, ou de um modo mais geral por aspectos políticos da História, mas também a compreensão de como as HQs, um produto da indústria cultural, interveem nos imaginários sociais, auxiliam a propalar temas estratégicos para cultura política norte-americana e atuam como mediadoras de referenciais culturais e políticos importantes para as sociedades aos quais estão atreladas.

Uma questão importante pontuada nesses estudos refere-se à compreensão da existência de lutas ideológicas num determinado contexto histórico, embora um deles seja, naquele momento, hegemônico. Elimina-se, assim, a ideia de uma sociedade manipulada ideologicamente e de anulação de outros projetos políticos que não sejam dominantes. Desse modo, esses produtos culturais são identificados como importantes *formadores* e não *controladores* da opinião pública.

É nessa forma de compreensão que se insere o estudo de Tenório *Zé Povo cidadão: humor e política nas páginas de* O Malho (2009), em que o autor analisa como o tema da cidadania se fez presente nas charges e caricaturas sobre as lutas operárias publicadas na revista O *Malho* entre 1902 e 1909. A metodologia adotada para desenvolver sua análise seguiu os seguintes passos: o delineamento do espaço de circulação das charges, a análise dos seus significados, observando o espaço que essas ocupavam na revista, o diálogo estabelecido com textos e outras imagens da revista e, por fim, a descrição detalhada dos elementos visuais presentes na imagem.

Ainda nessa linha de abordagem, destacam-se os estudos de doutoramento de Balaban (2009) e Pires (2010), que discutem, em temporalidades históricas distintas, as lutas políticas e ideológicas desenvolvidas através do humor gráfico centrando o enfoque na produção de um intelectual humorista específico em diferentes veículos. A tese de doutoramento de Balaban, *Poeta do Lápis: Angelo Agostini e a consolidação da Imprensa Ilustrada:*

São Paulo-Rio de Janeiro (1859-1903), verificou as condições históricas em que o trabalho do caricaturista Angelo Agostini foi gerado para, a partir daí, analisar os conteúdos plurais presentes nos seus desenhos, bem como a interlocução da linguagem humorística com outras formas de discurso. Esse estudo se destaca por levar à frente um procedimento analítico mais aprimorado sobre as peculiaridades da produção humorística do caricaturista Angelo Agostini, colocando em relevo suas virtudes e limitações e os nexos estabelecidos com outras redes culturais e políticas.

No livro *Cultura e política: entre fradins, zeferinos, graúnas e orelanas*, Conceição Pires (2010) examina os recursos visuais e discursivos empregados pelo cartunista brasileiro Henfil (1944-1988) nas HQs e cartuns veiculados na revista em *Fradim* (1973-1980), de sua autoria, e no jornal alternativo *Pasquim* (1969-1991), para desenvolver e propagar uma crítica à ditadura militar vigente no Brasil. Seu foco foi para os estratagemas discursivos – ironia, paródia, distanciamento, metáfora, dialogismo – empregados para reforçar sua crítica política, assinalando as alianças e oposições efetivadas através do discurso humorístico e os valores e modelos aos quais sintonias foram estabelecidas ou negligenciadas. Ou seja, não só as imagens são colocadas em relevo, mas, sobretudo, a linguagem adotada para lhes conferir sentido.

O estudo de Pires se destaca por elucidar como um determinado produto cultural, no caso o humor gráfico, atuou de forma expressiva na luta democrática contra a ditadura militar brasileira, ao mesmo tempo em que colaborou para a reorganização do movimento político de oposição, desestruturado pela ditadura através da violenta repressão que se estabelece no fim da década de 1960 e nos anos iniciais da década de 1970.

De forma conclusiva, podemos afirmar que se verifica, nessa linha de estudos, um deslocamento do olhar do ponto de vista macro da política para a dimensão – também política, mas não só – da vida cotidiana. Especialmente, mas não somente, se estivermos tratando do sujeito contemporâneo, consumidor e produtor da cultura de massa. Como parte importante dessa cultura de massa, junto com o cinema e o jornal, as histórias em quadrinhos exerceram e exercem significativa influência comportamental nos seus leitores e se mostraram como meio inovador de comunicação.

Finalmente, não podemos deixar de mencionar nossa impressão de que a discussão entre relativismo e perspectivismo no âmbito dos estudos históricos voltados para HQs não nos trouxe em contrapartida uma metodologia alternativa. O que se observa na segunda tendência é a opção por não empregar uma metodologia única de análise das HQs e adoção de articulações teóricas e conceituais que favoreçam a identificação das referências e representações sobre a conjuntura histórica às quais estão relacionadas. Conceitos como representação, imaginário, sociabilidades, cultura política, discurso, narrativa, entre outros importantes da história cultural e social, são empregados sem perder de vista a noção de que "todo significado é um significado-no-contexto" (Thompson, 2001: 258), reforçando a problematização sobre as representações que estes produzem sobre uma época e acerca do papel desse tipo de produto cultural na vida política e social em que está inserido.

Desenvolve-se, portanto, um debate rico, não se pode negar, sobre a necessidade de se ampliar a compreensão acerca do que seria uma imagem, que passa a ser entendida também como texto/discurso.

PROPOSTA DE FERRAMENTAS TEÓRICO-METODOLÓGICAS PARA ANÁLISE DOS QUADRINHOS

Nossos interesses mais amplos partem da problematização da imagem e da palavra em constante fusão, contato e deslocamento e da particularidade/especificidade dos quadrinhos (em suas variantes gráficas realistas ou humorísticas) como linguagem política. Para isso, convém ter em conta os trabalhos fundacionais de Umberto Eco, *Apocalípticos e integrados* (1964); de Oscar Masotta, *La historieta en el mundo moderno* (1970); Ariel Dorfman e Armand Mattelart, *Para leer al Pato Donald* (1971); e de Oscar Steimberg, *Leyendo historietas* (1977).

Masotta (1970/1982) conjecturava que, nos quadrinhos, o ato da leitura deveria ser necessariamente desfocado para permitir o acesso ao registro de uma narrativa sequencial. Assim, o resultado é um contrato especial entre o leitor e a obra, demandando uma forma especial de ler, resignificando constantemente uma serie de símbolos e representações que necessitam de uma coerência para serem lidos, mas cujos sentidos estão ao mesmo tempo sendo subvertidos e deslocados permanentemente por cada nova leitura. No ato de ler, de ler com o corpo – nos diz o autor – existe um ato político.

A importância dessas obras já consideradas clássicas está no questionamento da linguagem dos quadrinhos como portadora de ideologia e como veiculadora de significados críticos e políticos, ainda que as posições e tradições teóricas preexistentes se dividissem entre aqueles que entendiam a referida característica como uma oportunidade para poder aprofundar sua potência e os que desconfiavam e denunciavam os quadrinhos como agente de infiltração reacionário e imperialista, onde o entretenimento adquire um caráter alienante e manipulador.

Como sabemos, essas duas dimensões dos quadrinhos nunca foram mutuamente excludentes e o percurso e desenvolvimento da indústria cultural apresentou novos problemas que aquelas teorizações não podiam ainda considerar. Precisamente à luz dessas problemáticas não resolvidas giram nossas questões teóricas e metodológicas.

A análise das HQs requer alguns conhecimentos específicos de modo que não se incorra no equívoco de negligenciar um dos dois códigos utilizados para enunciar as mensagens: o linguístico e o imagético. Esse processo analítico envolve o desenvolvimento de um ato interpretativo cujos limites têm sido amplamente discutidos por Umberto Eco (2001). Embora aceite a existência de textos poéticos cuja intenção primária é indicar a infinitude da interpretação, Eco rejeita uma "teoria radical da interpretação" ou "superinterpretação", pois entende que "se há algo a ser interpretado, a interpretação deve falar de algo que deve ser encontrado em algum lugar, e de certa forma respeitado" (2001: 50). Dessa forma, o autor sugere a necessidade da elaboração e aplicação de um método investigativo obsessivo para que se realize uma leitura do mundo e dos textos de modo suspeito.

Para moderar os "impulsos interpretativos do leitor", Eco aposta na valorização da coerência interna do texto, cujo propósito central é proporcionar elementos para a elaboração de conjeturas por parte do leitor. Conforme seu argumento, em alguns textos o uso de determinadas linguagens evoca associações que criam efeitos de sentido e permitem ao leitor desenvolver "apostas interpretativas" independentes da intenção original do autor. Consideramos fundamental esse aspecto no desenvolvimento da análise das HQs, uma vez que, ao explorar a coerência textual e um sistema de significação original subjacente, torna-se possível produzir conjeturas sobre o texto, mas não únicas.

Uma segunda referência metodológica interessante é o método indiciário desenvolvido pelo historiador italiano Carlo Ginzburg (2006). Nessa proposta, a ideia de totalidade ganha uma nova dimensão uma vez que o todo torna-se cognoscível a partir da decifração de suas partes. A verificação das correlações estabelecidas pelo texto em quadrinhos, das construções linguísticas desenvolvidas, dos estratagemas discursivos empregados constitui esta procura dos sinais abordada no método indiciário.

A seguir, apresentaremos a metodologia adotada na pesquisa citada nas páginas anteriores, *Cultura e política: entre fradins, zeferinos, graúnas e orelanas* (Pires, 2010), como uma sugestão inicial para os que se mostram interessados em se debruçar nas HQs como fonte de estudo. Trata-se de uma proposta, dentre outras existentes, de realizar um processo de decomposição e contextualização dos HQs, apreciando os detalhes, explorando as características centrais, temáticas priorizadas e os recursos discursivos e imagéticos empregados.

No que se refere à análise textual, o recurso a alguns conceitos retirados da "análise do discurso" pode ser pertinente desde que empregado com especial cautela de modo a não incidir nos erros comuns dos não especialistas ou, como destaca Mello, nos "perigos dos delírios imaginativos de interpretação e [...] os riscos [...] de profundas ingenuidades epistemológicas. " (Mello, 1994: 137). Desse modo, os referenciais da análise do discurso podem ser empregados como ganchos associativos, sem considerá-los referenciais intangíveis. Isso significa assumir a necessidade de aprofundamentos e revisões de nossas leituras, realizadas na maior parte ao redor desta opção teórico-metodológica, sem sua adoção plena.

Em um primeiro momento, sugerimos a identificação das temáticas norteadoras das histórias, as redes e referências discursivas presentes, os personagens e os recursos linguísticos empregados para conferir sentido às histórias. Outro aspecto relevante considerado são as condições de produção das HQs, ou seja, "o aparelho ideológico no qual o texto se inscreve, representações subentendidas, conjuntura política, relação de forças, efeitos estratégicos buscados, etc." (Forget, 1994: 42). A linguagem utilizada auxilia no processo de camuflagem do caráter estático dos mesmos ao garantir às imagens a mobilidade ausente, ampliando, desse modo, o campo de ação dos quadrinhos.

Esse exame meticuloso do texto em quadrinhos proporciona uma familiaridade com os personagens e as premissas enunciadas, ao mesmo tempo em que facilita a identificação das ambiguidades, conflitos e alinhamentos existentes em seu interior.

Não menos importante é análise das imagens que, nos quadrinhos em especial, assumem a função principal de demarcar o conteúdo da história. Afinal, é através dos recursos imagéticos que os leitores obtêm informações não só sobre os perfis dos personagens, mas também sobre as ações em que estão envolvidos. Para tanto, alguns conceitos originários dos estudos sobre cinema podem auxiliar no desenvolvimento da análise, pois tanto o cinema como os quadrinhos são produzidos a partir de uma sequência de imagens e vinhetas, mas enquanto no cinema as "imagens estão em movimento constante, nos quadrinhos a movimentação é apenas insinuada ao leitor, [...] é o leitor que lhe dá movimento e continuidade em sua imaginação" (Acevedo, 1990: 72). Nesse caso, a utilização de determinados recursos gráficos favorecerá a obtenção do resultado que se espera do leitor.

O enquadramento é o recurso utilizado pelo desenhista para ajustar a realidade móvel ao papel. Neste identifica-se uma variedade de planos por onde o autor irá dar vivacidade ao desenho. Silva (2002: 46) apresenta seis tipos de planos a serem observados:

> O plano geral, um enquadramento em que é possível se observar todo ambiente em que se desenvolve a ação; o plano total, em que o enquadramento coloca as dimensões do espaço próximas ao personagem; o plano americano, que recorta as personagens a partir dos joelhos; o plano médio, que mostra a personagem acima da cintura; o primeiro plano, que limita o espaço aos ombros; e por último o plano de detalhe, em que é mostrado apenas uma parte do corpo ou de um objeto qualquer.

Em conjunto com esse aspecto, destaca-se o formato do quadrinho que representa a "configuração que o enquadramento apresenta no papel" (Acevedo, 1990: 86), podendo dar a conhecer a temporalidade em que ocorre a narrativa. Assim, de acordo com a forma ou tamanho do enquadramento identifica-se o espaço e o tempo vivenciado naquela história.

Outro elemento importante para o exame dos quadrinhos é o ângulo de visão empregado pelo autor. O ângulo médio permite que o leitor observe a cena de frente, enquanto os ângulos superior e inferior colocam o leitor, respectivamente, acima e abaixo dos personagens. Por fim, destaca-se exclusivamente nos quadrinhos a utilização dos balões onde são introduzidas tanto "as falas dos personagens como as metáforas visuais" (Silva, 2002: 46). Nos balões, como no formato dos quadrinhos, a configuração das linhas que os envolvem vão exteriorizar o sentimento do personagem e o clima em que ocorre a ação (intimista ou não). Em contrapartida, o tipo de letra utilizado mostra-se fundamental para auxiliar no processo informativo do desenvolvimento da história.

Destacamos, portanto, esses dois elementos como fundamentais na análise das HQs: o universo imagético e o discursivo, que devem ser relacionados e cotejados, sempre com o devido cuidado de evitar o perigo da superestimação dos "sinais" e das apostas interpretativas.

Não poderíamos concluir esse tópico sem mencionar um problema presente no nosso campo de interesse: o acesso e disponibilidade dos documentos gráficos. De certo modo, a tensão constitutiva entre arte e mercado dos quadrinhos parece deslocar-se para a falta de políticas de arquivo e conservação. Enquanto em vários países as políticas em torno das narrativas gráficas têm larga tradição e têm dado lugar a "gibitecas" e museus de arte sequencial, no caso da Argentina e do Brasil não foram adotadas medidas de proteção e acesso no que tange a impressos e originais de HQs.

A ausência de uma política de preservação dos quadrinhos é a história de uma ausência, de um êxodo, deslocamento e privatização permanente. Tudo isso se traduz na falta de espaços e locais de guarda e preservação, de catálogos, de inventários, mas também de destruição daquilo que pode ser resguardado do passar do tempo. O problema, finalmente, é que já não é possível garantir o bom andamento das pesquisas fundando-se apenas nos gestos voluntaristas e erráticos dos colecionadores de quadrinhos. A existência de um arquivo de HQs e humor gráfico na Biblioteca Nacional de Buenos Aires, coordenado por Judith Gociol e José María Gutiérrez, ainda está em sua etapa inaugural e, embora dê conta de uma consciência instalada sobre a necessidade de produzir uma memória dos quadrinhos nacionais, o projeto está longe de suprir as necessidades e urgências da investigação, sendo o caminho mais usual a compra de revistas em sebos ou o acesso sempre frustrante que provêm da vontade do colecionador.

Uma última questão que atravessa nosso campo de estudo é a necessidade de se analisar a partir de fórmulas não necessariamente dicotômicas – ou em todo caso, desafiando o que em princípio seria uma contradição –, pensando-as como tensões complementares: arte/mercado, artista/empregado, imagem/texto, roteirista/desenhista, intelectual/trabalhador etc. O mesmo desenho é uma linguagem híbrida que inclui sem descartar – a forma da arte *avant-garde* – recursos e estilos diferentes, ao mínimo sublimados a partir dos gêneros narrativos e o esquematismo conceitual. A construção de uma trama alternativa à trama formal postula os quadrinhos como uma linguagem cronicamente metatextual – ou seja, revelando-se a si mesma na sua autorreferência como relato.

CONSIDERAÇÕES FINAIS

Atualmente funciona no campo das ciências da comunicação da Universidad de Buenos Aires uma área de Narrativas Dibujadas. Esse grupo de investigação abre convocatória anualmente na área ao qual está vinculado e realiza encontros mensais para debate e discussão voltados tanto para estudantes de graduação e pós-graduação, como para graduados ou pesquisadores e bolsistas do campo. Os participantes do grupo têm colaborado nas distintas atividades do Congreso Internacional Viñetas Serias, cujas edições dos anos de 2010, 2012 e 2014 geraram espaço para intercâmbios e debates internacionais em relação a esse campo de trabalho.

Destaca-se também a edição em papel da revista de estudos e crítica de quadrinhos *Entre Líneas* (2016), dirigida por Oscar Steimberg e

Laura Vazquez e que conta com um corpo editorial de pesquisadores e desenhistas: Luciano Brom, Mariel Cerra, Mariela Acevedo, Amadeo Gandolfo, Pablo Turnes, Leandro Cerliani, Federico Reggiani e Ana Pedrazzini. A produção e o conhecimento crítico e teórico em nosso espaço de trabalho são vitais para o crescimento da área, na medida em que nos permite conhecer o estado da arte e colocar à prova suas definições históricas, modos de circulação, produção e leitura.

A dinâmica de trabalho na área tem como objetivo precípuo acompanhar os participantes (qualquer que seja a sua instância de produção) no desenvolvimento de pesquisas (monografias e trabalhos de pós-graduação) sobre os temas eleitos no grupo: quadrinhos, animação e humor gráfico. Os encontros funcionam como um espaço de formação, investigação e produção para o desenvolvimento de projetos de trabalho, mas também de pesquisas mais amplas em torno do estudo das chamadas "narrativas desenhadas". No caso da Argentina, o Instituto Gino Germani, dependente da Facultad de Ciencias Sociales, funciona como um espaço de encontro e reunião para realizar algumas das atividades descritas.

No Brasil, destaca-se o Observatório de História em Quadrinhos, instalado na Escola de Comunicação e Artes da Universidade de São Paulo, criado em 1990 pelos professores Waldomiro Vergueiro, Álvaro de Moya e Antônio Luiz Cagnin. O Observatório apresenta a proposta de reunir pesquisas dedicadas às HQs e aos temas correlatos desenvolvidas na USP, mas encontra-se aberto a interessados em geral. Com um acervo de mais de 25 mil obras, de acesso restrito a pesquisadores, o Observatório desenvolve ainda atividades como fóruns, palestras, reuniões mensais e jornadas anuais, que contam com a participação de pesquisadores nacionais e internacionais.

Também a Biblioteca Nacional e, especificamente, o Programa Nacional de Investigación en Historieta y Humor Gráfico Argentinos são instituições e coletivos-chaves e estratégicos para esboçarmos nossas intervenções na área. De maneira articulada buscamos que esse espaço seja um lugar de reunião, sistematização e análise que contribua para o diálogo sobre estes temas. Definitivamente, pretendemos propiciar e orientar a formação de estudantes de graduação e pós-graduação, assim como assessorar e complementar a formação de graduados da área.

Cabe destacar que essas atividades acontecem paralelamente à formação e difusão do campo em outros espaços de formação universitária, como pós-graduações e seminários optativos. Na ausência de uma área universitária dedicada inteiramente ao estudo das artes sequenciais/literaturas desenhadas, tem-se proposto seminários em diferentes universidades (públicas e privadas) e em distintos níveis acadêmicos (graduação e pós-graduação) com o objetivo de expandir e difundir a área de trabalho tanto em Buenos Aires como em outros estados. Entendemos que esse ponto é crítico e uma meta de longo prazo é a concretização de uma qualificação/especialização em artes desenhadas com um programa de trabalho consolidado e um corpo docente multidisciplinar e profissional. A própria inserção do campo em uma área de múltiplas mesclas e cruzamentos (arte/mercado) supõe que a formação deva contemplar tanto o conhecimento acadêmico como o prático: um objetivo que está no ponto de partida deste capítulo e que esperamos concretizar a médio prazo.

Finalmente, gostaríamos de assinalar que a relação entre crítica e produção dos quadrinhos e do humor gráfico é constitutiva de um campo como arte, mas também como produto do mercado editorial. Na Argentina, o exercício da crítica dos quadrinhos tem vários anos de tradição, associada à prática jornalística, mas dissociada das instâncias de produção. Com as mudanças técnicas e culturais em curso, a produção crítica está atravessando uma etapa de expansão, e um dos eixos do nosso desafio é discutir como se cruzam distintas perspectivas sobre os quadrinhos e o humor gráfico e pensar a partir de onde se escreve a crítica e de onde se produz. Quais os nossos objetivos quando escrevemos, intervimos e investigamos no campo das narrativas desenhadas?

Referências

ACEVEDO, Juan. *Como fazer história em quadrinhos*. São Paulo: Global, 1990.

ACEVEDO, Mariela. *Imago fémina*: ensayo sobre fábulas de heterodesignación y textos de resistencia em las historietas. Buenos Aires: Universidad de Buenos Aires. Facultad de Ciencias Sociales. Carrera de Ciencias de la Comunicación, 2012. Disponível em: http://www.comunicacion.fsoc.UBA.ar/tesinas_publicadas/acevedo.pdf. Acesso em: 3 mar. 2017.

BALABAN, Marcelo. *Poeta do Lápis*: Angelo Agostini e a consolidação da Imprensa Ilustrada: São Paulo-Rio de Janeiro (1859-1903). Campinas, 2009. Tese (Doutorado em História Social) - Unicamp.

BERNARDO, Thiago Monteiro. *Sob o manto do morcego*: uma análise do imaginário da ameaça nos EUA da Era Reagan através do universo ficcional do Batman. Rio de Janeiro, 2009. Dissertação (Mestrado em História Comparada) – UFRJ.

BERONE, Lucas Rafael. *La fundación del discurso sobre la historieta en Argentina*. Córdoba: Escuela de Ciencias de la Información, Universidad Nacional de Córdoba, 2011.

_____ ; REGGIANI, Federico (eds.) *Creencias bien fundadas*: Historieta y política en Argentina, de la transición democrática al kirchnerismo. Córdoba: Escuela de Ciencias de la Información, Universidad Nacional de Córdoba, 2012.

BURKART, Mara. De la libertad al infierno. La revista Satiricón 1972-1976. In: MALOSETTI Costa, Laura; GENÉ, Marcela (orgs.) *Atrapados por la imagen*: Arte y política en la cultura impresa argentina. Buenos Aires: Edhasa, 2013a.

_____. "La caricatura política en O Pasquim bajo la dictadura militar (1978-1980)". *Domínios da imagem*. Londrina, n. 12, 2013b.

_____. "Modernización y la politización de las imágenes y de la risa en Brasil: la revista Pif-Paf (1964)". *Revista Caiana*. Buenos Aires, n. 4, 2014a.

_____. Guillotinas, horcas y verdugos. El terrorismo de Estado en la prensa de humor gráfico de Brasil y Argentina en los años setenta. In: ANSALDI, Waldo; GIORDANO, Verónica (coords.) *América Latina*: Tiempos de Violencia. Buenos Aires: Ariel, 2014b.

_____. *De Satiricón a HUM®*: Risa, cultura y política en los años setenta. Buenos Aires: Miño & Dávila, 2017.

BURKE, Peter. *Testemunha ocular*: história e imagem. Bauru: Edusc, 2004.

CARDOSO, Ciro F. "Um conto e suas transformações: ficção científica e História". *Tempo*. Rio de Janeiro, n. 17, v. 9, jul. 2004, pp. 1-23.

CEZARETTO, André Luis Sanchez. *A vaca vai para o brejo*: urbanidade e juventude através da revista Chiclete com Banana (1985-1990). São Paulo, 2010. Dissertação (Mestrado em História) – PUC-SP.

CIRNE, Moacy. *A explosão criativa dos quadrinhos*. Petrópolis: Vozes, 1970.

_____. *A linguagem dos quadrinhos*: o universo estrutural de Ziraldo e Mauricio de Souza. Petrópolis: Vozes, 1971.

_____. *Uma introdução política aos quadrinhos*. Rio de Janeiro: Achiamé/Angra, 1982.

_____. *História e crítica dos quadrinhos brasileiros*. Rio de Janeiro: Funarte, 1990.

DE SANTIS, Pablo. *Historieta y política en los '80*: la Argentina ilustrada. Buenos Aires: Letra Buena, 1992.

_____. *Rico Tipo y las chicas de Divito*. Buenos Aires: Espasa Calpe, 1994.

_____. *La historieta en la edad de la razón*. Buenos Aires: Paidós, 2004.

DORFMAN, Ariel; MATTELART, Armand. *Para leer al Pato Donald*. La Habana: Editorial de Ciencias Sociales, 1974.

ECO, Umberto. *Interpretação e superinterpretação*. São Paulo: Martins Fontes, 2001.

FERNÁNDEZ, Laura Cristina. *Historieta y resistencia*: Arte y política en Oesterheld (1968-1978). Cuyo: Ediunc, 2012.

_____. *Oesterheld como mito popular*: el autor y su obra, desde la historieta como herramienta de cambio social hasta la transformación en símbolo político (1968-2010). Cuyo, 2015. Tese (Doutorado) – Facultad de Ciencias Políticas y Sociales/UNCuyo.

FORGET, Danielle. *Conquistas e resistências do poder (1964-1984)*: a emergência de um discurso democrático no Brasil. São Paulo: Edusp, 1994.

GANDOLFO, Amadeo. "Tía Vicenta, entre Frondizi y Onganía (1957-1966)". *Caiana*. n. 2, ago. 2013. Disponível em: <http://caiana.caia.org.ar/template/caiana.php?pag=articles/article_1.php&obj=99&vol=2>. Acesso em: 4 out. 2016.

_____. *La oposición dibujada*: política, oficios y gráfica de los caricaturistas políticos argentinos (1955-1976). Buenos Aires, 2014. Tese (Doutorado) – Facultad de Ciencias Sociales, UBA.

GENÉ, Marcela. "Los rostros del General: Perón, del retrato protocolar a la caricatura". *Prohistoria*. ano IX, n. 9, 2005.

_____. Impresos bajo fuego. Caricaturas e ilustraciones en la prensa antifascista porteña (1940-1941). In: COSTA, Laura Malosetti; GENÉ, Marcela. (orgs.) *Imagen y palabra en la historia cultural de Buenos Aires*. Buenos Aires: Edhasa, 2009.

GINZBURG, Carlo. *O queijo e os vermes*: o cotidiano e as ideias de um moleiro perseguido pela Inquisição. São Paulo: Companhia das Letras, 2006.

GOCIOL, Judith; ROSEMBERG, Diego: *La historieta argentina*: Una historia, Buenos Aires. Buenos Aires: De la Flor, 2000.

GOMES, Ivan Lima. *O Brasil Imaginado em Quadrinhos na Revista Pererê (1960-1964)*. Rio de Janeiro, 2010. Dissertação (Mestrado em História Social) - UFRJ.

GRASSI, Alfredo. *Qué es la historieta*. Buenos Aires: Editorial Columba, 1971.

GUERRA, Fabio Vieira. *Super-heróis Marvel e os conflitos sociais e políticos nos EUA (1961-1981)*. Niterói, 2011. Dissertação (Mestrado em História Social) – UFF.

GUTIÉRREZ, José María. *La historieta argentina*: De la caricatura política a las primeras series. Buenos Aires: Ediciones de la Biblioteca Nacional; Página/12, 1999.

_____. "Los albores de la historieta en Argentina". *Entre Líneas, revista de estudios sobre historieta y humor gráfico*. n. 1, 2014.

KELLNER, Douglas. *A cultura da mídia, estudos culturais*: identidade e política entre o moderno e o pós-moderno. Bauru: Edusc, 2001.

KNAUSS, Paulo. "O Desafio de fazer História com Imagens: arte e cultura visual." *Artcultura*. n. 12, v. 8, jan.-jun. 2006, pp. 97-115.

KRAKHECKE, Carlos Andre. *Representações da Guerra Fria nas histórias em quadrinhos "Batman – O Cavaleiro Das Trevas" e "Watchmen" (1979-1987)*. Porto Alegre, 2009. Dissertação (Mestrado em História) - PUCRS.

LA BAÑADERA DEL COMIC. *Patoruzú*: Vera historia no oficial del grande y famoso cacique tehuelche. Buenos Aires: La Bañadera del Comic, 2001.

_____. *Oesterheld en primera persona*. Buenos Aires: La Bañadera del Comic, 2005.

LEVÍN, Florencia. *Humor político en tiempos de represión*. Clarín, 1973-1983. Buenos Aires: Siglo Veintiuno, 2013.

LIMA, Herman Lima. *História da caricatura no Brasil*. São Paulo: José Olympio, 1963.

LIPSZYC, Enrique. *El dibujo a través del temperamento de 150 famosos artistas*. Buenos Aires: Enrique Lipszyc Editor, 1953.

_____. *La historieta mundial, Colección Famosos Artistas*. Buenos Aires: Enrique Lipszyc Editor, 1957.

_____. *El dibujo a través del temperamento de 150 famosos artistas*. Buenos Aires: Enrique Lipszyc Editor, 1953.

_____; VIEYTES, Enrique (eds.) *Técnica de la historieta*. Buenos Aires: Escuela Panamericana de Arte, 1966.

LUSTOSA, Isabel. *Histórias de Presidentes*: a República no Catete. Petrópolis/Rio de Janeiro: Vozes/ Fundação Casa de Rio Barbosa, 1989.

_____. *Brasil pelo método confuso*: humor e boemia em Mendes Fradique. Rio de Janeiro: Bertrand Brasil, 1993.

LUYTEN, Sonia Bibe (org.) *História em quadrinhos*: leitura crítica. São Paulo: Paulinas, 1984.

MALOSETTI COSTA, Laura: Los "galegos", el arte y el poder de la risa. El papel de los inmigrantes españoles en la historia de la caricatura política en Buenos Aires (1880-1910). In: AZNAR, Yayo; WECHSLER, Diana B. (comp.) *La memoria compartida*: España y Argentina en la construcción de un imaginario cultural (1898-1950). Buenos Aires: Paidós, 2005.

MASOTTA, Oscar. *La historieta en el mundo moderno*. Buenos Aires: Paidós, 1982.

MELLO, Maria T. Negrão. Mobilização Popular: um discurso. In: SWAIN, Tânia N. (org.) *História no Plural*. Brasília: Ed. UnB, 1994.

MENESES, Ulpiano T. B. "Fontes visuais, cultura visual, História visual. Balanço provisório, propostas cautelares". *Revista Brasileira de História*. v. 23, n. 45, 2003, pp. 11-26.

MOYA, Alvaro de. *Shazam!* São Paulo: Perspectiva, 1970.

_____. *História da História em Quadrinhos*. São Paulo: Brasiliense, 1993.

_____. *O Mundo de Walt Disney*. São Paulo: Geração Editorial, 1996.

_____. *Histórias em quadrinhos no Brasil*. Porto Alegre: L&PM, 2003.

MUZIO, Susana. *Releyendo Patoruzú*. Buenos Aires: Espasa Calpe, 1993.

OESTERHELD, Héctor . "La revista Dibujantes quiere saber cuándo y cómo nació Ticonderoga". *Dibujantes*. Buenos Aires, n. 28, out. 1958.

_____. "Cómo nace un personaje de historieta". *Dibujantes*. Buenos Aires, n. 27, jul. 1957.

PAULS, Alan. *La infancia de la risa*. Buenos Aires: Espasa Calpe, 1995.

PIRES, Maria da Conceição F. *Cultura e Política*: entre fradins, zeferinos, grúnas e orelanas. São Paulo: Annablume, 2010.

_____. "Contracondutas e imaginários urbanos nos quadrinhos underground de Angeli". *Maracanam*. v. 12, n. 14, 2016, pp. 190-209.

REGGIANI, Federico. "El espesor y el signo: historietas y enunciación". *Estudio y crítica de la Historieta Argentina*. Córdoba: Escuela de Ciencias de la Información, 2007.

_____; SPRECHER, Roberto von (eds.) *Héctor Germán Oesterheld*: de El Eternauta a Montoneros. Córdoba: Univ. Nacional, 2010.

RIVERA, Jorge B. *Panorama de la historieta en la Argentina*. Buenos Aires: Coquena Grupo Editor, 1992.

ROMANO, Eduardo. Inserción de "Juan Mondiola" en la época inicial de Rico Tipo. In: FORD, A.; RIVERA, J. B.; ROMANO, E. *Medios de comunicación y cultura popular*. Buenos Aires: Legasa, 1985.

_____. *Revolución en la lectura*: El discurso periodístico-literario de las primeras revistas ilustradas rio-platenses. Buenos Aires: Catálogos, 2004.

ROMÁN, Claudia. "De la sátira impresa a la prensa satírica. Hojas sueltas y periódicas en la configuración de un imaginario político para el Río de La Plata (1779-1834)". *Estudios. Revista de Investigaciones literarias y culturales*. v. 18, Universidad Simón Bolívar, jul.-dez. 2010.

RUSSO, Edgardo. *La Historia de Tía Vicenta*. Buenos Aires: Espasa Calpe, 1994.

SACCOMANNO, Guillermo; TRILLO, Carlos. *Historia de la historieta argentina*. Buenos Aires: Récord, 1980.

SALLES, Maria Izabel M. *Um retrato da modernidade pelas lentes de Anthony Giddens*: Rê Bordosa, o enquadramento possível (O impacto das transformações da modernidade na vida pessoal e no self). São Paulo, 2011. Tese (Doutorado em História Social) – USP.

SANTOS, Aline Martins dos. *Udigrudi*: o underground tupiniquim: Chiclete com Banana e o Humor em tempo de redemocratização brasileira. Niterói, 2012. Dissertação (Mestrado em História Social) – UFF.

SASTURAIN, Juan. *El domicilio de la aventura*. Buenos Aires: Colihue, 1995.

_____. *Buscados vivos*. Buenos Aires: Astralib, 2004.

_____. *Breccia el viejo*: conversaciones con Juan Sasturain. Buenos Aires: Colihue, 2013.

SAXE, Facundo. El SM gay-lésbico y la felicidad promiscua: Gayle Rubin en The Catacombs, Ralf König en The Eagle, hacia una despatologización de las dissidências. In: AMÍCOLA (comp.) *Una erótica sangrienta*. Literatura y sado-masoquismo. La Plata: Edulp, 2015, pp. 221-58.

SCOLARI, Carlos. *Historietas para sobrevivientes*: Comic y cultura de masas en los años 80. Buenos Aires: Colihue, 1999.

SILVA, Marcos da. *Caricata República*: Zé Povo e o Brasil. São Paulo: Marco Zero, 1990.

_____. *Rir das ditaduras*: os dentes de Henfil (ensaios sobre Fradim – 1971/1980). São Paulo, 2000. Tese (Livre Docência em Metodologia (História))- FFLCH/USP.

SILVA, Nadilson M. *Fantasias e cotidianos nas histórias em quadrinhos*. São Paulo; Fortaleza: Annablume; Secult, 2002.

SIULNAS. *Historia del humor gráfico y escrito en Argentina (1801-1985)*. Buenos Aires: Eudeba, 1985-1987. v. I e II.

_____. *Aquellos personajes de historietas (1912-1959)*. Buenos Aires: Puntosur, 1986.

STEIMBERG, Oscar. *Leyendo historietas*: Estilos y sentidos de un "arte menor". Buenos Aires: Nueva Visión, 1977.

_____. La nueva historieta de aventuras: una nueva fundación narrativa. In: JITRIK, N. (ed.) *Historia de la literatura argentina*. La narración gana la partida. Buenos Aires: Emecé Editores, 2000, v. 11.

_____. "Sobre algunos temas y problemas del análisis del humor gráfico". *Signo y Seña*, 12, 2001.

TEIXEIRA, Luiz Guilherme S. O *Traço como texto*: a história da charge no Rio de Janeiro de 1860 a 1930. Rio de Janeiro: Fundação Casa de Rui Barbosa, 2001.

_____. *Sentidos do humor, trapaças da razão*: a charge. Rio de Janeiro: Fundação Casa de Rui Barbosa, 2005.

TENÓRIO, Guilherme Mendes. *Zé Povo cidadão*: humor e política nas páginas de O Malho. Rio de Janeiro, 2009. Dissertação (Mestrado em História) - UFRJ.

THOMPSON, Edward P. Folclore, antropologia e história social. In: NEGRO, A. L.; SILVA, S. (orgs.) *As peculiaridades dos ingleses e outros artigos*. Campinas: Editora da Unicamp, 2001.

TURNES, Pablo. *Viñetas Subversivas*: La experiencia estética de la historieta en Alack Sinner (1975-1980) de José Muñoz y Carlos Sampayo. Buenos Aires, 2011. Dissertação (Mestrado) - Idaes, Universidad Nacional de San Martín.

_____. "El Mundo según el Gap: la historieta como filosofía del arte". *Cultura, lenguaje y representación*. Barcelona, v. 10, 2012.

VAZQUEZ, Laura. *El Oficio de las Viñetas*. Buenos Aires: Paidós, 2010.

_____. *Fuera de Cuadro*: ideas sobre historieta. Buenos Aires: Agua Negra, 2012.

VERGUEIRO, Waldomiro (org.) *Como usar as histórias em quadrinhos na sala de aula*. São Paulo: Contexto, 2004.

_____; RAMOS, Paulo (org.) *Quadrinhos na educação*: da rejeição à prática. São Paulo: Contexto, 2009a.

_____; RAMOS, Paulo (org.) *Muito além dos quadrinhos*: análises e reflexões sobre a 9ª Arte. São Paulo: Devir, 2009b.

_____; et al. *Super-heróis, cultura e sociedade*: aproximações multidisciplinares sobre o mundo dos quadrinhos. São Paulo: Ideias e Letras, 2011.

_____; et al. (orgs.) *A linguagem dos quadrinhos*: estudos de estética, linguística e semiótica. v. 1. São Paulo: Criativo, 2015.

VON SPRECHER, Roberto (ed.) *Teorías sobre la historieta*. Córdoba: Universidad Nacional de Córdoba, 2011.

O monumento para uma história da guerra moderna

Sílvia Correia

Interessa-nos perceber, neste capítulo, os monumentos na especificidade que os torna, por um lado, documentos de um passado, restos de um tempo e lugar histórico; por outro lado, lugar de memória, representação presente identitária.[1] Trata-se, então, de olhar para os monumentos essencialmente enquanto instituintes de memória e identidade em constante mutação, contribuindo como importante veículo de percepção histórica do passado e/ou do tempo presente. Não se pretende esgotar a compreensão dos monumentos enquanto fonte histórica, mas olhar para eles na sua dimensão mais funcional. Isto é, tratando-se este de um texto que foca na história contemporânea, pretende-se compreendê-los enquanto produções de uma "modernidade", traços identitários de um projeto nacional que procura instituir, no presente, a sua memória histórica, consagrando a longínqua gênese passada de um presente que se quer de continuidade.

No sentido de dar conta do objeto, procurar-se-á: num primeiro momento, apresentar o conceito de monumento a partir do debate historiográfico da relação entre história e memória; num segundo tempo, desenvolver o conceito de monumento e as rupturas na modernidade; de seguida, apresentar um estudo de caso que emprega os monumentos na compreensão histórica – os monumentos aos mortos de guerra e a memória da Primeira Guerra Mundial em Portugal; por fim, abrir, em tom de provocação, brechas para possíveis questionamentos do objeto.

(RE)EMERGÊNCIA DO MONUMENTO NA HISTÓRIA

Segundo Jacques Le Goff, *monumentum*, no étimo latino, aparece como um sinal do passado que influi no presente, um "fazer recordar" consagrando um "poder de perpetuação, voluntária ou involuntária, das sociedades históricas (é um legado à memória coletiva)" (Le Goff, 1999: 95). Na mesma linha, Fernando Catroga (2001: 25) encara os monumentos como *traços* que apelam

> Para a *re-presentificação*, seja também enunciação ordenadora do caos e da descontinuidade *evenentiel*, doando sentido à vida dos indivíduos e dos grupos em que aqueles se integram. Mas também é verdade que, se o *monumento* é símbolo que espera a recordação, o seu significado mais radical só será apreendido se as suas conotações forem confrontadas com o que elas também omitem e ocultam.

Por isso,

> Se todo o monumento é traço do passado consciente ou involuntariamente deixado, a sua leitura só será re-suscitadora de memória se não se limitar à perspectiva gnosiológica e "fria" (típica da leitura patrimonial e museológica), e se for mediada pela afetividade e pela partilha comunitária com os outros. (Catroga, 2001: 25)

Este deve ser, segundo Catroga, o tom crítico com que o historiador deve encarar o monumento.

Não é longa a prática de utilização dos monumentos para a compreensão histórica. Para Le Goff, a decadência do monumento enquanto objeto acontece com o positivismo, em que o documento é assumido na forma praticamente exclusiva de texto. Esse entendimento não era, no entanto, total. Os fundadores dos *Annales* defendiam a necessidade de alargar o espectro, pois a "história faz-se com documentos escritos, sem dúvida. Quando estes existem. Mas pode fazer-se, deve fazer-se, sem documentos escritos, quando não existem" (Le Goff, 1999: 98). Porém, o concreto alargamento da compreensão e integração do monumento só veio a verificar-se depois da Segunda Guerra Mundial, com importantes transformações na História Cultural.

A História Cultural de que se falará aqui é, em parte, a principal herdeira da História das Mentalidades, na versão francesa da Escola dos *Annales*.[2] E, nesse aspecto, despede-se dela para convergir com outras correntes e ferramentas.[3] Em rigor, há como que uma ultrapassagem do conceito de mentalidades, numa tendência que a um tempo recupera estratégias anteriores da análise cultural, e atualiza e ganha outras, entretanto colocadas em prática por outros movimentos, nomeadamente no mundo anglo-saxónico. O resultado é uma história das representações e das práticas, com uma forte interdisciplinaridade, que, inevitavelmente, coloca o monumento no debate historiográfico pelo que representa enquanto prática e representação. Daí, no entender de Daniel Sherman (1999: 187), o "papel destas grandes estruturas pode ser mais bem entendido como um tipo de mediação: mapeando o terreno onde a comemoração opera, moldando o que Raymond Williams chama "a condição de uma prática", eles medeiam ao mesmo tempo a experiência e a prática da memória".

Essa perspectiva teórica, pós-paradigmática, no sentido em que ocorre fora do circuito dos modelos historiográficos dominantes até aos anos 1980, encontra-se, precisamente, desenvolvida no início dos anos 1990 pela historiografia da Grande Guerra. Em síntese: procura-se compreender as representações e práticas que os contemporâneos fizeram desse conflito de forma a absorver a dimensão de um acontecimento maior (Ypersele, 2006: 28).

Entre os anos 1970 e 1980, historiadores como George Mosse, Reinhart Koselleck e Antoine Prost, numa reinterpretação dos memoriais aos mortos de guerra, superam a marginalidade da morte e do luto no conflito armado e trazem-na para o centro do debate.[4] Em 1977, Antoine Prost apresenta os monumentos aos mortos de guerra como *lugares de memória* criadores de novos rituais cívicos de renovação do culto secular, servindo a "(re)escrever" valores republicanos.[5] Numa abordagem introdutória da obra coletiva *Les lieux de mémoire*, um pouco mais tarde, Pierre Nora explana o que se entende por lugares de memória: qualquer identidade significativa, de tipo material ou ideal, resultante da vontade humana num determinado tempo, torna-se um elemento simbólico do patrimônio memorial de uma comunidade (Nora, 1984).

Esse conjunto de debates flui no sentido do entendimento dos monumentos enquanto lugares de memória. São a materialização da relação entre memória e história visto que, representando uma memória histórica, procuram despertar memória(s) na medida em que grupos ou indivíduos se relacionam com ele. Interessa, neste momento, esclarecer o que se entende por memória(s). Robert Frank (2010, tradução nossa), explorando o tema da memória coletiva, apresenta-a na sua complexidade composta por muitas outras memórias:

> Ao nível da nação, a "memória oficial", aquela das instâncias do Estado, procura pela glorificação, a mitificação ou a ocultação, modelar e manter uma identidade e uma memória nacional; as "memórias de grupos", aquelas dos atores, dos partidos, das associações, dos militantes por uma causa, dos voluntários da luta contra este ou aquele esquecimento – o que supõe também, evidentemente, uma memória seletiva – trabalham igualmente no sentido de uma construção identitária; a "memória científica", aquela dos historiadores, pelo contrário, renovando, desmistificando, por isso nefasta, acaba inevitavelmente por influenciar a memória coletiva e obriga-a a adaptar-se; finalmente, a "memória pública", esta "parte difusa", indefinível, e flutuante da memória coletiva.

Maurice Halbwachs, em *Les cadres sociaux de la mémoire*, obra publicada em 1925, apresenta memória coletiva como determinada por aquilo que é partilhado por um grupo, existe em quadros sociais e é externa ao indivíduo. Pierre Nora, já na transição para os anos 1980, refere que história e memória são completamente antagônicas. A partir do momento que a história trabalha a memória, esta deixa de existir. Os lugares de memória consagram material e imaterialmente a memória quando esta deixa de ser interiorizada, vivida (Halbwachs, 1994). A definição de Halbwachs, revista mais tarde por ele mesmo, é filha de um tempo. Publicada depois da Primeira Guerra Mundial, consagra o desejo do intelectual por um retorno do coletivo face à devastadora destruição que a modernidade individualista havia provocado. Conforme observado por Enzo Traverso, o filósofo Walter Benjamin havia assinalado na Grande Guerra o marco na transição da experiência *transmitida* para a *vivida*: a "primeira perpetua-se quase naturalmente de uma geração para a outra, forjando as identidades dos grupos e das sociedades num tempo longo; a segunda é a vivência individual, frágil, volátil e efémera" (Traverso, 2012: 12), marca registrada da modernidade. Afinal, é dessa crise, provocada pela Primeira Guerra Mundial, da *experiência transmitida*, das identidades estabelecidas, da continuidade, que um conjunto de estátuas passa a invadir a praça pública do "mundo moderno", procurando compensar as perdas e relembrando aos seus cidadãos, pela materialização da memória histórica, a solidez do seu passado mais remoto que lhe garantirá sua persistência para além das grandes catástrofes. Apesar de terem em princípio razões de existência diferentes, história e memória não são antagônicas. Estou de acordo com Catroga (2001: 50) ao defender que

> A historiografia também funciona como fonte produtora (e legitimadora) de memórias e tradições, chegando mesmo a fornecer credibilidade cientificista a novos mitos de (re)fundação de grupos e da própria Nação (reinvenção e sacralização das origens e de momentos de grandeza simbolizados em "heróis" individuais ou colectivos). A modernidade acentuou estas características. Os novos poderes (sociais e políticos), para atacarem a aristocracia tradicional, recorreram a argumentos históricos, o que levou ao desenvolvimento e institucionalização da historiografia e ao desenvolvimento do prestígio social dos historiadores. E este movimento conduziu a que aquela fosse utilizada como meio de produção e reprodução de novas e refundas interpretações do passado, em ordem de interiorizá-las como *memória colectiva*.

CAMADAS (RE)INTERPRETATIVAS

Recapitulado brevemente o debate, agora gostaria de me posicionar e encaminhar uma forma mais específica de pensar o problema dos monumentos estabelecendo, em princípio, duas dimensões instrumentais de análise: representação e representificação.

Importa, enquanto historiadores, olhar para as construções monumentais não só pela manifestação material em si, mas pelo conjunto de camadas de significação histórica que aportam: primeiro, pela intenção de quem procurou materializar uma representação; segundo, pelas práticas de *re-significação* de quem recebe; e, por fim, pela forma como a *re-presentificação* da compreensão do monumento perpetua ou reconfigura a intenção do seu projeto inicial. Por mais que os estados ou grupos de poder procurem determinar pela epigrafia, iconografia e localização o significado do monumento, os memoriais "assumem vida própria" (Young, 1993: 3). Autor/patrocinador são incapazes de controlar a percepção/recepção do observador presente e futuro, mesmo que em torno dele se crie um conjunto de rituais de revificação do seu significado (Young, 1993: 3).

Robert Young (1993: 2, tradução nossa), em *The Texture of Memory*, afirma que

> Os monumentos, por si só, têm muito pouco valor, são meras pedras na paisagem. Mas, como parte dos rituais de uma nação ou objetos de peregrinação de um povo, estão investidos de alma nacional e memória. [...] A matriz dos monumentos nacionais emprega a história de acontecimentos nobres, de triunfos sobre a barbárie, e recorda o martírio daqueles que deram a vida na luta pela existência da nação – que, no refrão martirial, morreram para que o país pudesse viver. Ao assumir as formas idealizadas definidas pelo Estado nesta era, os memoriais tendem a concretizar interpretações históricas particulares.

Os monumentos devem ser, então, entendidos enquanto veículos da memória, como construção no presente de uma narrativa identitária, com larga fundamentação no passado, onde são integrados enquanto vestígios, intencionalmente, dirigidos ao desejo de perpetuação futura dessa mesma identidade que é consagrada pela forma monumental. Nesse sentido, os monumentos têm uma função e, por isso, não podem ser analisados atendendo apenas às suas formas, lugares e textos, mas também ao modo como são projetados e apropriados.

Apesar de desde a antiguidade as sociedades erguerem monumentos aos seus feitos militares, Daniel Sherman coloca as origens de um novo fenômeno, um estilo democrático de comemoração monumental, no período das Guerras Napoleônicas, que culminaria na Primeira Guerra Mundial e seu processo de massificação nunca antes visto (Sherman, 1999: 187-8). Explica Reinhart Koselleck (2002) que, a partir da interpretação dos memoriais de guerra enquanto camadas de significação, as transformações políticas, sociais e culturais da transição dos séculos XVIII para o XIX seriam determinantes na proliferação dessas fórmulas monumentais. Por um lado, a laicização da sociedade levou para fora das igrejas a homenagem aos heróis e protagonistas da nova liturgia do Estado moderno, instituída nestes *traços* públicos consagrantes de uma memória histórica; por outro lado, o mesmo Estado instituiria e dependeria do exército de cidadãos implicando, para sua manutenção e reforço, uma democratização da homenagem – agora, o soldado raso erguer-se-ia da vala comum para o pedestal.

Para Koselleck, funcionalização e democratização caminham juntas, seja na homenagem igualitária aos heróis mortos que preenchem o panteão da religião civil – o morto é levado ao seu extremo enquanto capital político –, seja no desejo de identificação/mobilização dos vivos, os que projetam e os que nele se reveem. Mais, mostra como o monumento não só é composto por múltiplas funções e significados num tempo, mas também que, ao longo do tempo, o significado do que é representado é revisitado e/ou revisto. Os objetos não são portadores de agência, mas cabe a sua significação àqueles que os tornam parte de sua narrativa identitária e, assim, lhes atribuem significado mais ou menos concordante com a intenção de quem os criou. Mais do que ao morto, o monumento serve àquele que o projeta "Não existe só morrer, mas morrer por alguma coisa." (Koselleck, 2002: 288, tradução nossa).

No entender de James Young,

> [a] relação entre o Estado e estes monumentos não é, portanto, unívoca. Por um lado, as instâncias oficiais estão em posição de dar ao memorial explicitamente a forma que eles julgam ser melhor para servir ao interesse nacional. Mas, por outro lado, uma vez criados, os memoriais vivem a sua própria vida, muitas vezes resistem teimosamente às intenções iniciais do Estado. [...] Visitando os memoriais em condições novas, as novas gerações carregam-nos de novos sentidos. Isto resulta na alteração do significado do memorial, produzida pelo novo contexto temporal e pelo público renovado que o frequenta. (Tomiche e Young, 1993: 732-3; tradução nossa)

Nesse sentido, interessa colocar aqui uma última dimensão imprescindível na compreensão dos monumentos: "É impossível separar o monumento da sua vida pública e a função social de tal arte *é* a sua performance estética." (Tomiche e Young, 1993: 740). O monumento consagra a forma mais acabada de arte pública na medida em que veicula, no sentido de garantir a sobrevivência da comunidade onde se insere, um ideal consensual de um passado que se quer o mais aglutinador possível. Assim, poderes projetam estruturas de significado amplo que coadunam mensagens consensuais, ao mesmo tempo plenas de silêncios, que solidificam a harmonia do espaço público enquanto lugar de integração social. Estas são tanto mais necessárias quanto a ideia de um sentimento comum é mais precária – quanto menos a memória é vivida no interior, escreve Pierre Nora, mais ela tem necessidade de suportes exteriores e marcos de referência tangíveis (Nora, 1993: 14).

Em situações de ruptura histórica da ordem estabelecida – como a guerra total –, demanda-se, no sentido da manutenção/sobrevivência da mesma ordem, o estabelecimento de referenciais externos petrificados e inquebrantáveis que garantam a continuidade histórica da comunidade. Nesse sentido, decidimos, então, lançar mão de um formato de monumento – o monumento aos mortos de guerra. Aquele formato que mais pulula nas praças públicas do "mundo ocidental" no período contemporâneo. Dentro desse espectro de análise, escolhe-se uma variante que consiste na compreensão da projeção (e não recepção) dos monumentos e como aportam – pela inscrição, localização e iconografia – um significado para a historiografia e para a história.

Para Antoine Prost, os monumentos aos mortos de guerra são um sistema de sinais complexo, porém coerente, que encerra o significado espiritual, ideológico ou moral que cada família demanda ver na guerra (Prost, 1984). Um conjunto de estátuas se propaga traduzindo o "jogo de forças" pela determinação – espacial, arquitectônica e simbólica – de significados e intenções de comunidades de luto, determinando especificidades que se contrapõem à dimensão global do fenômeno que rememoram – a Grande Guerra (Prost, 1995: 140). Não se assuma em princípio que o apelo à modernidade, que marcou a mobilização, a natureza das batalhas ou até mesmo os primeiros formatos rememorativos, iria persistir. Imediatamente, formas modernas são suplantadas por narrativas tradicionais de compensação da perda numa inevitável fuga ao que a modernidade havia provocado e num apelo aos temas clássicos do cristianismo que vão muito além dos formatos estabelecidos pelas recentes religiões civis.

O fim da guerra e o rastro de destruição por ela deixado exigiram uma resposta rápida das entidades responsáveis pela carnificina no sentido de compensar a ausência de corpos, pela decisão de não repatriamento ou pela incapacidade de identificação dos féretros, decorrente das circunstâncias da guerra moderna. Segundo Claudio Canal, há uma "necessidade de reintegração, de recuperação da morte do soldado, de transferência da morte individual e intransmissível, para a vida coletiva" (Canal, 1982: 660, tradução nossa). Nesse sentido, o corpo é substituído por metáforas consensuais e aglutinadoras de significado, em torno das quais cerimônias rememorativas reatualizam o valor do sacrifício, procurando garantir a partilha de um sentimento comum público e privado em torno do morto transfigurado em capital político. Em síntese, "os nomes apontam para a ausência dos mortos, enquanto outra coisa – a memória, uma imagem, um texto, uma oração – é necessária para evocar a sua presença" (Sherman, 1999: 100, tradução nossa).

No âmbito da cultura de guerra, os monumentos aos mortos consagrar-se-iam como a fórmula mais eficaz de compensação e transfiguração da perda. Contrastando o desejo, que simbolicamente representam, de retorno a um passado nacional pré-moderno não contaminado pela modernidade que provocou a catástrofe, os monumentos transformam-se num fenômeno "modernamente" massificado e numa das manifestações memoriais mais persistentes e, ao mesmo tempo, mais problemáticas dos séculos XX e XXI. É por essa ambivalência que os monumentos não podem ser negligenciados enquanto fonte para a história contemporânea.

CASO PORTUGUÊS: MONUMENTOS AOS MORTOS DA PRIMEIRA GUERRA MUNDIAL

Apesar da vitória ao lado dos Aliados na Primeira Guerra Mundial, a Primeira República Portuguesa (1910-1926) não foi capaz de projetar, ao contrário do que seria esperado, um vitorioso *mito da experiência da guerra*,[6] sendo reduzida à condição de uma *vitória mutilada*, tal como na Itália (Gibelli, 1998: 322). Em ambos os casos, a vitória teria sabor amargo face às negociações de paz e à dramática crise do pós-guerra, culminando em sistemas autoritários. Embora, ao contrário do fascismo italiano e tal como procurei mostrar em *Entre heróis e mortos*,[7] a apropriação mítica da experiência de guerra pelo regime autoritário português não se verificaria.[8] Contrariando o desejo do governo da União Sagrada, a participação na guerra a partir de março de 1917, mal justificada pelos ataques alemães na África ou por qualquer outra razão diplomática, não apagaria as divisões políticas internas. A Primeira Guerra Mundial iria decididamente provocar a queda da Primeira República, implantada em outubro de 1910, incapaz de sobreviver às consequências da guerra e à ascensão da Ditadura, primeiro a militar (1926) e, depois, a civil (1933) (cf. Rosas, 1989).

No âmbito de uma análise mais ampla da memória da Primeira Guerra Mundial em Portugal, considerando as teorias que defendem a existência de uma cultura de guerra europeia homogênea e hegemônica, procurou-se desconstruir um conjunto de interpretações que estabelecem uma relação direta entre a experiência de guerra, a brutalização das sociedades do pós-guerra, e a emergência de sistemas políticos autoritários. Na senda do trabalho pioneiro de George L. Mosse, *Fallen Soldiers* (1990), e daquele do linguista e veterano da Segunda Guerra Mundial Paul Fussell, *The Great War and the Modern Memory* (1975), que defendem a existência de uma ruptura política, social e cultural originada pela guerra, procuramos através do caso português mostrar que a cultura e a memória de guerra não incorporaram uma ruptura modernizante digna de uma brutalização social e política, mas, na linha de Jay Winter, interpretamos que a rememoração da guerra, em Portugal, foi definitivamente marcada por uma *abordagem tradicional*.[9]

Nesse sentido, a análise dos monumentos aos mortos[10] pretendeu, por uma incursão nos agentes, lugares, símbolos e palavras encontrados, examinar a natureza da memória oficial – aquela arquitetada e alimentada pelas entidades de poder – da Primeira Guerra Mundial em Portugal entre 1918-1933 e clarificar se os memoriais são formas tradicionais de compensação centradas na relação entre os vivos e os mortos ou se, pelo contrário, são um fenômeno moderno que transmite radicalização política. Mais do que o levantamento das qualidades artísticas que perpassam essas construções, procurou-se inferir dos monumentos aos mortos da Grande Guerra a sua natureza enquanto exercício, mais ou menos bem sucedido, de veiculação da memória política do conflito, no sentido de desenvolver um consenso retroativo sacralizando o esforço em nome da pátria.

Para a compreensão do impacto político, ideológico e cultural dos monumentos aos mortos da Grande Guerra erigidos durante a Primeira República através da sua uniformidade nacional, agrupou-se – a partir da localização, iconografia e epigrafia – em categorias amplas como funerária, patriótica e cívica, podendo mesmo imiscuir-se, criando, por exemplo, as funerário-patrióticas.[11] Quanto à epigrafia, as inscrições são majoritariamente neutrais e cívicas, procurando justificar o sacrifício do morto em nome da pátria. A mais frequente é "Aos mortos da Grande Guerra". Do ponto de vista da localização, a maioria dos memoriais situa-se em praças ou parques públicos centrais, conferindo uma neutralidade de significado geográfico, apenas perturbada quando se trata da "praça do poder", concedendo ao monumento uma centralidade topográfica de manifesta identificação do representado com a autoridade. As esculturas são responsáveis por conferir ao memorial praticamente toda a sua linguagem simbólica. Dos mais simples obeliscos ou padrões, às massificadas imagens do soldado, até as mais problemáticas alegorias, mais raras e já tardias em Portugal, todas elas constituem, juntamente com os outros componentes do monumento, a polissemia monumental (Canal, 1982). Veja-se que cerca de metade dos memoriais em Portugal são cívicos por natureza e a maioria foi erguida ou iniciada nos anos de 1920, logo que a associação republicana Junta Patriótica do Norte projetou o primeiro memorial. O padrão – uma coluna de pedra coroada por uma Cruz de Cristo ou Esfera Armilar – remetia ao consenso histórico dos descobrimentos e inevitavelmente à simbologia cívica e patriótica. Sendo a mais comum entre as construções, tratava-se de uma obra barata e extremamente simples que refletia a precariedade dos financiamentos locais e a ausência de interesse por parte das autoridades centrais.[12] A estátua do soldado, denominado de *Serrano* em Portugal, é a segunda tipologia mais comum. Manifestamente cívica, sem qualquer predisposição para atitudes vitoriosas, foi a forma mais comum em todos os países participantes da guerra.

Menos comuns em Portugal são as composições monumentais alegóricas. Apesar de oferecerem amplas possibilidades interpretativas, são manifestamente patrióticas e cívicas, ao contrário do que indiciam os demais formatos escultóricos ou mesmo epigrafia e localização respectivos. Consagrariam, enfim, o verdadeiro objetivo das políticas memoriais, devendo-se a sua concretização, majoritariamente, ao investimento do poder central ou de grupos sociopolíticos proeminentes. Se por um lado, a alegoria da *vitória* com sua palma, espada, coroa de louros e asas (vitória alada) glorifica e coroa o soldado morto, por outro lado a *pátria*, mais recorrente do que a anterior e numa espécie de deusa em estilo neoclássico, representa o desejo por um passado idealizado, numa fuga à modernidade corrupta, que teve na guerra o seu clímax, vestida pela mulher casta, pura e modesta.[13] Tratam-se de representações consensuais e abstratizantes que manifestamente perpetuam uma liturgia republicana. O simbolismo dessas esculturas permite uma mistificação da representação do corpo feminino (vitória, pátria, república, localidade), sendo raros os casos em que se recorre a formas humanizadas da mulher, seja *mater dolorosa*, camponesa ou simplesmente uma encarnação do sofrimento de uma "comunidade de luto".[14] Em Portugal são exemplos extremamente escassos, limitando-se aos trabalhos em Cascais, Porto e Tondela, de Branca Alarcão. A ausência de combates em território nacional, sem vítimas civis, leva a que a representação da mulher parta majoritariamente da iniciativa individual ou privada, já que simbolicamente representa fragilidade e luto, uma consciência crítica da intervenção na guerra e do consequente desastre que, oficialmente, não interessa transparecer.

Partindo-se da análise de mais de uma centena de monumentos espalhados pelo território português (metrópole e colônias), epigrafia, símbolo e lugar produzem uma norma monumental manifestamente cívica, sendo raras as exceções de natureza patriótica ou vitoriosa, majoritariamente inauguradas em tempos da ditadura de Estado Novo, mas cujos projetos se iniciaram na Primeira República. Dentre os poucos exemplares que se inserem neste espectro, ao relacioná-los à escultura pública do Estado Novo, especialmente quando se refere ao caso dos trabalhos a cargo da Comissão dos Padrões da Grande Guerra (CPGG), incorre-se numa generalização abusiva, já que os objetivos na base da sua projeção são fortemente republicanos e prévios à instalação das ditaduras no país.[15]

A CPGG (1921-1936) protagonizou os fenômenos de maior sucesso na intenção do governo republicano de sagrar a vitória na memória da participação portuguesa na Primeira Guerra Mundial.[16] Republicana na sua base, a Comissão viu algumas das suas iniciativas comemorativas limitadas,[17] interferência na regulamentação interna e demitidos alguns dos seus membros no contexto das alterações políticas que se iam verificando em Portugal principalmente depois de 1933.[18] Portanto, seria ilusório atribuir qualquer projeto de características monumentais ou modernistas à iniciativa da Ditadura e com isso justificar que a afirmação do regime em Portugal se apropriou da experiência da Primeira Guerra Mundial, como aconteceu em Itália. Exemplos como os monumentos de São João da Madeira, Abrantes, Luanda ou Lourenço Marques (Maputo) estão enraizados nos objetivos delineados durante o período da Primeira República. Tanto o monumento de Maputo, que representa uma pátria em toda a pujança de seis eretos, olhar frontal, escudo, espada e serpe, alusiva à vitória no mar,[19] quanto a colossal construção de 17 metros de altura em Luanda, representação máxima de vitória alada de espada em riste extremamente enérgica,[20] ambos resultam da necessidade de afirmar a presença portuguesa além-mar.[21] Os trabalhos inaugurados nos anos 1930 foram resultado de iniciativas locais/privadas, longe de conotações ou usos políticos fascistas. Ainda, é extremamente raro, em Portugal, encontrar modelos pagãos copiados da Antiguidade Clássica, onde os corpos de soldados seminus são retratados energeticamente, um fenômeno quase exclusivamente italiano, constituindo a base dos monumentos modernistas do fascismo.[22]

Enfim, podemos questionar qual a natureza dos processos rememorativos da Grande Guerra em Portugal. Apesar da radical laicização da sociedade no início da República, os monumentos às vítimas da guerra revelam um profundo conservadorismo, perpetuando rituais derivados de tradições cristãs, garantindo a familiaridade, a crença no futuro e, ainda, transcender a experiência da guerra moderna. No final, materializam-se formatos monumentais majoritariamente cívicos, centrados no culto dos mortos sacrificados em nome da pátria mais do que pela nação. Esvai-se uma estética vitoriosa de traços modernizantes tão comuns a linguagens ditatoriais em prol de fórmulas familiares e tradicionais que a República invoca, quer da tradição cristã, quer da arte pública da transição dos séculos XIX para o XX.

Entre uma maioria de monumentos simples de simbologia cívica e uma minoria de construções abstratizantes seja de cunho vitorioso, seja patriótico salta à vista que, não obstante a experiência de uma vitória mutilada em Portugal, ao contrário da Itália os formatos rememorativos à guerra não foram apropriados pelo fascismo. Aliás, estes seriam relegados ao esquecimento enquanto lugar de memória da política nacional. Durante o Estado Novo (1933-1974), as comemorações da Grande Guerra gradualmente desapareceram, fato estranho considerando a forma como a guerra e a sua memória foram apropriadas como palco das mais grandiosas cerimônias da liturgia nacional durante a Ditadura Militar.

CONSIDERAÇÕES FINAIS: MONUMENTO E MITO

O monumento é um mito, é um lugar de memória.

Enquanto arte pública, a compreensão do monumento deve ir muito além da sua concepção, seja do que esteticamente representa e ideologicamente metaforiza, seja dos objetivos de seu patrocinador, seja da intervenção do artista, que, na arte pública e ao contrário do que mais comumente se aceita, é muito marginal no quadro de compreensão.

Alcançar o monumento significa ir além da memória histórica nele projetada e representada no passado, significa olhá-lo enquanto lugar de memória, que existe à custa do seu reconhecimento por quem recebe e sua integração numa narrativa identitária sempre sujeita a uma tensão da alteridade memorial.

A fixidez material do monumento em nada serve, porque na verdade os objetos não têm agência significante. O que o monumento representa vai temporalmente se metamorfoseando, procurando sobreviver na sua função, mais ou menos distante da intenção de quem o concebeu, até que um dia eventualmente pode correr o risco da sua morte simbólica ou da sua real destruição.

Se aquilo que procuramos é a dimensão mítica do monumento, em algum momento o monumento deixa de ser mito ou deixa de existir quando deixa de ser mito?

Mais do que pela dimensão estética materializada, o monumento "deve ser avaliado pela sua capacidade de produzir reações humanas" (Doezema apud Tomiche e Young, 1993: 9). Trata-se de muletas externas que procuram despertar no observador um sentimento de identificação partilhado coletivamente mesmo que de forma tensional no seu significado. Muletas que existirão em maior quantidade quanto mais frágil for o sentimento de identidade e identificação internamente vivido pelos membros de uma comunidade. Afinal, o tempo da massificação das estátuas está inevitavelmente associado a uma crise identitária que a modernidade e sua velocidade de mudança instalaram. Num momento de *boom memorial*,[23] parecem cada vez mais frágeis estas construções mitológicas. Será por que a arte de hoje já não garante sentimentos de referenciação ou por que a história entrou definitivamente na memória?

Qual a função do historiador perante essas construções mitológicas?

Contrariemos a ideia do historiador alemão Martin Broszat, que vê nos monumentos uma simplificação abusiva da história, enterrando os acontecimentos em *camadas de explicações e mitos*.[24] Não se trata de *julgar* a sua dimensão de realidade e de esquecimento, não se trata de julgar a sua construção ou destruição histórica. A função do historiador *não* pode ser a destruição dos mitos. A função do historiador, principalmente o historiador da memória para quem os monumentos são ferramenta de leitura imprescindível, é a tentativa de compreensão do que implica e é implicado na construção, manutenção e desaparecimento do mito.

Complexos pela multiplicidade de camadas significantes *representadas* e *representificadas*, os monumentos parecem um jogo onde ganha quem mais forja uma história. E isso parece o oposto do que a ciência histórica procura em seu trabalho. Mas não. São esses jogos de construção de uma memória histórica pelos e nos monumentos que interessam. A sua construção, por mais que vise petrificar uma narrativa do passado, busca o reconhecimento e, por isso, não pode estar muito longe de uma realidade partilhada por uma comunidade. Por isso, devemos olhar para os monumentos pela riqueza de camadas temporais e espaciais de significação e que, tal como todas as fontes históricas, não se bastam para a produção de conhecimento do passado adequado. A história, e nomeadamente a história contemporânea, tem à sua disposição um manancial de fontes que enriquecem o seu trabalho. São problemáticos? São. Os monumentos refletem muito mais que uma história do passado, refletem uma história recente. São vivos. São a materialização da relação entre memória e história ou mesmo dos usos e abusos da história.

Consciente de todos os limites deste ensaio, apenas se pretendeu lançar a discussão sobre o lugar do monumento na história e na historiografia. Muitas discussões seriam possíveis neste encalço, seja a relação entre monumento e memorial, seja a compreensão desse formato para além da história recente, seja a desconstrução da percepção de Nora de lugar de memória, seja o possível fim desses monumentos enquanto referência identitária, enquanto exercício, num mundo cada vez mais global, cada vez mais nacional, onde identidades, e suas monumentalidades, se estilhaçam e se reforçam...

Enfim, fica o convite para a discussão.

Notas

1 Apoio CNPq/Universal 2014.

2 Cf. Pierre Rioux e Jean-François Sirinelli, *Para uma história cultural*, Lisboa, Estampa, 1998, p. 253. A emergência da História Cultural está associada à Escola dos *Annales*. Nos anos 1970, figuras como Philippe Ariès, Georges Duby e Jacques Le Goff movem o foco de interesse do social para o mental surgindo a denominada História das Mentalidades que, segundo Peter Burke, se caracteriza pela prevalência nas crenças dos grupos sobre os sentimentos individuais; pela consideração de hipóteses conscientes e inconscientes; pelo historicizar da psicologia humana; pela insistência na estrutura de crenças coletivas sobre as individuais que permite aos historiadores colocarem-se no campo do estruturalismo.

3 A conjuntura da década 1980 impõe aos *Annales* uma viragem crítica, porém insuficiente, que derraparia numa crise. Daqui, renova-se um conjunto de projetos, provenientes de vários sectores internos e externos aos *Annales*, com incidência na história sociocultural do político (Maurice Agulhon, Reinhart Koselleck, Jacques Guilhaumou, René Rémond) e na história do tempo presente. Apelam, neste contexto, à centralidade da ação, ao importante papel do ator individual, à legitimidade da dimensão interpretativa da História e ao retomar da noção de representação – a história das representações.

4 Para o estudo dos monumentos aos mortos de guerra servem de referência os seguintes textos de George L. Mosse, *Fallen Soldiers: Reshaping the Memory of the World Wars*, Oxford, Oxford University Press, 1990; Antoine Prost, "Les monuments aux morts. Culte républicain? Culte civique? Culte patriotique", em Pierre Norra (ed.), *Les lieux de mémoire. I République*, Paris, Gallimard, 1984, pp. 195-225; Antoine Prost, *Les anciens combattants et la société française 1914-1939*, 3v, Paris, Presses de la Fondation Nationale des Sciences Politiques, 1977; Antoine Prost, "Mémoires Locales et Mémoires Nationales: Les monuments de 1914-1918 en France", em *Guerres Mondiales et Conflits Contemporains*, n. 178, p. 40, 1995; Ken S. Inglis, *Sacred Places: War Memorials in the Australian Landscape*, Melbourne, Melbourne University Press, 1998; Ken S. Inglis, "Sacred Places: The Homecoming: The War Memorial Movement in Cambridge, England", em *Journal of Contemporary History*, vol. 27, n. 4, pp. 583-605, 1992; Alex King, *Memorials of the Great War in Britain: The symbolism and Politics of Remembrance*, Oxford and New York, Berg, 1998; Debra Kelly (ed.), *Remembering and Representing the Experience of War in Twentieth-Century France*, New York, Mellen Press, 2000; Reinhart Koselleck, *Future Past: on the semantics of historical time*, New York, Columbia University Press, 2004; Catherine Moriarty, "The Material Culture of Great War Rememberance", em *Journal of Contemporary History*, v. 34, n. 4, pp. 653-662, 1999. A destacar outros trabalhos de autores centrais como George L. Mosse, "Souvenir de la guerre et place do monumentalisme dans l'identité culturelle du national-socialisme", em *Vingtième Siècle. Revue d'histoire*, v. 41, pp. 51-59, 1994; Antoine Prost, "Les représentations de la guerre dans la culture française de l'entre-deux-guerres", em

Vingtième Siècle: Revue d'histoire, v. 41, n. 1, pp. 23-31, 1994a; Emmanuel Sivan e Jay Winter, *War and Remembrance in the Twentieth Century*, Cambridge, Cambridge University Press, 1999; e Joanna Bourke, "Remembering war", em *Journal of Contemporary History*, v. 39, n. 4, pp. 473-485, 2004.

5 A mesma ideia de *Les anciens combattants et la société française 1914-1939* é apresentada em *Les Lieux de mémoire*, no capítulo "Les monuments aux morts. Culte républicain? Culte civique? Culte patriotique", em Pierre Nora (ed.), *Les lieux de mémoire. I République*, Paris, Gallimard, 1984, pp. 195-228.

6 O *mito* constitui-se como um universo democrático agremiador de realizações e significações comemorativas em torno da guerra e dos seus mortos, que se inicia durante o conflito, mas que se configura, nunca definitivamente, no período do pós-guerra. A construção deste mito valoriza e cancela o horror da morte destacando os valores do sacrifício em combate de uma geração envolvida numa verdadeira cruzada. Cf. George L. Mosse, *Fallen Soldiers: Reshaping the Memory of the World Wars*, Oxford, Oxford University Press, 1990, p. 7. Do mesmo autor, veja-se também "Two World Wars and the Myth of the War Experience", em *Journal of Contemporary History*, v. 21, n. 4, 1986, pp. 491-513.

7 Esta breve apresentação do caso português baseia-se no trabalho produzido no âmbito da tese de doutorado *Políticas da memória da I Guerra Mundial em Portugal* apresentada na Universidade Nova de Lisboa em maio de 2011 e nas publicações daí decorrentes.

8 A ideia de vitória mutilada está normalmente associada ao caso italiano na medida em que, mesmo depois de uma vitória ao lado dos Aliados, as negociações de Versalhes e a grave crise do pós-guerra levariam a um desalento social e à emergência do fascismo. Trata-se de uma ideia que procurei aplicar ao caso português. Neste, a condição de uma vitória mutilada se instala por várias razões, nomeadamente a instabilidade de uma das raras repúblicas europeias, a vitória ao lado dos Aliados, a frustração perante as negociações do tratado de paz, quando comparado à neutral Espanha, e o avanço para um sistema político ditatorial. O que o meu trabalho procurava mostrar é que, não obstante as semelhanças, ao contrário da Itália a apropriação mítica da experiência da guerra não foi usada pela ditadura de Estado Novo. Cf. Sílvia Correia, *Entre heróis e mortos: políticas da memória da I Guerra Mundial em Portugal (1918-1933)*, Rio de Janeiro, Faperj/7Letras, 2015.

9 O autor propõe ultrapassar as usuais divisões entre modernismo e tradicionalismo, sugerindo, ao invés, a adoção de uma fórmula mais cuidada de como os europeus imaginam a guerra e as suas consequências, evitando criar ruptura interpretativa e de resultado (Cf. Jay Winter, *Sites of War, Sites of Mourning: The Great War in the European Cultural History*, Cambridge, University of Cambridge, 1995, p. 3. Veja-se ainda, sobre esta questão, Antoine Prost, The Impact of War on French and German Political Cultures, *The Historical Journal*, v. 37, n. 1, 1994b, pp. 209-17).

10 Este estudo de caso já foi apresentado em detalhe em outras publicações. Veja-se, por exemplo, o capítulo IX da obra Sílvia Correia, *Entre heróis e mortos: políticas da memória da I Guerra Mundial em Portugal (1918-1933)*, Rio de Janeiro, Faperj/7Letras, 2015.

11 Tendo em consideração os modelos de análise estabelecidos por Prost, para a realidade francesa, e por Canal para Itália.

12 Joaquim Saial, *Estatuária portuguesa dos anos 30, (1926-1940)*, Mirandela, Bertrand Editora, 1991, p. 23. Não se manifestou de forma frequente em países como Portugal ou França a existência de cruzes nos monumentos, à exceção da cruz de guerra, dado o esforço de laicização do espaço público. Os cenotáfios eram uma forma estranha aos países católicos (Cf. Ken S. Inglis, "War memorials: Ten questions for historians", em *Guerres Mondiales et Conflits Contemporains*, v. 178, 1995).

13 Os exemplares que recorrem à utilização da alegoria da pátria são Lisboa (Maximiano Alves, 1931); Soure (Francisco dos Santos, 1934); Portalegre (Henrique Moreira, 1935); S. João da Madeira (Henrique Moreira, 1937); Abrantes (Rui Roque Gameiro, 1955); Lourenço Marques (Rui Roque Gameiro, 1935). Recorrem à estilização em forma de vitória, mais ou menos alada na forma, Évora (João da Silva, 1933); Valença do Minho (João da Silva, 1933); Portalegre (Henrique Moreira, 1935); Luanda (Henrique Moreira, 1934).

14 A representação da *república* não se verifica com tanta frequência no caso francês, uma vez que os franceses já estão bem conscientes do significado da República e do sacrifício que por ela foi feito (Cf. Annette Becker, *Les Monuments aux morts: Mémoire de la Grande Guerra*, Paris, Éditions Errance, 1991, p. 61).

15 A Ditadura Militar iria pôr fim à Primeira República Portuguesa em 1926 até que, em 1933, se deu a constitucionalização da Ditadura Civil, o Estado Novo, chefiada por Salazar.

16 Uma campanha de homenagem aos esforços da guerra, caracterizada por uma intensa propaganda patriótica, através da concepção de um conjunto de cerimoniais nas principais efemérides da guerra, bem como pela perpetuação monumental desse esforço rememorativo.

17 Os governos da Ditadura Militar chegam mesmo a "substituir" as datas oficiais de rememoração da guerra, procurando centrar os processos de homenagem no esforço das Forças Armadas. Veja-se o capítulo VI em Sílvia Correia, *Entre heróis e mortos: políticas da memória da I Guerra Mundial em Portugal (1918-1933)*, Rio de Janeiro, Faperj/7Letras, 2015. No ano de 1934 "o Governo não incluiu no programa oficial da comemoração do XVI aniversário do Armistício" os dois minutos de silêncio (LC, CPGG, Relatório da CPGG de 1934, nota n. 5684).

18 Cf. CPGG. *Relatório da Comissão Executiva referido a 31 de Dezembro de 1932*, Lisboa, Litografia Nacional, 1933, pp. 12-3.

19 Cf. CPGG, *Relatório Geral da Comissão (1921-1936), Padrões da Grande Guerra. Consagração do esforço militar de Portugal 1914-1918*, Lisboa, Comissão dos Padrões da Grande Guerra, 1936, pp. 118-9.

20 Veja-se, a propósito da análise artística dos monumentos aos mortos da Grande Guerra, *Estatuária portuguesa dos anos 30 (1926-1940)* de Saial (1991) e o *Dicionário de Escultura Portuguesa* editado por Pereira (2005).

21 CPGG, *Relatório Geral da Comissão (1921-1936), Padrões da Grande Guerra. Consagração do esforço militar de Portugal 1914-1918*, Lisboa, Comissão dos Padrões da Grande Guerra, 1936, p. 102.

22 De acordo com Patricia Dogliani, numa segunda fase, o fascismo italiano assumiu os monumentos, determinando uma transição entre o estilo clássico neo-românico de monumentos que datam dos anos 1920 e o estilo vitalista-nacionalista fascista da década de 1930 (Patricia Dogliani, "Les monuments aux morts de la grande guerre en Italie", em *Guerres mondiales et conflits contemporains*, n. 1967, 1992, pp. 87-94).

23 O *memory boom*, como define Jay Winter, para uns é nostálgico, procurando recuperar um mundo desaparecido; para outros, uma linguagem de protesto que busca narrativas e tradições comuns para resistir às alterações provocadas pela globalização; e, para outros, mais uma forma de estar à parte da política e (re)sacralizar o mundo, dando voz a muitas das vítimas das catástrofes do século XX. Veja-se Jay Winter, *Remembering War: the Great War between Memory and History in the Twentieth Century*, London and New Haven, Yale University Press, 2006, p. 26.

24 Marianne Doezema, apud Anne Tomiche e James E. Young, "Écrire le monument: site, mémoire, critique", em *Annales. Économies, Sociétés, Civilisations*, ano 48, n. 3, pp. 734-5, 1993.

Referências

Fontes

Comissão dos Padrões da Grande Guerra (CPGG)

CPGG. *Relatório da Comissão Executiva referido a 31 de Dezembro de 1932*. Lisboa: Tipografia da Liga dos Combatentes da Grande Guerra, 1933.

CPGG. *Relatório da Comissão Executiva referido a 31 de Dezembro de 1934*. Lisboa: Tipografia da Liga dos Combatentes da Grande Guerra, 1935.

CPGG. *Relatório Geral da Comissão (1921-1936). Padrões da Grande Guerra. Consagração do esforço militar de Portugal 1914-1918*. Lisboa: Comissão dos Padrões da Grande Guerra, 1936.

Referências bibliográficas

BECKER, Annette. *Les Monuments aux morts*: Mémoire de la Grande Guerra. Paris: Éditions Errance, 1991.

BOURKE, Joanna. "Remembering War". *Journal of Contemporary History*. v. 39, n. 4, 2004, pp. 473-85.

CANAL, Claudio. "La retorica della morte. I monumenti ai caduti della Grande guerra". *Rivista di storia contemporânea*. n. 4, 1982, p. 660.

CATROGA, Fernando. *Memória, História, Historiografia*. Coimbra: Quarteto Editora, 2001.

CORREIA, Sílvia. *Entre heróis e mortos*: políticas da memória da I Guerra Mundial em Portugal (1918-1933). Rio de Janeiro: Faperj/7Letras, 2015.

DOGLIANI, Patricia. "Les monuments aux morts de la grande guerre en Italie". *Guerres mondiales et conflits contemporains*. n. 1967, 1992, pp. 87-94.

FRANK, Robert. *La mémoire et l'histoire. Institut d'histoire du temps présent* – IHTP. Disponível em: <http://www.ihtp.cnrs.fr/spip.php%3Farticle233&lang=fr.html>. Acesso em: 26 jan. 2010.

FUSSELL, Paul. *The Great War and the Modern Memory*. New York; London: Oxford University Press, 1975.

GIBELLI, António. *La Grande Guerra degli Italiani*. Milano: Sansoni, 1998.

HALBWACHS, Maurice. *Les cadres sociaux de la mémoire*. Paris: Albin Michel, 1994.

INGLIS, Ken S. "Sacred Places. The Homecoming: The War Memorial Movement in Cambridge, England". *Journal of Contemporary History*. v. 27, n. 4, 1992, pp. 583-605.

______. "War memorials: Ten Questions for Historians". *Guerres Mondiales et Conflits Contemporains*. 1995, v. 178.

______. *Sacred Places*: War Memorials in the Australian Landscape. Melbourne: Melbourne University Press, 1998.

KELLY, Debra (ed.) *Remembering and Representing the Experience of War in Twentieth-Century France*. New York: Mellen Press, 2000.

KING, Alex. *Memorials of the Great War in Britain*: The Symbolism and Politics of Remembrance. Oxford; New York: Berg, 1998.

KOSELLECK, Reinhart. War Memorials: Identity Formations of the Survivors. In: ______. *The Practice of Conceptual History*. Stanford: Stanford University Press, 2002, pp. 285-326.

______. *Future Past: On the Semantics of Historical Time*. New York: Columbia University Press, 2004.

LE GOFF, Jacques. Documento/Monumento. In: GIL, Fernando (ed.). *Enciclopédia Einaudi. Memória – História*. Lisboa: Imprensa Nacional da Casa da Moeda, 1999, v. IV.

MORIARTY, Catherine. "The Material Culture of Great War Rememberance". *Journal of Contemporary History*. v. 34, n. 4, 1999, pp. 653-62.

MOSSE, George L. "Two World Wars and the Myth of the War Experience". *Journal of Contemporary History*, v. 21, n. 4, 1986, pp. 491-513.

______. *Fallen Soldiers*. Reshaping the Memory of the World Wars. Oxford: Oxford University Press, 1990.

______. "Souvenir de la guerre et place do monumentalisme dans l'identité culturelle du national-socialisme". *Vingtième Siècle. Revue d'histoire*. v. 41, 1994, pp. 51-9.

NORA, Pierre (ed.) *Les lieux de mémoire*: vol I. République. Paris: Gallimard, 1984.

______. "Entre Memória e História: a problemática dos lugares". *Projeto História*. n. 10, 1993.

PEREIRA, José Fernandes (ed.) *Diário de escultura portuguesa*. Lisboa: Caminho, 2005.

PROST, Antoine. *Les anciens combattants et la société française 1914-1939*. 3 v. Paris: Presses de la Fondation Nationale des Sciences Politiques, 1977.

______. Les monuments aux morts. Culte républicain? Culte civique? Culte patriotique. In: NORA Pierre (ed.) *Les lieux de mémoire*: I - République. Paris: Gallimard, 1984, pp. 195-225.

______. "Les représentations de la guerre dans la culture française de l'entre-deux-guerres". *Vingtième Siècle. Revue d'histoire*. v. 41, n. 1, 1994a, pp. 23-31.

______. "The Impact of War on French and German Political Cultures". *The Historical Journal*. v. 37, n. 1, 1994b, pp. 209-17.

______. "Mémoires Locales et Mémoires Nationales: Les monuments de 1914-1918 en France". *Guerres mondiales et conflits contemporains*. n. 178, 1995, p. 40.

RIOUX, Pierre; SIRINELLI, Jean-François. *Para uma história cultural*. Lisboa: Estampa, 1998.

ROSAS, Fernando. "A crise do liberalismo e as origens do 'autoritarismo moderno' e do Estado Novo em Portugal". *Penélope*. n. 2, 1989, pp. 98-114.

SAIAL, Joaquim. *Estatuária portuguesa dos anos 30 (1926-1940)*. Mirandela: Bertrand, 1991.

SHERMAN, Daniel. *The Construction of the Memory in Interwar France*. Chicago: University of Chicago Press, 1999.

SIVAN, Emmanuel; WINTER, Jay. *War and Remembrance in the Twentieth Century*. Cambridge: Cambridge University Press, 1999.

TOMICHE, Anne; YOUNG, James E. "Écrire le monument: site, mémoire, critique". *Annales. Économies, Sociétés, Civilisations*. ano 48, n. 3, 1993, pp. 729-43.

TRAVERSO, Enzo. *O passado*. Modos de usar. Lisboa: Unipop, 2012.

WINTER, Jay. *Sites of War, Sites of Mourning*: The Great War in the European Cultural History. Cambridge: University of Cambridge, 1995.

______. *Remembering War*: the Great War Between Memory and History in the Twentieth Century. London; New Haven: Yale University Press, 2006.

YOUNG, James E. *The Texture of Memory*: Holocaust Memorials and Meaning. New Haven: Yale University Press, 1993.

YPERSELE, Laurence van (dir.) *Questions d'histoire contemporaine*: conflits mémoires et identités. Paris: PUF, 2006.

Tempo histórico e trocas entre artes na literatura de João Guimarães Rosa

Bruno Lontra Fagundes

Desenhos e fotografias como fonte histórica já entraram há bastante tempo no repertório de fontes analisadas pelo historiador. Aqui, desenhos e fotografias estão envolvidos por uma particularidade: eles são apoio para se analisar literatura. Para se analisar a literatura de João Guimarães Rosa, de cuja trajetória de abordagem da obra a tradição crítica literária, por razões mais ou menos óbvias, se deteve na palavra, no talentoso, criativo e original trabalho do escritor com a linguagem textual. Aqui, deter-nos-emos nas fontes históricas imagéticas – principalmente desenhos e fotografias – para entrosá-las com as palavras de Rosa na composição de seus textos verbais. Palavras e imagens para a análise de um material que, paradoxalmente, depõe contra certo tipo de análise histórica, para cuja abordagem a fonte não pode se referir ao fictício e àquilo que não teria compromisso com o real.

Nossa atitude, aqui, será a de orientar a análise da literatura rosiana fazendo girar o caráter da conexão texto-imagens de seus significados virtuais ou semânticos para uma abordagem endossada – principalmente, mas não só – por uma perspectiva da história do livro e das edições. E para a análise histórica da arte em sua relação com os fatores ambientais e conjunturais históricos.

Somos da ideia de que fontes dizem-nos conforme as perguntas que fazemos a elas. Se mudamos nosso olhar sobre elas, elas passam a nos dizer o que nossas perguntas anteriores não capturavam.

Não trabalhamos com a literatura de Guimarães Rosa, mas com *a literatura de Guimarães Rosa publicada nos livros da Livraria José Olympio Editora*, para o que desenhistas, artistas plásticos, ilustradores de extensa qualidade imprimiam sua marca, auxiliavam na visualização imaginária das mensagens textuais, uma vez que textos existem quando vão em livros. Trataremos, inclusive, do manejo amador, do escritor Guimarães Rosa com os desenhos e imagens, imaginativamente interferindo na edição de seus livros, o que incorpora à análise literária novas fontes, uma vez aceita a premissa de que não existe literatura sem livros – e por eles que a literatura se apresenta ao leitor.

Novas fontes, novas histórias, mas também novos olhares sobre antigas fontes, e, com isso, novas histórias.

Assim entendemos e assim analisaremos a literatura de Rosa pelas fontes iconográficas fixadas no suporte-fonte histórica livro, nem tanto pelos seus textos, mas pelos significados que se lhes agregamos se mudamos nosso olhar sobre eles.

As ilustrações deixam de ser ilustrações e as imagens em livros renovadas, metodologicamente renovadas, pela observação. Com isso, ganham novos contornos a literatura ao ser modificado o olhar que lançamos sobre as fontes. De desenhos para ilustrar o texto, os desenhos tornam-se textos com função de inspiração e material criativo para o artista, auxiliando sua recepção – muito provavelmente. E auxiliando na consagração de sua obra.

Em 14 de agosto de 1957, o crítico de arte Mário Pedrosa analisava no *Jornal do Brasil* uma pesquisa do Ibope sobre o interesse artístico da população brasileira. O crítico caracterizava os anos 1950 brasileiros em termos de produtores e de público de arte, e apontava para o que seriam os novos componentes em jogo nos processos de realização artística, realçando a realidade da inter-relação mercado nacional e internacional de artes.

> [...] de qualquer modo, a conclusão do quadro de respostas indica claramente um interesse mais positivo pelas coisas da arte nas gerações mais novas [...]. Só muito recentemente as atividades artísticas se vêm desenvolvendo e as instituições a elas relacionadas vão aparecendo em maior número. As exposições de arte nacionais e internacionais nunca foram tão frequentes quanto agora; os museus de arte surgem um pouco por toda parte, bem como as galerias de arte. Por outro lado, houve no mundo inteiro, a partir do fim da última guerra, mas sobretudo para os fins da década de 40, um fato novo no mercado do livro: *a procura crescente do livro de arte!* Em Paris ou Roma, Nova York, Bruxelas ou Zurique, Buenos Aires, e mesmo Rio de Janeiro e São Paulo, as livrarias começaram a encher-se de livros sobre arte, álbuns, reproduções em cores, histórias de arte em quantidade e qualidade crescentes. Em conversa com vários livreiros daqui e do estrangeiro, verifiquei serem todos unânimes em afirmar que os livros sobre arte, incluindo nela o cinema, passaram a preponderar na procura aos livros sobre política que dominaram o mercado para o fim da guerra, e principalmente logo nos primeiros anos dela [...]. (Pedrosa, 1981: 117, grifo nosso).

E o autor concluía arriscando uma análise da mudança de comportamento do público-leitor nacional e internacional, dizendo que "[...] desvanecidas as esperanças messiânicas do após-guerra, dividido o mundo em dois blocos irreconciliáveis, uma parte pelo menos da mocidade descobria na arte uma nova dimensão para o homem, e, portanto, novos motivos de esperança" (Pedrosa, 1981: 17).

Segundo indica Pedrosa, um livro de arte é um livro, antes de tudo, ilustrado, ou no qual não faltam ilustrações. Um livro de imagens de desenhos de arte, num contexto que inflama a mediação visual da apreciação das realidades, contexto em que vicejam exposições e museus de arte, materiais publicáveis diversos com imagens (livros e revistas) e instituições relacionadas a atividades artísticas que incrementam, naquele momento no Brasil e no mundo, a visualização imaginária de mensagens textuais.

Este capítulo examina os fatores de ordem do visual que favorecem a literatura de Guimarães Rosa em sua produção e, muito provavelmente, em sua recepção no Brasil do tempo histórico a que se refere Pedrosa.

O sertão de Rosa foi escrito, mas foi também favorecido pelas artes do livro.

Examinar como se fecundam palavra e imagem na composição gráfica dos livros do grande escritor brasileiro do século XX. Eis a pretensão deste capítulo. Essa tarefa será executada aqui não, *tout court*, com o exame da *literatura de João Guimarães Rosa*, mas com o exame da *literatura de João Guimarães Rosa publicada nos livros da Livraria José Olympio Editora*. Seguimos o preceito de Stoddard: "o que quer que possam fazer, autores não escrevem livros. Livros acima de tudo não são escritos" (1987: 4).[1] De nada adianta escrever livros se eles não forem publicados.

Ler o sertão que o autor escreveu no texto publicado em livro é *ver* o desenho do sertão por seus ilustradores.

Se o universo sertanejo rosiano deve muito a matrizes textuais da literatura literária brasileira e universal, deve ainda, não tenhamos dúvida, à clássica literatura geo-historiográfica e sócio-antropológica brasileira, com alguns títulos lidos pelo autor, assim como é tributária da visualização imaginária do sertão que seus ilustradores deram a ver em seus textos visuais postos nos livros. Até onde podemos falar de recepção e/ou apropriação, seu sertão provavelmente se beneficiou da associação que leitores aprenderam a fazer ao longo da história entre imagens que infundiram a "visualização imaginária" do sertão e as palavras de conteúdos lidos e imaginados escritas pelo escritor. Parafraseando Rosa, se "Minas são muitas", o sertão também são muitos, e o de Rosa era um deles, que seus ilustradores ajudaram a fazer ver.

A ilustração é um campo praticamente em aberto na história do livro, no entanto, Ségolème Le Men (1995: 229) propõe "as principais funções da ilustração no livro: marca, contraponto, visualização imaginária".[2]

A civilização tipográfica criada pela invenção da imprensa constrangeu a análise literária ao circunscrevê-la à análise da palavra no livro sem levar em conta a *dimensão de publicação* do texto e da palavra.

Analisando os croquis que Sthendal inseria no meio de seus textos, Jacques Lenhardt (1996: 52) entende que ler e ver são hábitos que não se opõem do ponto de vista da recepção, mas que foram, pouco a pouco, domesticados pelo advento do regime tipográfico, que teria oposto "uma civilização do que é escrito a uma civilização do que é visto, como se elas fizessem apelos a sentidos diferentes". Para Lenhardt, o gesto de Sthendal revigoraria o ato de ver e a imaginação do leitor, leitor que, desde a invenção da imprensa, o regime tipográfico teria induzido ao "grande sono da reprodutibilidade mecânica" e se deixado levar "pelo fluxo discursivo escrito" (Lenhardt, 1996: 55).

A literatura de Guimarães Rosa publicada pela Livraria José Olympio Editora adquire contornos inestimáveis pouco vistos pela crítica literária. Não será possível uma análise literária tanto ancorada numa hermenêutica do texto, quanto no exame das proposições de arte por suas ilustrações, que traduzem uma empatia entre texto e leitor em dadas circunstâncias artísticas e históricas? Ao acionar a visualização imaginária do sertão de Guimarães Rosa, os livros ilustrados condensam na palavra poética de Rosa e na palavra imagética de seus ilustradores uma imagem do Brasil, seguindo uma linha interpretativa de sua história fixada na dicotomia sertão-litoral que atravessa obras explicativas do país, mormente consagrada em *Os sertões*, de Euclides da Cunha, e provocada pela arte de porção expressiva da ficção literária nacional publicada, inclusive, pela ficção rosiana.[3]

É o que mostraremos adiante, revelando que o belíssimo sertão poético de Guimarães Rosa é animado pela visualização daquele espaço físico, que se traduz em universo rural, ao mesmo tempo registrado e inventado por seus ilustradores, informados por uma civilização da imagem que envolve filmes, fotografias, desenhos.

COMPREENDER LITERATURA... E A LITERATURA DE GUIMARÃES ROSA

João Guimarães Rosa é considerado pela crítica cultural e de artes o grande escritor brasileiro do século XX e, para muitos, ele está no panteão dos grandes escritores universais de todos os tempos. Exaltado pela crítica literária, nem sempre admirado no mesmo grau pelos leitores de literatura, Rosa legou uma obra a que pouco se dedica análise de corte social, político e histórico.

Grande parte da crítica literária fixou a análise da literatura do escritor como arte transcendente, que voa sobre o tempo e o espaço, justificada, naturalmente, pelo talentoso trabalho do escritor com a linguagem e sobre suas matrizes literárias em textos de cunho religioso ou que observam a humanidade segundo parâmetros universais apegados a motivações divinas e transcendentais. Fazer passar a tradição analítica pelo filtro de uma interpretação sociológica e histórica já foi realizado, mas sempre encontra resistências intelectuais e analíticas quando se trata da literatura de Guimarães Rosa, na crença de que desvaloriza o inventivo e erudito trabalho do escritor com a linguagem, reduzindo-a a uma teoria do reflexo. Não propomos esse viés teórico, e mesmo o recusamos.

Outra atitude seria a de postular que o escritor, como qualquer humano, não escapa de seu tempo histórico. Rosa está onde está em vista de virtudes de sua literatura inventariadas pela crítica literária, além de, não improvavelmente, em vista de algumas condições de criação, que, para serem identificadas, requerem a aceitação de que outras categorias de análise e abordagens interpretativas podem, inclusive, fazer ver o que não se via antes. Elas favorecem ver mais Guimarães Rosa em Guimarães Rosa, relevando ainda mais sua grandeza artística, porém articulada a seu tempo e seu espaço de criação.

A fim de compreender, então, a literatura de Guimarães Rosa, optamos por compreendê-la como *literatura publicada*, compreendê-la sem deixar de avaliá-la levando-se em conta, ainda, a materialidade do livro que a faz ver, *que se dá a ver fazendo companhia ao leitor enquanto lê*, na hipótese de que o escritor Rosa também seja um leitor. Com o que sua literatura será examinada como livros, os livros da Livraria José Olympio Editora, com os quais, ver-se-á na sequência desse texto, o próprio Rosa manteve relação de criação. A análise da obra literária pode ser ensaiada na suposição de que capturar a natureza e a constituição de um conjunto de agências, equipamentos e instituições de produção e difusão de arte organiza e dá forma à vontade coletiva difusa de leitores traduzida pelo que fazem e provocam aquelas agências, equipamentos e instituições.

A literatura como *texto publicado*. Eis de onde parte nosso exercício de compreensão da literatura.

São as edições dos livros de João Guimarães Rosa publicados pela Livraria José Olympio Editora nos anos 1950 e 1960 importantes para a ascensão e consagração da palavra poética rosiana.[4] É no que acreditamos. Em especial, nos componentes de beleza e expressividade artística agregados aos livros pela arte do desenho de seus ilustradores na editora, uma vez que as mensagens de linguagem iconográfica configuram um contexto que atrai a recepção de sua literatura, ajudando sua compreensão, associados à mensagem de uma literatura interpretativa do Brasil guardada na biblioteca de Rosa que valoriza o sertão, ambivalente, como aquilo que o Brasil deve deixar de ser, ao se civilizar, não obstante aquilo que guarda suas mais legítimas e genuínas expressões de brasilidade.

Está em curso nos anos 1950 e 1960, no país, quando os livros de Rosa são publicados, um movimento oficial de fixação de uma cultura brasileira caracterizado como um impulso, um "elã". Uma vontade coletiva incorporada em jornais, revistas e livros numa conjuntura favorável já a partir dos anos de 1930, quando tem início a expansão do mercado editorial brasileiro favorecido pela urbanização e início de industrialização do país. Diz-nos Angotti-Salgueiro (2005: 24): "uma política cultural nacionalista que une a história e a geografia num *élan* de conhecimento do país". Já a partir dos anos 1930 e 1940, o mercado editorial em expansão vai atuar para fortalecer um tempo que era marcado por uma vontade coletiva de conhecer o Brasil, satisfeita por instituições de divulgação de uma imagem do país que mobiliza artistas e intelectuais. Telas de arte, revistas, filmes, museus, galerias, cinemas – cremos que seja razoável considerar que os livros da casa editorial famosa eram "livros de arte" elaborados pela constituição de uma cultura visual sem a tradição secular da cultura textual – cultura visual em pleno desenvolvimento naquele momento histórico.

Na linha da história da publicação de livros no Brasil, ilustradores, desenhistas, pintores ajudavam a desenhar o país, figurando-o, dando-o a ver em capas e miolos de livros, e os livros de Rosa – e seus textos de expressividade fortemente visual – figurariam em arte um país como regiões que se podem identificar pela associação iconográfica. O sertão de Rosa – universo rural de fato, distinto de outros em circulação, principalmente na agenda política – corresponderia a seus textos, tanto quanto a desenhos de vaqueiros, casas de fazenda, vacas e bois, cavalos e burrinhos, carros de boi, chifres e berrantes, arreios, selas, cabrestos, bules de café, árvores e plantas, chapéus, enxadas, facas e facões, garruchas e espingardas, daquele universo expresso nas ilustrações publicadas nos livros que davam a imaginar o mundo ficcional do escritor. Às matrizes da literatura universal, e brasileira – *Os sertões*, de Euclides da Cunha, pontifica aqui – combinam-se as matrizes artísticas de pintores e desenhistas que confeccionam o livro em que vão os textos de Rosa, certamente favorecendo a inteligibilidade de sua mensagem poética. São livros que o escritor lê no exercício regular de seu ofício de arte. É *Os sertões* o livro mais marcado pelo escritor nas margens e bordas das páginas e guardado em sua biblioteca.

O SERTANEJO DIPLOMATA – VIAGENS PELO MUNDO E PELO INTERIOR DO BRASIL

Formado em Medicina, de 1930 a agosto de 1934, Guimarães Rosa exerceu-a fazendo viagens pelo interior de Minas. Em agosto, torna-se diplomata, abandonando a carreira de médico, e já no cargo de cônsul de 3ª classe entusiasma-se com a nova conquista e diz que pretende "seguir o curso de Direito, especializar-me em Direito Internacional e em línguas eslavas, escrever alguns livros de literatura e ver o mundo lá fora".[5]

Quando Rosa está chegando ao Ministério das Relações Exteriores em 1934, há um contexto de ideias e movimentos que redundam na criação do Conselho Nacional de Geografia, o CNG, do Instituto Brasileiro de Geografia e Estatística, o IBGE, de 1938 – órgãos ligados diretamente àquele ministério. Viagens ao interior do Brasil registradas – por fotografias e desenhos – viram rotina profissional para o inventário das regiões brasileiras compondo coleção de vistas e paisagens como resultado de metodologia de trabalho dos novos órgãos geográficos de governo e marca identitária de profissionais geógrafos. São muitos os livros de caráter geográfico ilustrados que Rosa guardou em sua biblioteca particular.

Em dezembro de 1945, o escritor realiza viagem a Minas, à Gruta de Maquiné, na região de Cordisburgo, sua terra natal. Em 1946, torna-se membro da Sociedade Brasileira de Geografia, e em seu discurso de posse se utiliza da *Revista Brasileira de Geografia* (RBG), do IBGE, criada em 1939, publicação de discussão e difusão de teorias do órgão e de divulgação das ações de seu campo de atuação. Rosa faz seu discurso de posse na Sociedade mencionando artigo saído na edição de abril-junho de 1941 na RBG. A matéria levava o título de "A gruta de Maquiné e os seus arredores", do geógrafo-desenhista Guaíra Heberle, de que Rosa se utiliza para falar da beleza da região de Cordisburgo com suas grutas e paisagens.

> [...] Dois dias depois estava eu visitando em Cordisburgo – o meu torrão inesquecível – a maravilha das maravilhas, que é a Gruta do Maquiné. E, aqui, confesso, muita coisa se revelou a mim [...] desta vez, eu trazia comigo um instrumento precioso – bússola, guia, roteiro, óculo de ampliação: o trabalho que devemos a minuciosa operosidade, ao sentimento poético, à capacidade científica e ao talento artístico do meu saudoso amigo Afonso de Guaíra Heberle: o reconhecimento topográfico. (Rosa, 1946: 96)

Rosa exultava, com o que chama de "reconhecimento topográfico", seu guia de orientação, a matéria produzida por Guaíra Heberle, geógrafo, desenhista exímio, colaborador da revista. Entre ilustrações, desenhos e fotografias de detalhes do local visitado, a matéria continha, em desenho inteiro desdobrável em 5 folhas, um bico de pena de Cordisburgo, registrando, em primeiro plano, as residências, a igreja, a escola, o prédio da prefeitura, para alcançar o fundo da paisagem recortada pela silhueta da montanha que resguarda a pequena cidade como um paredão de pedra. Uma ilustração de se colocar em quadro como decoração. Cor, música, beleza e exuberância se anunciavam como itens da elaboração que a literatura de Rosa vai depois fazer do sertão, tendo o desenho como linguagem que faz ver a natureza como grande poema visual.

> [...] [Fui] para rever velhos poemas naturais de minha terra mineira. Quanta beleza! Ávido, fiz, num dia, seis léguas a cavalo, para ir contemplar o rio epônimo – o soberbo Paraopeba – amarelo, selvagem, possante. O 'cerrado', sob as boas chuvas, tinha muitos ornatos: a enfolhada capa-rosa, que proíbe o capim de medrar-lhe em torno; o pau bate-caixa, verde-aquarela, musical aos ventos; o pau-santo, coberto de flores de leite e mel; as lobeiras, juntando grandes frutas verdes com flores roxas; a bolsa de pastor, brancacenta, que explica muitos casos de "assombrações" noturnas; e os barbatimãos, estendendo fieiras de azinhavradas moedinhas [...]. (Rosa, 1946: 96)[6]

Fartamente ilustrada e fotografada, veículo de divulgação das ações e iniciativas governamentais para o conhecimento e mapeamento do território nacional, a revista do IBGE servira de referência para Rosa fazer seu discurso. Seu poético discurso, diga-se, inspirado pelos que seus olhos viam, tanto na natureza viva como na natureza publicada.[7]

Em junho de 1948, é removido para a embaixada brasileira na França como segundo-secretário, onde fica até 1951, quando retorna ao Brasil e publica a terceira edição de *Sagarana*, livro de estreia como autor da Livraria José Olympio Editora.

Em 1952, faz duas viagens emblemáticas como pesquisa literária de campo para escrever e publicar os livros de 1956, *Grande sertão: veredas* e *Corpo de baile*: uma viagem à Bahia, com Assis Chateaubriand para receber o presidente Getúlio Vargas, e outra a Minas, viagem de que se fez reportagem fotográfica na revista O *Cruzeiro*. A 15 de julho daquele ano escrevia carta ao pai informando-lhe do "passeio notável" à Bahia.

> [...] O passeio à Bahia, sim, esse foi notável. Em Caldas-do-Cipó, pude ver reunidos – espetáculo inédito, nos anais sertanejos e creio mesmo que em qualquer parte – cerca de 600 vaqueiros autênticos, dos "encourados": chapéu, guarda-peito, jaleco, gibão, calças, polainas, tudo de couro, couro de veado mateiro, cor de suçuarana. Como o senhor deve ter lido, lá compareceram vaqueiros de vários Estados, e de quase todos os municípios baianos onde há criação de gado, do curraleiro (*pé-duro*) bravo das caatingas. [...] tive de vestir também o uniforme de couro e montara [sic] cavalo (num esplêndido cavalo paraibano), formando uma "guarda vaqueira" que foi ao campo de aviação receber o Presidente Getúlio Vargas. A mim coube "comandar" os vaqueiros de Soure e de Cipó. Depois, o desfile foi brilhante. (Rosa, 1983: 171)

A viagem a Minas em 1952 foi em direção à fazenda de um primo no município de São Francisco, quando chefiou uma comitiva de vaqueiros que levava uma boiada. A excursão teve registro fotográfico na revista O *Cruzeiro*, publicação de grande circulação nas cidades – onde estavam os leitores do periódico. Fora uma viagem planejada para ser transformada em matéria da revista. A matéria, intitulada "Um escritor entre seus personagens", foi publicada a 21 de junho daquele ano e ajudava a fixar em fotografia a intimidade de Rosa com o universo sertanejo, fotografado pelo sertão a cavalo, debaixo de árvore tomando café de bule, conversando com vaqueiros, fazendo anotações no bloco de notas, o que ajudava a implantar visualmente a asserção de sua suposta condição sertaneja junto a um público-leitor da revista, mesmo que não fosse seu público-leitor. Na viagem, o escritor recebe o que se tornaria depois "o caderno do Zito", um caderno de poesias do "poeta-vaqueiro" Zito, que conhecera na viagem e de quem ganhara o material de presente.

Toda a literatura rosiana *em livros* pode ser considerada na perspectiva da história do livro, que, no Brasil daquela época, utilizava-se em sua composição de imagens do país produzidas por artistas plásticos muitos alocados em órgãos geográficos e feitas como procedimento por ocasião de viagens profissionais para reconhecimento e registro do território. Aquelas imagens eram a base da criação de enorme acervo, vasta coleção de imagens e vistas do território e de sua gente que se expunham em galerias e museus de arte, em capas e miolos de revistas e livros. Rosa consulta-o ao ler palavras confeccionadas graficamente combinadas a textos imagéticos – artes plásticas, fotografia, desenhos – e que têm, bastante provavelmente, efeitos de criação e inspiração em sua obra literária. É o que desenvolveremos a seguir.

OS MUITOS ARTISTAS DA CIDADE – O ARTISTA DA PALAVRA, OS ARTISTAS DO *CLIC* FOTOGRÁFICO, OS ARTISTAS DO TRAÇO PICTÓRICO

É dos anos 1930 e 1940, no Brasil, a criação e consolidação de um sistema de reconhecimento do território que sofistica os instrumentos de informação estatística sobre as riquezas nacionais, a população e as atividades econômicas. O IBGE, de 1938, e as associações de geógrafos em criação instituem de vez a prática das excursões de caráter científico metódico e tornam natural o procedimento da viagem *para se ver ao vivo*. Imagens que se prestam à confecção de material publicável que tem como pauta o território e as regiões brasileiras. A revista do IBGE, a *RBG*, divulgava resultados das excursões em textos quase sempre repletos de fotografias e desenhos. Rosa guardou a revista do órgão sob a forma do livro *Tipos e aspectos do Brasil*,[8] do qual falaremos na sequência.

Uma das coleções mais expressivas da biblioteca do escritor é a coleção *Documentário da vida rural*, resultado do Plano de Documentação da Vida Rural, de iniciativa do Ministério da Agricultura em 1952. O Plano previa trabalhos para "a documentação da vida rural, destinado ao levantamento mais completo possível dos aspectos característicos e peculiares da sociedade rural brasileira", compreendendo três tipos de atividades: a realização de filmes, a gravação de motivos tipicamente rurais e a elaboração de monografias e estudos. Em 1952, aparecem os primeiros resultados "com filmes realizados, com monografias publicadas umas, em elaboração outras, com gravações efetuadas". Quanto às monografias, o Plano previa a formação da série *Documentário da vida rural*.

Cada monografia seria acompanhada de ilustrações fotográficas atinentes aos aspectos peculiares e típicos do tema estudado. Dos nove livros publicados de 1952 a 1957 na coleção, Guimarães Rosa colecionou sete deles.[9] Cada número era amplamente ilustrado com desenhos de Percy Lau, desenhista-documentarista das publicações do IBGE, cujos desenhos circulavam em várias outras publicações do mesmo teor.[10]

É plausível propor que tais publicações tenham sido para Rosa imagens referentes ao que pensava sobre a função de visualização imaginária que os desenhos de seus livros poderiam ter para leitores de sua literatura, ajudando na inteligibilidade do "seu sertão" literário. Um sertão estetizado, um universo rural ficcional num tempo em que o mesmo era sacudido por movimentos sociais de reivindicação de terras e denúncia de pobreza e miséria. A fotografia era, evidentemente, material importante colecionado pelo órgão. Revistas com imagens do Brasil pontificavam. A fotografia espalhava o Brasil para o Brasil urbano se ver em imagens publicadas.

Analisando as fotorreportagens da revista *O Cruzeiro* nos anos 1940, Helouise Costa afirma que a revista "conformou um imaginário sobre o Brasil", tendo como modelos revistas internacionais como *Paris Match*, *Life*, *Picture Post*, *Der Spiegel*, o que teria contribuído no processo de formação de uma "cultura fotográfica" no país (Costa, 1998: 140). Enquanto prática social, desde sua invenção, a fotografia foi, pouco a pouco, arraigando hábitos e práticas, e se foi fazendo cultura fotográfica.

No IBGE e em outros órgãos governamentais de mapeamento do território brasileiro, a fotografia era utilizada para registro das regiões visitadas e as "excursões de terreno" resultavam em vários artigos publicados na RBG e aproveitados por publicações como as monografias *Documentá-*

rio da vida rural, os livros *Tipos e aspectos do Brasil* (separata da RBG), o livro *O ciclo de carro de bois no Brasil* e livros pedagógicos. Boa parte deles presentes na biblioteca particular de Rosa. Entre o final da década de 1940 e o início da década seguinte, o IBGE contratou os primeiros fotógrafos profissionais, três húngaros recém-chegados ao Brasil – Tibor Jablonzski, Tomas Sonlo e Istivam Faludi.

Tibor Jablonszki produziu cerca de 7 mil registros imagéticos sobre o Brasil entre 1957-1960. O empreendimento editorial *Enciclopédia dos municípios brasileiros* – 1957 e 1964 –, um total de 36 volumes ricamente ilustrados para cada município brasileiro, afirma a potência do *corpus* de documentos sobre o país com forte apelo à visualização de seus espaços físicos e geográficos.

Não por coincidência, o doutor instruído da cidade, a quem o velho jagunço Riobaldo concede entrevista em *Grande sertão: veredas*, viaja pelo sertão com uma máquina fotográfica. O doutor do romance não deixa de ser um símbolo do novo caráter das viagens do século XX incrementadas por material iconográfico que dão a ver um território de cujas imagens saem as coleções que promovem a investigação de uma história, a fixação de uma memória e a realização de um inventário – cuja literatura rosiana publicada parece ser um dos itens marcantes.

A então Livraria José Olympio Editora renovou a arte do livro no país, agregando-lhe pintores, artistas plásticos, desenhistas, que, entendemos, conferem sentido aos textos e ofertam ao imaginário do leitor imagens de um Brasil cujo texto identitário cultural estava em elaboração. Cogitamos que muito da poesia em prosa literária de Rosa pôde se consagrar uma vez recepcionada através de livros cujas ilustrações provavelmente favoreceram sua recepção, uma vez que não só davam a *ler* o Brasil, mas também o davam a *ver*, pelo inventário de imagens que iam se produzindo, num contexto de consolidação de uma cultura visual de massa no Brasil do pós-guerra, e juntadas ao repertório nacional da imaginação dos brasileiros sobre si mesmos. Sertão *lido*, sertão *visto*.

A literatura de Rosa se articula a um grande movimento de internacionalização da arte e do artista brasileiro e de intercâmbio e trocas de experiências culturais entre países, situação em que textos e imagens se combinam em produtos que ora são entretenimentos, ora são culturais. O intercâmbio vivo entre artes se incrementava mundialmente nos anos da literatura de Rosa publicada pela Livraria José Olympio Editora e ilustrada por artistas plásticos que eram personalidades internacionais em seus campos de arte. Pela biblioteca de Rosa, a realidade de publicações dirigidas às cidades brasileiras de meados do século XX pode ser enriquecida pela análise também de materiais que indicam prováveis mediações criativas e interpretativas para o escritor-diplomata.

No Brasil de meados do século XX, os fotógrafos franceses Pierre Verger, Marcel Gautherot e Jean Manzon tiveram lugar central na representação fotográfica do país e na fixação de uma cultura da fotografia. Segundo o que sugerem as considerações de Maria Inez Turazzi (1998), a incorporação da fotografia pela inspiração literária ofereceria à criação uma espécie de repertório de mensagens visuais que mediariam a relação entre texto e leitor urbano, a quem se dirigia a produção fotográfica organizada do país. Segundo Maria Beatriz Coelho (2003: 10), "é assim que uma nova imagem do país começa a ser desenhada e a fotografia vai fazer parte desta construção".[11]

A atuação dos desenhistas ilustradores nos livros de Guimarães Rosa revela traços de arte pictórica que atravessam toda a exposição pública de sua obra, sem nunca terem sido abandonados. Tomás Santa Rosa e Luis Jardim, e especialmente Poty, impregnaram a obra rosiana de seus traços de arte inconfundíveis.[12] Se considerarmos a arte literária de Rosa em livros, não só o escritor, mas também os desenhistas da Livraria José Olympio Editora devem muito ao estado da arte da publicação de livros e revistas ilustrados, com desenhos e fotografias, no Brasil a partir dos anos 1930, e do incremento de uma cultura do imagético também por galerias e exposições de artes plásticas.

Seguir os anos 1940 é identificar o estímulo que a ilustração recebeu no Brasil em função da consolidação de um sistema de artes plásticas que, certamente, afetou o livro, com a inauguração de museus de arte moderna, proliferação de exposições de arte, concessão de prêmios e bolsas de viagens internacionais a artistas e o intercâmbio artístico e cultural entre representantes de vários países. Os museus de arte moderna brasileiros seriam criados nos anos 1940.[13]

No júri da seleção para a Bienal do Museu de Arte de São Paulo, em 1951, estavam capistas, ilustradores de livros e artistas plásticos, entre eles Tomás Santa Rosa, considerado um grande renovador da arte do livro brasileiro. Santa Rosa "começou a distinguir-se na década de 1930 como ilustrador de romances do Nordeste e como autor das capas dos livros da Editora José Olympio". Um ilustrador que organiza os livros da editora, dando-lhes uma unidade gráfico-editorial, e criando um "estilo próprio em função do qual mudaria a apresentação gráfica e artística do livro brasileiro" (Barsante, 1993: s.p.). O artista plástico Clóvis Graciano – ilustrador, um dos principais capistas de Jorge Amado, na Editora Martins, de São Paulo –, foi o terceiro artista mais cotado da Mostra. Os artistas convidados pela diretoria executiva do Museu foram Cândido Portinari, Oswaldo Goeldi, Victor Brecheret, Di Cavalcanti, Maria Martins, Bruno Giorgi, Lívio Abramo e Lasar Segall. Todos ilustradores de livros.

O período em que Rosa realizou sua carreira de escritor foi marcado pela expansão de uma indústria de livros e de registros culturais que valorizou a atuação de artistas ilustradores, quando foi se consolidando uma esfera de agentes culturais do círculo de interlocução de Rosa. O período de sua literatura se caracterizou pela diversificação da sociedade brasileira e pelo aparecimento de uma camada de leitores e de consumidores culturais de produtos de arte e de entretenimento que não se limitava ao livro, e pelo aparecimento de mídias que, num tempo de modernização, viabilizaram registrar e inventariar tradições e a cultura em outras formas de arte, como fotografias, desenhos e filmes.

O ESCRITOR E A ARTE DE FAZER LIVROS

O empenho artístico de Rosa se voltou para o livro também, mesmo quando suas atividades não envolviam a criação verbal ou a leitura de impressos. O atributo de "visual" à literatura do escritor – conferido por ele mesmo e por críticos ou leitores literários – ora é analisado como linguagem verbal permeável a trocas intensas com técnicas narrativas de textos imagéticos, ora é analisado como um sentido que, educado pelas artes visuais, transforma palavras em textos de grande impacto visual. Coutinho ressalta que a "questão do olhar" é central em toda a obra de Guimarães Rosa (Coutinho, 2008: 366).

Uma maneira de os historiadores se relacionarem com a literatura é descobrir em "alguns textos literários uma representação aguda e original dos próprios mecanismos que regem a produção e transmissão do mistério estético" (Chartier, 2000: 197-8), a fim de caracterizar a instituição literária, e quais os critérios que, entre tantos discursos, distinguiria e qualificaria um deles como sendo discurso literário.

A análise do discurso literário rosiano se fecunda pela observação de suas práticas artísticas não literárias de que se serve e que o escritor revela – representando-as ou indicando-as – em seu próprio texto. A visualidade de Rosa é uma categoria de forte significado não só por sua virtualidade semiótica ou linguística, mas pelo que pode apresentar de um escritor que sabe aproveitar de recursos disponíveis em seu tempo, e que se faz no diálogo intensivo entre artes, do que surge uma literatura híbrida que consegue incorporar manifestações artísticas em ascensão na sua época e que vão além da prática e da arte de escrever.

Em *Grande sertão: veredas*, Rosa orientou a produção dos desenhos do mapa fictício do sertão publicado no paratexto da orelha do livro. Os desenhos foram "expressamente solicitados ao ilustrador Poty" e remetem "necessariamente aos hieróglifos egípcios que deram origem ao alfabeto greco-romano", segundo Marinho (2001: 73).

Em 1957, o escritor quis publicar dois de seus textos num só livro. Os textos "Pé-Duro-Chapéu-de-Couro" – resultado da viagem à Bahia em 1952 – e "Com o vaqueiro Mariano" – resultado da viagem ao Pantanal em 1947 – pelo desejo de Rosa seriam transformados no livro *Com os vaqueiros*, título dado pelo próprio escritor, que, para executar a publicação, ensaiou um desenho da capa do livro e entregou em mãos ao editor José Olympio. Não se sabe se o gesto foi veraz ou uma mera "coisa de artista". Não se conhece qual foi a reação do editor e o porquê do projeto de edição não ter sido levado adiante.[14] No início dos anos 1960, Rosa se entreteve ensaiando o desenho de capa do que seria seu desejo de próximo livro, a *Fazedora de velas*, com uma repartição em capítulos. O projeto outra vez acabou não se concretizando.[15]

Os índices ilustrados publicados do livro *Primeiras estórias*, de 1962, tiveram participação de Rosa também. O paratexto da orelha da publicação foge do habitual texto com palavras, indicador biográfico, elogio do autor ou publicidade de livros da editora. Para cada uma das estórias, há uma tira ilustrada encimada pelo título dos contos, que são cifrados como enigmas em forma de signos e símbolos astrológicos desenhados. A ilustração de cada conto no índice translada o visível linear da letra impressa no visualizável pictórico de pequenos desenhos. Se não sabe ler a iconografia que apresenta o conto, o leitor reconhece os desenhos quase infantis.[16]

Com Poty, para a ilustração de capa da primeira edição de *Corpo de baile*, Rosa teria solicitado ao desenhista que fizesse um buriti, para o que o ilustrador teve de ir ao Jardim Botânico observar, porque não conhecia a árvore. E o desenho só teria sido finalizado depois de Rosa, após ver alguns croquis, ficar satisfeito. Um episódio bastante provável, embora não estejamos de posse de documento para prová-lo. Quando a editora preparava os complementos de capa da primeira edição do livro, onde estaria o desenho de Poty, Guimarães Rosa foi ao departamento editorial e pediu: "gostaria que as orelhas do primeiro volume trouxessem isto". E entregou um texto de Afonso Arinos, precedido de nota redigida de próprio punho: "[...] *BURITI* – o *BURITI* é um motivo constante neste livro. Quase um personagem. Por isso, em vez de se inserirem aqui os costumeiros dados biográficos acerca do autor, preferiu este se falasse da palmeira a que Afonso Arinos consagrou admirável página. [...]"[17] (Rosa, 1968: 9).

Dos textos de livros, assinalava passagens que faziam visualizar a natureza por palavras. Há análises sobre influências de técnicas narrativas de textos visuais sobre a literatura no século XX examinadas por autores do campo da Semiótica. Com relação ao cinema, Maria Luiza de Castro da Silva examina a força plástica do texto rosiano, onde, adquirindo "capacidade sensorial", a linguagem vai se utilizar "dos códigos verbais para realizar uma experiência audiovisual". Segundo a autora, todo conhecimento é mediado por convenções culturais e Guimarães Rosa "parece pretender que uma de suas estratégias textuais seja usar a linguagem como quem busca filmar com palavras" (Castro da Silva, 1999: 184).

O livro *Caçando e pescando por todo o Brasil*, publicado em 1949, de Francisco de Barros Júnior, é dos livros da biblioteca de Rosa assinalado em profusão.

Especialmente impressionante é mesmo a afinidade textual entre Rosa e Barros Júnior, e suas predileções por pássaros e, de maneira geral, pela vivacidade da paisagem que descrevem. Livro tão marcado por Rosa, *Caçando e pescando por todo o Brasil* põe em contato o "invulgar poder descritivo" da natureza. Numa viagem de trem a Diamantina, percorrendo o rio das Velhas, Barros Júnior escreve "maravilhosos quadros que vão surgindo",

> [...] Das árvores vizinhas desciam garças e mergulhões negros, os grandes socós de voo lento e compassado, e os mergulhões cinzentos ou biguatingas, como são chamados no Norte. *E a grande artista natureza coroou a sua obra, tirando da palheta mágica umas pinceladas* de vermelho-rosado em um tapete de guapé verde-negro, e representada por muitas centenas de colheireiros, com seus bicos exóticos em forma de espátula. O panorama era fascinante, mesmo para os que não sabem, como nós caçadores, sentir a natureza. (Barros Júnior, 1949: 116, grifo nosso)[18]

Numa cena de luta entre dois veados campeiros, Barros Júnior se admira, e exclama que "[...] o quadro era maravilhoso, e merecia o pincel de um artista, o cinzel de um escultor, a teleobjetiva de um aparelho fotográfico".

> [...] Para quem sabe ver, não há paisagens monótonas. Numa campina onde pasta o gado [...] a paisagem é desoladora, só pedras e mato ressequido, mas tem, no alto de um barranco ou encosta empedrada cortada a prumo, um coqueiro esguio, ou elegante ipê coroado de ouro *e pensamos na linda fotografia que poderíamos tomar* [...] (Barros Júnior, 1949: 139, grifo nosso)

O livro *Tipos e aspectos do Brasil*, publicação do IBGE, é um dos empreendimentos editorial-iconográficos mais significativos para a fixação, pela visualização, das regiões culturais brasileiras.

A partir do número 4, ano I, da *Revista brasileira de Geografia*, tem início uma seção denominada "Tipos e Aspectos do Brasil", dentro da revista. A cada número, a seção contemplava certa região brasileira por um texto ilustrado de especialista. As matérias da seção "Tipos e Aspectos" da revista iam fixando regiões: a seção era uma pequena matéria sobre tipos humanos existentes em regiões naturais brasileiras, com textos, maiores ou menores, sempre ilustrados por uma folha inteira. Primeiro como seção da *Revista brasileira de Geografia*, a seção "Tipos e Aspectos" ganha autonomia, a partir de 1940, como coletânea das publicações, organizada em separata como livro avulso. As ilustrações eram os desenhos de caráter documentário feitos por Percy Lau.

A edição de *Tipos e aspectos do Brasil* que Rosa possui na biblioteca é a sétima, publicada no ano de 1963.[19]

Já então, a revista estampava 124 estudos, criando/fixando por textos e desenhos as regiões brasileiras. Como abertura do livro, há um mapa do Brasil repartido em regiões culturais e sem divisões, onde cada região se representa por um desenho. Cada parte é representada por um ícone que expressa os estilos de vida e seus afazeres que seriam hegemônicos em meio à diversidade, num quadro que também firmava o cenário típico natural: floresta de seringueiras, de araucárias, de carnaúbas, rios, riachos, lagoas, mangues, palafitas. Água de cacimba no Nordeste, a Gruta de Maquiné, cercas sertanejas, fabricos de tijolos no interior do Brasil, placas de caminhões nas estradas nordestinas, jangadeiros, o gaúcho, favelas, vaqueiro de Marajó, boiadeiro, cafezal, faiscadores, Pantanal, vaquejada, arpoadores de jacaré, cachoeiras do Iguaçu, peão, rodeio, travessia de gado etc. Todos os tipos humanos e aspectos do Brasil eram registrados e inventados. Esse *corpus* de documentos oferece ao escritor, muito provavelmente, itens para sua criação literária, itens de um Brasil recortado em regiões e bastante fotografado e desenhado. Aspectos e tipos do universo ficcional de Rosa estão registrados ali.

Também *O ciclo de carro de bois no Brasil*, de Bernardino José de Souza – publicado em 1958 na coleção *Brasiliana* da Companhia Editora Nacional – contém um mapa em que todas as regiões do Brasil estão representadas por seus carros de boi, onde a cada região corresponde uma imagem de um carro de boi típico desenhada em livro. Como os desenhos de *Tipos e aspectos do Brasil*, o mapa do Brasil dos carros de boi do livro de Bernardino era de Percy Lau, assim como eram suas as ilustrações do miolo do livro, que aproveitava muitas das ilustrações publicadas em "Tipos e Aspectos" e espalhadas em livros sobre o Brasil que compõem a biblioteca de Guimarães Rosa.

As viagens de Rosa não estão isentas das motivações pelo conhecimento do território que encontram amparo nas observações de geógrafos e nos desenhos que são feitos e publicados para a definição das regiões brasileiras pelos órgãos geográficos. Nesse sentido, Rosa inventa "seu sertão". Símbolos, ícones e imagens informam a produção editorial de parte das casas de edição do Brasil em meados do século XX. A literatura de Guimarães Rosa dos livros da Livraria José Olympio Editora está atravessada pela remissão que os desenhos fazem à sua região ficcional. As cabeças e os carros de boi, os desenhos de buritis, os animais, os burrinhos, os jagunços etc. conduzem ao sertão imagético, criando a realidade que se reconhece reduzindo-a a alguns referentes iconográficos. Como artista em produção e consagração numa dada época, Rosa não escapou de seu tempo histórico.

CONSIDERAÇÕES FINAIS

Em 1968, a Editora José Olympio publicou *Em memória de João Guimarães Rosa*, homenagem ao escritor falecido um ano antes. A publicação havia sido concebida como um opúsculo, na noite mesma de novembro de 1967, quando Rosa tomava posse na cadeira da Academia Brasileira de Letras, na antevéspera de sua morte.

> [...] Na noite mesma em que Guimarães Rosa ocupava oficialmente na Academia Brasileira de Letras a cadeira antes de João Neves da Fontoura, prometemos-lhe publicar em plaquete o discurso de posse que pronunciara havia pouco – e naturalmente o de Afonso Arinos recebendo-o em nome dos acadêmicos, homenagem simples desta Casa ao amigo, tão querido de todos nós, e ao escritor, cuja obra temos a honra de editar. *Guimarães Rosa logo começou a participar da preparação editorial do opúsculo*, como acontecia sempre que preparávamos edição ou reedição de qualquer livro seu – "intervenção gráfica" que acatávamos: *ele sugeria o feitio das capas (em 1956 ficou sete horas ao telefone, trocando ideias com Poty sobre o desenho da capa de* Corpo de Baile*), rabiscava vinhetas ou ornatos (foram de sua escolha os culs-de-lampe de* Tutameia *feitos por Luís Jardim*: um deles, desenho de um caranguejo, é o símbolo do signo zodiacal do escritor) apresentava curiosos originais por ele mesmo rascunhados, desenvolvidos definitivamente, e com satisfação, pelos artistas que ele também escolhia e que fizeram capas e ilustrações para seus livros. Trouxe sempre as "orelhas" para seus livros (as mais significativas reproduzidas em fac-símile neste volume) [...]. (Rosa, 1968: 8, grifos nossos)

Talvez estejamos diante do que o semioticista Edson Santos de Oliveira (2008) chamou de um "artista gráfico", que desenha em cartas, pratica desenhos enquanto pesquisa para escrever, que representa personagens desenhando e que pretende desenhar, mas não desenhar *tout court*, mas *desenhar para publicar*.

Na história editorial brasileira, a apreensão do país por visualização de imagens não deve ser creditada a – ou identificada apenas com – a época de publicação dos livros de Guimarães Rosa e o papel exercido ali pela especialidade da relação, que supomos aqui, entre seus textos e os livros de sua editora. A reformulação gráfica do livro brasileiro – e mais extensamente das publicações impressas – tem uma história que atravessa as primeiras décadas do século XX incrementada pela consolidação progressiva de uma sociedade de massas.

A constatação de certas características da produção editorial dos anos 1950 cruzada ao gesto artístico de Rosa de brincar com desenhos (talvez coisa mais séria!) para as edições de seus livros, faz-nos crer que o escritor, por sua visualidade aguçada e educada, acabou por participar de um gesto de fazer o Brasil ver a si mesmo, de visualização – gesto que ajudava os brasileiros a valorizar suas regiões como integrante de um todo coletivo.

A função de ilustrador de livros no Brasil progride ao longo das três primeiras décadas do século XX, e há que se perguntar o que resulta da colaboração entre artistas plásticos e escritores literários quando associados. Perguntar-se como os textos e os livros de Rosa e dos ilustradores da Livraria José Olympio Editora dialogam com um processo político e artístico mediado por revistas e livros que recortam o país em regiões fixadas por imagens – um pouco da mesma maneira que a literatura de Jorge Amado se reconhece pelos desenhos de Carybé. Perguntar-se, ainda, se a imaginação de artistas não interfere na elaboração do país feita por seus intérpretes, mediados por imagens em livros ilustrados, do que resultou, talvez, pensar seu próprio papel social como o de artistas, talvez como fizeram os desenhos de Lula Cardoso Ayres, Manoel Bandeira, Vicente do Rego Monteiro e Cícero Dias com a obra sociológica de Gilberto Freyre – e com o próprio pensador.

Em orelhas, capas, miolos, contracapas de livros, as imagens do sertão e do universo rural brasileiro estão sendo incorporadas aos livros, de tal forma que as imagens também oferecem uma leitura do Brasil. Brasil que é espaço-quadro de natureza exuberante e cenas da vida rural em que os leitores se encontram. Simultâneas ao desenvolvimento de uma cultura iconográfica no Brasil, tais publicações sugerem um estoque a mais de textos – escritos e visuais, com informações sobre a vida rural do país que poderia ser motivo de figurações por Rosa na execução de sua arte literária.

Num tempo histórico de urbanização e modernização de meados do século XX brasileiro, as artes e as interpretações do Brasil talvez estejam sendo informadas pelo que se passa a ter das *palavras que o escrevem* e das *imagens que o fazem ver*. Importa-nos vincular a literatura de Rosa e sua atuação artística a um processo que se acelera em meados do século XX, processo de movimento de viagens para dentro do Brasil, registrando-o e inventariando-o tendo em vista a construção de pautas para elaboração de singularidades nacionais.

Guimarães Rosa também fará suas viagens ao interior do Brasil, e revê-las, investigar algumas de suas motivações para tal, certamente envolve um nexo entre sua literatura e suas viagens mediadas pelo conhecimento das imagens que lhe chegam dos sertões publicadas nas cidades, que imaginam um Brasil por artes que o estetizam e por ideias que o interpretam. Sua literatura dialogou com outras literaturas, literárias ou não – sociológicas, históricas, etnológicas, folclóricas, filosóficas – que construíram o sertão como categoria de entendimento. Verificar suas trocas com a literatura interpretativa talvez seja apontar para sua interpretação do Brasil, compreendendo como sua arte literária acabava contribuindo para a discussão sobre o futuro e o destino do país.

Ao localizar os livros de Rosa numa linha da história da edição no Brasil, partimos do princípio de que textos vão em livros e que vinculamos os textos interpretativos sobre o país com a realidade dos materiais que os publicavam. Os anos em que Rosa escreveu e publicou seus textos literários conformaram uma época de expansão do debate sobre o Brasil ampliado pelo crescimento da indústria de livros, quando um extenso *corpus* de material de publicação de textos dava materialidade à construção imaginária do país.

Em meio a tantos textos disseminados sobre o sertão – lidos e vistos em diversos suportes –, perguntamo-nos se a experiência do leitor com os textos de Rosa se descola das mediações que os textos de diversos prosadores-intérpretes escreveram do sertão do país. Ao longo da história, provavelmente o sertão interpretado penetrou nas literaturas e nas artes que figuravam o Brasil e as atividades interpretativas que pensavam o Brasil.

As interpretações do país de meados do século XX foram afetadas pela mediação do material em que se publicavam, pela incorporação de artistas ilustradores ao livro, o que pôde ter conformado uma apreensão estética das realidades históricas. Ao tratar de *topos* tão desenhados – o sertão, os engenhos do Nordeste, o Brasil pastoril, o Brasil do Sul, o Brasil das Minas de ouro, fazendas de gado no Pantanal, a Amazônia etc. –, indagamos se o processo de interação entre livros de arte e livros de ideias não é definido por um critério racionalista em que pensamento e arte são separados, classificados e qualificados, ocultando suas íntimas relações.

Os livros de Rosa publicados pela Livraria José Olympio Editora contêm feição editorial e imagética articulada aos desenhos de seus ilustradores, que faziam corresponder a seus desenhos-ícones a região do "sertão de Rosa" – embora esse sertão se refira a uma região mineira específica. As publicações de literatura da Livraria José Olympio Editora e de outras editoras que publicaram as palavras dos debates e da literatura sobre o Brasil agregavam ao livro um conjunto de imagens de artistas plásticos que faziam imaginar o país, um processo do qual Rosa participava com sua palavra.

No curso desse grande movimento de viagens de interiorização, ocupação e registro do Brasil, a literatura de Rosa vai surgir, e se desenvolver, no mesmo momento histórico em que se organizam no Brasil as entidades estatais que coordenam e lançam diretrizes sobre as viagens, instituindo a prática de viajar como conhecimento sistemático e científico do território, o que, nas condições brasileiras de desenvolvimento da indústria editorial em meados do século XX e de um mercado internacionalizado de artes plásticas, acaba por tornar o sertão motivo de escrita e de visualização, fixando e registrando tipos, costume e aspectos.

Viagens ao interior, ao *pays profond* Brasil, como excursões etnográficas de campo fotografadas, desenhadas, conjugam-se com práticas geográficas de campo em que a imagem equivale a colocar o Brasil como num quadro de arte. A literatura rosiana vai preencher de sentido o sertão como categoria de análise e de percepção do país, assim como vai oferecer o espetáculo de sua natureza traduzido em poesia. O escritor diplomata sertanejo se veste de vaqueiro e viaja junto a seus *amigos* vaqueiros como se fosse um deles, pelo menos um deles, e talvez o fosse: pelo menos dentro do sertão que sua palavra, e as imagens que a ilustravam, inventavam e criavam.

É o que tentamos sugerir neste texto.

Um pouco na contramão do que faz a crítica literária. Essa mais analisa Guimarães Rosa estritamente por seu projeto de letra, destacando de sua palavra genial seu extraordinário projeto de renovação das letras brasileiras. Rever seus textos tão imaginativos em livros que são livros de arte, na acepção a que se referia Pedrosa, não subtrai a letra de sua literatura, nem a diminui, mas, a nosso ver, a faz crescer, combinando-se a imagens. Na apreciação de sua obra com componentes criativos que são da ordem dos livros, relativos à arte de seus ilustradores, que fazem imaginar um sertão responsável por longa tradição interpretativa e artística do Brasil. Um sertão que, na literatura histórica e/ou ficcional brasileira, talvez faça compreender os diversos sertões existentes numa palavra tão densa de significados. Para o que as palavras e as imagens, os textos e os livros de Rosa e de seus ilustradores publicados na Livraria José Olympio Editora parecem-nos capitais de serem examinados em conjunto.

É uma proposta de abordagem da obra de Rosa que nos parece plausível, de cujos termos esse texto quis fazer breve apresentação.

Notas

1 "Whatever they may do, authors do not write books. Books are not written at all".

2 "Elles résument les principaux rôles de l'illustration dans le livre: repérage, contrepoint, visualisation imaginaire".

3 Este texto provém de nossa tese de doutorado *Entre arte e interpretação: as figurações do Brasil na literatura de Guimarães Rosa*. Para o trabalho, pesquisamos, recolhida no Instituto de Estudos Brasileiros (IEB-USP), parte do arquivo de Guimarães Rosa, mas, principalmente, sua biblioteca particular, consultando mais de 2.000 livros e suas anotações à margem dos mesmos.

4 O ano de estreia de Guimarães Rosa na Livraria José Olympio Editora foi 1951, quando publicou *Sagarana*. O livro já estava em 3ª edição, uma vez que duas outras edições haviam sido feitas por outra editora em 1946. De *Sagarana*, como editado pela José Olympio Editora, em 1951, a crítica de arte comenta muito o desenho de capa de Tomás Santa Rosa, o desenho frontal, em fundo negro, em tom pastel, do esqueleto de uma cabeça de boi. Na editora, em vida, Rosa publicou, em 1956, *Grande Sertão: veredas* e *Corpo de baile*, em 1962, *Primeiras estórias* e, em 1967, *Tutameia - terceiras estórias*. Seus livros póstumos são *Estas estórias* e *Ave palavra*, de 1969 e 1970.

5 Carta a Pedro Barbosa, 13 de agosto de 1934, caixa 4, Arquivo João Guimarães Rosa (MCGR-Cordisburgo).

6 A sessão de posse foi a 20 de dezembro de 1945. A citação exata do artigo de Heberle na revista de que Rosa se utiliza é: *Revista brasileira de Geografia*, v.3, n.2, abr.-jun. 1941 , pp. 270-317. O trecho é fragmento do discurso de posse de Guimarães Rosa na Sociedade Brasileira de Geografia.

7 Em 1947, Rosa realiza outra viagem que se tornaria emblemática dentro do processo de construção de sua obra: vai ao Pantanal do Mato Grosso, onde fica na companhia e é ciceroneado pelo vaqueiro Mariano, com quem dizia ter aprendido "muito da alma dos bois".

8 Foram várias as edições dessa publicação. Rosa possuía a edição de 1967, a 7ª.

9 Os títulos eram: *O engenho do açúcar no Nordeste* (1952), *A fazenda de café em São Paulo* (1952), *Fazendas de gado no vale do São Francisco* (1952), *Fazendas de cacau na Bahia* (1954), *Tradições populares da pecuária nordestina* (1956), *Fazendas de gado no pantanal mato-grossense* (1955) e *Jangadeiros* (1957).

10 Nascido no Peru em 1903, filho de pai inglês e mãe alemã, Percy Alfred Lau é um ilustrador figurativista proeminente da incipiente história da ilustração brasileira. Lau transferiu-se no final dos anos 1920, de Pernambuco, onde residia desde 1921, para o Rio de Janeiro, onde trabalhou inicialmente na Central do Brasil projetando maquetes. Em 1939, ingressa na equipe de desenhistas do recém-criado IBGE, onde seria ilustrador. Como ilustrador do órgão geográfico, viajou por diversas cidades do Brasil, documentando, através de desenhos, todas as regiões do país. Atuou como desenhista-documentarista para as publicações do IBGE, e para publicações de caráter folclórico e etnográfico de casas editoras privadas, como a Livraria José Olympio Editora, São José, Melhoramentos, Alba Editora, Casa do Estudante do Brasil, entre outras. Suas ilustrações podem ser verificadas em vários livros que precisavam lançar mão de desenhos-documentos de traços e aspectos da cultura brasileira. Foi amigo e companheiro de grandes nomes das artes plásticas, como Portinari, Guignard, Milton da Costa, Santa Rosa, Djanira, Augusto Rodrigues, e fez diversas exposições no Brasil e no exterior. Ver Percy Lau, *Um desenhista e seu traço*, exposição no MNBA. Rio de Janeiro, 15 ago./1 out. 2000, 32 p., catálogo de exposição.

11 Marcel Gautherot chega ao Brasil em 1940, e vai em missões fotográficas itinerantes pelo interior do país, muitas vezes a serviço de instituições oficiais. Jean Manzon desembarca no país em 1940 e logo é contratado pelo Departamento de Imprensa e Propaganda, o DIP, como fotógrafo e cinegrafista. Pierre Verger também viera ao país em 1940, mas não se fixou logo aqui. Vivia no Peru em 1944, quando conheceu Roger Bastide, que lhe mostrou a Bahia. Quando se fixa no Brasil, em 1946, torna-se colaborador de Manzon em *O Cruzeiro*, contratado pela revista para fotorreportagens em dobradinha com David Nasser. Marcel Gautherot e Pierre Verger, curiosamente, quiseram conhecer o "exótico e amigável país" Brasil após terem lido *Jubiabá*, de Jorge Amado, publicado na França como *Bahia de tous les saints*, em 1938. Em 1946, Verger chega a Salvador, de onde nasce relação com Jorge Amado, Mário Cravo e Dorival Caymmi. Fotografando a Bahia, Verger integra um conjunto especioso de *intelectuais do olhar* que vão compondo uma representação imaginária do Brasil recortado/enquadrado por lentes fotográficas e traços pictóricos que dão a ver o país em impressos ilustrados. A literatura de Jorge Amado, afirmamos sem risco relativamente aos leitores que a viram publicadas em seu auge, muito deve às ilustrações de Carybé, que ajudou a fixar os tipos e lugares das tramas literárias do escritor.

12 Napoleon Potyguara Lazzarotto, o Poty (Curitiba/PR, 1924-1998). Gravador, desenhista, ilustrador, muralista e professor. Muda-se para o Rio de Janeiro em 1942 e estuda pintura na Escola Nacional de Belas Artes, a Enba. Frequenta o Liceu de Artes e Ofícios do Rio de Janeiro. Em 1946, viaja para Paris, onde permanece por um ano. Em 1950, funda a Escola Livre de Artes Plásticas, na qual leciona desenho e gravura. Nessa época organiza o primeiro curso de gravura do Museu de Arte de São Paulo, o Masp. Organiza, ao longo da década de 1950, cursos sobre gravura e nos anos 1960 tem destaque como muralista. Tem relevante atuação como ilustrador de obras literárias como as de Jorge Amado, Graciliano Ramos, Euclides da Cunha e Dalton Trevisan, Guimarães Rosa, entre outros. Poty foi o ilustrador dos livros de 1956, *Grande Sertão: veredas* e *Corpo de baile* de Guimarães Rosa. Tomás Santa Rosa Júnior (João Pessoa/PB, 1909 - Nova Délhi/Índia, 1956). Ilustrador, artista gráfico, cenógrafo, pintor, decorador, figurinista, gravador, professor e crítico. Muda-se para Salvador em 1931 e, em 1932, transfere-se para o Rio de Janeiro e auxilia Candido Portinari (1903-1962) na execução de diversos murais. Em 1933, inicia suas atividades como ilustrador colaborando nos periódicos *Sua Revista* e *Rio Magazine*. Em 1934, inicia colaboração como ilustrador das publicações da Editora José Olympio. Ilustrou a primeira edição de *Sagarana*, em 1951. Exercendo esta atividade até o ano de 1954, realiza

capas e ilustrações para diversos livros. Voltando-se para as artes cênicas, realiza alguns trabalhos cenográficos. Em 1945, funda com Jorge Lacerda o jornal *A Manhã*. Nesse periódico, ilustra e escreve artigos para o suplemento Letras e Artes. Luis Inácio de Miranda Jardim (Garanhuns, 1901-1987), desenhista e ilustrador da editora, começara a carreira também como escritor e em 1937 vence com o livro *Maria perigosa* um concurso literário disputando com Guimarães Rosa. Depois, vai se tornar ilustrador de Rosa na Editora José Olympio. Luis Jardim ilustrou os livros do escritor nos anos 1960, *Primeiras estórias* e *Terceiras estórias*.

13 No Brasil, a data de criação de museus de arte são: em 1947, o Museu de Arte de São Paulo; em 1948, o Museu de Arte Moderna do Rio de Janeiro. Em 1951, era o ano da I Bienal do Museu de Arte Moderna de São Paulo.

14 A capa do livro pode ser consultada em São Paulo, na biblioteca de José e Guita Mindlin.

15 O material encontra-se em IEB-FJGR: *Inventário das Cadernetas e Cadernos*. Microfilme 68. Estudos para a Obra. Caderno 5.

16 Existe controvérsia sobre se os desenhos foram feitos ou não por Guimarães Rosa. Em livro memorialístico, Vilma, a filha do escritor, afirma que teriam sido do pai os desenhos, mas a editora, também num livro de memória, assegura que Rosa teria apenas esboçado os desenhos, na verdade retocados depois pelo ilustrador Luis Jardim, explicação mais plausível. Parece não haver controvérsia, no entanto, quanto ao fato de que a ideia de um índice ilustrado posto na orelha do livro tenha sido de Rosa mesmo. A polêmica está nos livros Vilma Guimarães Rosa, *Relembramentos*, Rio de Janeiro, Nova Fronteira, 1983, e João Guimarães Rosa, *Em memória de João Guimarães Rosa*, Rio de Janeiro, 1968.

17 A referência, aqui, não é aleatória. É *Em memória de Guimarães Rosa* (Rosa, 1968), providenciado pela editora a fim de homenagear seu já célebre escritor pouco depois de sua morte em 1967. No livro há relatos de José Olympio sobre as interferências de Rosa na produção gráfica de seus livros. Todas as anotações anteriores sobre interferência de Rosa são retiradas desse livro, de caráter memorialístico e testemunhal.

18 Todas as citações do autor a seguir pertencem a esse livro.

19 Brasil, CNG, *Tipos e aspectos do Brasil*: excertos da *Revista Brasileira de Geografia*, 7. ed., Rio de Janeiro, CNG, 1963, Prefácio à 1ª edição, p. 3.

Referências

ANGOTTI-SALGUEIRO, Heliana. "A construção de representações nacionais: os desenhos de Percy Lau na Revista Brasileira de Geografia e outras 'visões iconográficas' do Brasil Moderno". *Anais do Museu Paulista*. São Paulo, n. 2, v. 13, jul.-dez. 2005, pp. 21-72.

BARROS JÚNIOR, Francisco de. *Caçando e pescando por todo o Brasil*. (No planalto mineiro, no São Francisco, na Bahia) 3ª série. São Paulo: Melhoramentos, 1949.

BARSANTE, Cássio Emanuel. *A vida ilustrada de Tomás Santa Rosa*. Rio de Janeiro: Fundação Banco do Brasil/Bookmakers, 1993.

CASTRO DA SILVA, Maria Luiza de. *O fio de Rosa no carretel de ideias do cinema*. Rio de Janeiro, 1999. Doutorado (Tese em Literatura Comparada) – Instituto de Letras/UFF.

COELHO, Maria Beatriz Ramos de Vasconcelos. Representação Visual da Nação: o Brasil através das lentes de três franceses. In: *Anais Eletrônicos do XXVII Encontro Anual da ANPOCS*. Caxambu, 2003. GT Pensamento Social Brasileiro.

CHARTIER, Roger. *Os desafios da escrita*. São Paulo: Editora Unesp, 2000.

COSTA, Helouise. "Palco de uma história desejada: o retrato do Brasil por Jean Manzon". *Revista do Patrimônio Histórico e Artístico*. n. 27, 1998, pp. 139-59.

COUTINHO, Eduardo de Faria. Discursos, Fronteiras, Limites. In: SCARPELLI, Marli Fantini (org.) *A poética migrante de Guimarães Rosa*. Belo Horizonte: Ed. UFMG, 2008, pp. 365-78.

LE MEN, Ségolène. *La question de l'illustration*: Histories de la lecture – un bilan des recherches. Paris: Imec Éditions, 1995, pp. 229-47.

LENHARDT, Jacques. "Ver e Descrever. A articulação entre escritura e desenhos em certos textos de Sthendal ilustrados por seu autor". *Revista Imagens*. Dossiê Literatura e Imagem. Unicamp, n. 6, jan.-abr. 1996, pp. 49-57.

MARINHO, Marcelo. GRND SRT¨: Vertigens de um enigma. Campo Grande: Letra Livre, 2001.

OLIVEIRA, Edson Santos de. *Nicas, nonadas, tutameíces*: o percurso da letra na obra de Guimarães Rosa. Belo Horizonte, 2008. Tese (Doutorado em Estudos Literários) – Fale/UFMG.

PEDROSA, Mário. *Dos murais de Portinari aos espaços de Brasília*. São Paulo: Perspectiva, 1981, pp. 7-250.

ROSA, João Guimarães. "Discurso de Posse do dr. João Guimarães Rosa". *Revista da Sociedade Brasileira de Geografia*. Tomo LII, Rio de Janeiro, 1946, pp. 96-7.

_____. *Em memória de João Guimarães Rosa*. Rio de Janeiro: José Olympio, 1968.

ROSA, Vilma Guimarães. *Relembramentos*. Rio de Janeiro: Nova Fronteira, 1983.

STODDARD, Roger E. "Morphology and the Book from an American Perspective. Printing History". *The Journal of the American Printing History Association*. n.1, v. IX, 1987, pp. 1-14.

TURAZZI, Maria Inez. "Uma cultura fotográfica". *Fotografia Revista do Patrimônio Histórico e Artístico Nacional*. Iphan/Minc (Brasília), n. 27, 1998, pp. 7-15.

Os blogs sob o olhar do historiador

Márcia Ramos de Oliveira e Patrícia Carla Mucelin

Os blogs podem ser definidos como sites popularmente conhecidos como conjuntos de publicações do universo on-line, hospedados em plataformas digitais, atualizados com certa regularidade. Também chamados de "diários virtuais", são uma consequência direta do advento da chamada web 2.0 e da ampliação de acesso e uso da internet por um considerável número de pessoas no planeta. Considerando a multiplicidade de usos e recursos desenvolvidos sob o conceito dessa ferramenta, sua aplicação estendeu-se a diversas formas de interação e inserção na sociedade contemporânea, a exemplo de uma ampla gama de ações, passíveis de serem observadas no exercício da luta política, na divulgação e atuação artística, do envolvimento coletivo à ação individual.

Como ferramenta, o blog pode também ser considerado um importante espaço de memória e representação acerca da contemporaneidade e da complexidade histórica nos séculos XX e XXI. Sob um viés historiográfico, as postagens e publicações constituem-se em um inesgotável conjunto de fontes documentais, reunindo textos escritos e falados, canções e referências musicais, imagens fixas e em movimento, organizados mediante a maior ou menor intencionalidade e recorte de autores e colecionadores.

A partir dessas características evidenciadas, o blog passa também a ser identificado como um novo formato de acervo documental, expressão da guarda de memória da sociedade contemporânea.

Neste capítulo, em específico, procura-se identificar, descrever e analisar, através de exemplos pontuais, como esse espaço de memória e/ou ferramenta de registro virtual vem sendo utilizado na pesquisa histórica, especialmente quando da problematização e construção de objetos pela historiografia diretamente vinculada à história do tempo presente. Tal perspectiva de abordagem é facilmente detectada quando associada às redes de sociabilidade e ao surgimento de comunidades que interagem dentro da *cibercultura*.[1] As múltiplas temáticas abordadas, plurais e diversas enquanto interpretação de mundo, provocam a reflexão sobre o uso destes materiais pela pesquisa, trazendo questionamentos quanto aos subsídios teórico-metodológicos empregados na construção destes vastos acervos de produção cultural, política e social.

Tais considerações iniciais, na abordagem deste texto, relacionam-se diretamente ao uso ampliado de fontes impressas e materiais pela historiografia, o que adensa a reflexão aqui proposta quanto à imaterialidade das fontes digitais. A prática da pesquisa ao ser estendida a esses aparentemente não tão novos suportes, continua a provocar inquietação e insegurança por parte dos estudiosos na área de história. Pesquisadores mais afeitos a essa prática, a exemplo dos historiadores das mídias digitais, da história pública, da história oral e especialmente da história digital, talvez, estejam mais familiarizados com essa via de abordagem. Porém, no conjunto da pesquisa historiográfica, muitos questionamentos ao seu uso e utilidade ainda podem ser observados.

Ao utilizarem os blogs como acervos, os historiadores acabam assumindo a responsabilidade quanto a identificação, manutenção e suporte para que a análise desse material não se perca, o que invalidaria a prova e contraprova exigidos para a autenticidade dos resultados de pesquisa desenvolvida. Por isso, a necessidade de criação, disponibilização e manutenção de bancos digitais, que oportunizem o acesso da comunidade ampliada aos documentos e fontes consultados, evidências do trabalho percorrido por este profissional em seu ofício.

PERCURSOS DE HISTORICIDADE DO BLOG

O "ciberespaço", de acordo com Pierre Lévy, "especifica não apenas a infraestrutura material da comunicação digital, mas também o universo oceânico de informações que ela abriga, assim como os seres humanos que navegam e alimentam esse universo", o que possibilita a redução das distâncias geográficas pela circulação imediata de informações em nível mundial (1999: 17). Os historiadores do tempo presente deparam-se com esse fenômeno constantemente, sendo quase impossível ignorá-lo tendo em vista as premissas de seu campo teórico-metodológico de abordagem.

Embora haja controvérsias quanto ao formato daquele sítio que pode ser considerado o primeiro blog conhecido, é possível, através de rápida consulta na internet, localizar alguns dos primeiros sites que se aproximaram das características originais pelas quais atualmente são identificados.

O site *Open Diary*, criado em 1994 pelo então cientista e pesquisador brasileiro Cláudio Pinhanez, quando trabalhava no MIT Media Lab, foi o primeiro a adquirir o formato de diário virtual, com o objetivo de atualizar detalhes sobre a vida de seu criador. Foi atualizado em postagens até o ano de 1996, muito embora ainda não fosse um blog. O então estudante estadunidense Justin Hall criou um site, também em 1994, chamado inicialmente de *Justin's Home Page*, que abrigava links diversos e breves descrições sobre sua vida pessoal, o qual atualizou por onze anos e se encontra ainda ativo.[2] Em 1995, a americana Carolyn Burke criou o *Carolyns Diary*, onde relatava sua vida pessoal e integrava o projeto "24 Horas no Ciberespaço", que pretendia humanizar a rede ao convidar as pessoas a postarem fotografias com este tema, respondendo ao questionamento de como a internet havia mudado as suas vidas. O americano, programador e empresário Dave Winer criou o *Scripting News* em 1997, uma página de notícias para os usuários do software Frontier. Seu conteúdo teve início em formato de links, adensando-se, sendo ainda atualizado.[3] Em 1995 o americano Jorn Barger criou o *Robot Wisdom*, que possuía um sistema que permitia que fosse relatado qualquer assunto ou notícia de interesse em formato de links, e no qual ele publicava sobre arte e tecnologia. Tal sistema foi por ele denominado, em 1997, de "weblog", mas a expressão foi simplificada para "blog" em 1999 por Peter Merholz. O ano de 1999 trouxe a popularização dos blogs, instituindo-se o ofício e/ou a figura do "blogueiro", enquanto atividade que confundia o uso pessoal, prático e profissional. Ao abordarem uma ampliada gama de assuntos reunindo interesses variados, facilmente os blogs começaram a interagir com outras plataformas de usos diversos, remetendo a publicações, através de links, de notícias, fatos e opiniões compartilhadas por outros sites, de conteúdo diverso, de aplicação artesanal, amadora e profissional, especialmente na área de comunicação.

Nesse contexto, os blogs, identificados num segundo momento como plataformas digitais, são sites da internet atualizados com determinada regularidade, detentores de publicações dispostas em ordem cronológica inversa, de tal maneira que a postagem mais recente encabeça a página principal.

No início da prática de utilização da ferramenta, a produção e manutenção de um blog demandava conhecimentos técnicos específicos, e por essa razão estava restrita a poucas pessoas com acesso e determinados conhecimentos sobre tecnologia. No entanto, esse quadro inverteu-se à medida que os acessos à informação e o uso das tecnologias digitais foram ampliando-se, especialmente respondendo a demandas de mercado e iniciativa empresarial no setor.

A empresa Blogger foi pioneira ao automatizar o processo de construção e publicação, pela utilização de uma interface simples, que possibilitava ao usuário comum, de forma criativa, desenvolver seu próprio blog gratuitamente. Por conseguinte, o sistema dos blogs ampliou-se e, especialmente, popularizou-se rapidamente. Tal processo, desencadeado em um curto espaço de tempo, ampliou o uso dessas narrativas, incorporando as manifestações de experiências pessoais dos próprios blogueiros, e além deles. Tal movimento ficou amplamente conhecido como o chamado "advento da web 2.0".

Diante desse contexto, diversas empresas passaram a disponibilizar ferramentas que facilitavam a criação dos blogs, incluindo novos conteúdos, e em formatos mais leves, na forma de abordagem do texto e de sua feitura narrativa. Foi possível, neste momento, interagir com a inserção de imagens nos posts, pelo uso de fotografias, ilustrações, gravuras e imagens em movimento.

Junto com a ampliação de aquisição e acesso aos computadores individuais, alterava-se significativamente o uso e a atribuição dos equipamentos e seus suportes em softwares. A grande repercussão do YouTube, portando conteúdo em vídeo, revolucionou sob diversos aspectos a relação com o audiovisual, que até o momento estava subordinado a suportes e acessos específicos, permitindo que além de assistir e divulgar esse material, as pessoas comuns pudessem interagir e posicionar-se através deles. Esse fenômeno também atingiu a esfera dos blogs, que atualmente caracterizam-se pela escrita formal e informal, e podem chegar a conversação direta com seus leitores e/ou internautas (Hinerasky, 2012: 33).

A área de comunicação, muito especialmente o jornalismo, é expressão direta desse acentuado processo de transformação de produção e decodificação de significados. Caracterizando-se por ser uma área destinada à formação de opinião, o uso de blogs inicialmente por profissionais não vinculados diretamente às empresas tradicionalmente constituídas ampliou a discussão sobre a legitimidade dos discursos cristalizados, questionando a hegemonia ideológica de determinados veículos tradicionais. Por outro lado, mesmo iniciativas reconhecidas na área passaram a investir nestas vias de abordagem, procurando manter a relação com seu público-alvo. Os blogs surgiram como formas mais diretas, simplificadas na relação com o leitor e o ouvinte. Os jornalistas e o grande público passaram a interagir por meio dessa ferramenta, expressando opiniões que nem sempre se enquadravam nas grandes corporações midiáticas. Por sua vez, inúmeras instituições e empresas também investiram na criação de blogs como um complemento aos seus sites originais, como uma maneira de acompanhar a grande demanda por esse formato de conteúdo.

Se em 1999 o número de blogs existentes não passava de 50, em 2003 eles atingiram a média de 3 milhões. Em 2008, eram 50 milhões e, em 2010, o número atingia a cifra de 125 milhões.[4] Dessa maneira, no início do século XXI, mediante o uso e o desenvolvimento tecnológico, as publicações dos blogs expandiram-se a tal ponto que passaram a se caracterizar como atividade profissional (Machado, 2013: 14).

No início dos anos 2000, a empresa Blogger transformou cada post em uma página definida por um endereço específico, inovação denominada *permalink*. Sua utilização permitiu também o acesso ao sistema de comentários por postagem, o que implicava, na prática, uma maior interação entre blogueiros e leitores. Os blogs exprimiam o conceito de um espaço de expressão personalizado, no qual a legitimação da opinião remetia às características de diários pessoais (Machado, 20013: 14). Entretanto, é a interação com o público leitor que legitima a função comunicativa dos blogs, pois através deles o público cria identificações e realiza trocas comunicativas concernentes ao conteúdo postado nessa ferramenta virtual. As trocas comunicativas entre os leitores dos blogs vinham ocorrendo no espaço de comentários, porém atualmente ocupam um lugar significativo nas redes sociais.

Devido ao fato de que os primeiros blogs se baseavam na troca de links, eles geralmente publicavam dicas sobre conteúdos diversos que interessavam a segmentos diversificados, funcionando como filtros de busca (Hinerasky, 2012: 32). Com o surgimento de serviços de publicação gratuitos e de fácil acesso, qualquer pessoa poderia criar um blog próprio, e utilizar suas ferramentas na criação de conteúdo e design. Dessa maneira, os blogs se tornaram um veículo de fácil manutenção, por possuírem um sistema de disponibilização de texto e imagens acessível, ou seja, pouco complexo, não requerendo conhecimentos técnicos específicos (Hinerasky, 2012: 33).

Atuando com expressiva representatividade em diversos segmentos temáticos, de um lado estão os blogs de pessoas anônimas que atingiram sucesso, comprovado pelo grande número de leitores que possuem e por sua repercussão nas demais mídias. Por outro, o universo de pessoas públicas também é contemplado, pelo uso feito por intelectuais, artistas, personalidades famosas e profissionais de destaque em suas áreas específicas, que constroem um diálogo direto com o público através dos seus blogs pessoais, o que caracteriza o uso comercial dos blogs, ainda que, neste contexto, eles procurem ressaltar características de intimidade e aproximação.

LIMITES E POTENCIALIDADES NO USO DOS BLOGS PELA PESQUISA EM HISTÓRIA

De acordo com Juan Andrés Bresciano, os sujeitos do mundo contemporâneo possuem uma possibilidade crescente de acessar os meios tecnológicos que permitem registrar e testemunhar suas ações, invenções e trajetórias, ao passo que nas sociedades tradicionais a capacidade de gerar registros esteve quase sempre nas mãos das minorias (Bresciano, 2010: 17). Por conseguinte, homens e mulheres contemporâneos a nós produzem e podem vir a produzir uma gama de fontes variada e numerosa, como consequência da democratização dos meios, técnicas e saberes (Bresciano, 2010: 17). Essa expansão e diversificação de registros colocam problemas operativos ao historiador que pretende lidar com a ampliação no número de documentos na contemporaneidade, e especialmente com aqueles documentos em suportes imateriais, a exemplo das fontes digitais.

O advento da internet permitiu que se engendrassem diversas classes novas de fontes que acabaram por potencializar o trabalho heurístico do historiador (Bresciano, 2010: 23). Entretanto, qualquer classificação que seja proposta acaba por se tornar arbitrária ou circunstancial, tendo em vista que as inovações técnicas, bem como as dinâmicas políticas, econômicas, sociais e culturais, motivam a expansão constante desse universo heurístico novo, com a acelerada multiplicação das variantes tipológicas (Bresciano, 2010: 23).

É possível distinguir algumas modalidades básicas de fontes formadas por sites web, os sites institucionais, os sites empresariais, os sites comunitários, os sites de comércio eletrônico, os sites recreativos, os sites informativos, os sites referenciais, os sites para identificação e acesso a outras páginas de internet e os sites pessoais (Bresciano, 2010: 24). Ainda que o autor tenha como referência os sites, quanto à observação dos fenômenos analisados, infere-se situação semelhante no caso dos blogs, no que se relaciona ao tratamento de acervos e fontes na medida em que contemplam uma dinâmica muito mais complexa de criação e disponibilização de conteúdo. Dessa maneira, é possível associar diversas características das modalidades de fontes aos blogs, pois eles são, ao mesmo tempo, sites pessoais, que têm por característica oferecer dados biográficos sobre uma pessoa ou o compartilhamento das histórias de vida e trajetória, com atividades cotidianas, de trabalho ou recreativas; e podem ser sites de comércio eletrônico, por possibilitarem o estudo de atividades econômicas, bem como hábitos de consumo e estratégias publicitárias; ou também sites recreativos, pois possibilitam o estudo de atividades lúdicas no ciberespaço, dentre outros casos e particularidades pertinentes a cada seguimento dos blogs (Bresciano, 2010: 24).

Ao apresentar os desafios de lidar com os blogs como fontes, Cristiani Bereta da Silva (2015: 36) esclarece:

> [...] penso que a incorporação de tais suportes à operação historiográfica pode contribuir para os estudos sobre a história da cultura escrita no presente, especialmente no que diz respeito às suas formas de produção, veiculação e apropriação. Na condição de escritas de si, são fontes inigualáveis para se refletir sobre a dimensão subjetiva do passado – neste caso, operações de escolhas, silenciamentos e interpolações [...].

Portanto, ao utilizarem os blogs como acervos, os historiadores passam a assumir responsabilidades quanto a sua análise e manutenção, especialmente no cuidado com os documentos digitais. De acordo com Fábio Chang de Almeida, tal característica nestes documentos aponta para a dissociação entre o suporte físico e o conteúdo informacional, disponível apenas através de uma janela temporal restrita (Almeida, 2011). Tal situação exige ainda maior atenção, à medida que a rápida evolução das tecnologias de informação tornam obsoletos os suportes físicos e esse conteúdo pode facilmente se perder.

Desta maneira, milhares de documentos produzidos diariamente, especialmente como no caso das postagens dos blogs, demandam procedimentos específicos para que a sua sobrevivência seja garantida a médio e longo prazo, através da sua organização em arquivos que sejam adequados à natureza dos seus suportes e conteúdo. Afinal, a obsolescência acelerada dos próprios meios de armazenamento e das ferramentas e unidades de leitura coloca sérios riscos para o trabalho historiográfico. Daí a importância em realizar a atualização e migração do conteúdo a um novo suporte quando necessário (Bresciano, 2010: 26-9).

Os blogs apresentam, em geral, o conteúdo de cada postagem relativamente breve, e, embora não se trate de uma regra, muitos blogueiros se esforçam em condensar o tamanho de suas postagens. Têm como característica a hipertextualidade, bem como a possibilidade de criação de conteúdo por meio de modelos pré-definidos pela respectiva plataforma de suporte. Eles apresentam um cabeçalho customizável, no qual se localiza sua identificação por nome ou título, podem possuir barras laterais, mas sempre apresentam uma coluna principal, na qual o conteúdo é postado em formato de publicações em ordem cronológica inversa, ou seja, as publicações mais recentes são privilegiadas na página principal (Hinerasky, 2012: 34).

As publicações dos blogs tendem a ser democráticas e mobilizadoras, pois são atravessadas pela troca de ideias e discussões de interesse pessoal ou coletivo. Convencionou-se que, por se tratarem de relatos pessoais, possuem o formato de espaços de interação que procuram expressar traços ou características de personalidade e individualidade (Hinerasky, 2012: 42). De acordo com Bruno Lima Oliveira, ocorre uma duplicidade temporal nos blogs, assim como nas redes sociais, na qual o indivíduo pode vivenciar a sua rotina e, ao mesmo tempo, construir uma identidade conforme a sua vontade e subjetividade:

> Ambos os *eus*, o real e o virtual, ou melhor, o recalcado e o autoficcional, convivem simultaneamente. A coexistência de mais de um eu ocorre porque o sujeito contemporâneo é plural, fragmentado, híbrido e indefinível [...]. Nesse sentido, formalmente os blogs cumprem a contento a crítica à noção de sujeito, fragmentando sua narrativa em curtas cenas diárias e, muitas vezes, descontínuas. (Oliveira, 2014: 103)

Portanto, na primeira pessoa dos blogs existe um eu performático, que pode narrar-se conforme seus anseios, sem ter que seguir a uma subjetividade pré-definida (Oliveira, 2014: 104).

O historiador deve levar em consideração que há uma gama muito diversa de conteúdos e diferentes formatos que são a cada dia apropriados e sujeitos a novos processos de significações. Como se trata de um meio de interação, os leitores possuem um lugar importante em sua construção, especialmente daqueles que já se encontram em condições de profissionalização. As interações podem ocorrer por meio dos comentários na parte inferior de cada publicação, nos *blogrolls* e por meio das redes sociais (Hinerasky, 2012: 44). Portanto, a conquista da audiência por meio da interação com os leitores leva os blogueiros a obterem sucesso nesse âmbito.

Embora pareça limitador relacionar o conceito dos blogs apenas a diários pessoais ou a uma escrita voltada para a autobiografia, é preciso levar em conta que eles fazem parte de uma rede cada vez mais complexa de dinâmicas múltiplas e heterogêneas (Hinerasky, 2012: 35).

> Quase todos os blogs, aliás, costumam recorrer a alguns dos artifícios estilísticos e ao modelo confessional do velho diário íntimo. Ou melhor: do diário êxtimo, de acordo com um trocadilho que procura dar conta dos paradoxos dessa novidade, que consiste em expor a própria intimidade nas vitrines globais das telas interconectadas. (Sibilia, 2016: 20-1)

Devido ao fato de serem discursos permeados por hiperlinks, vídeos, áudio, imagens, arquivos, dentre outros, os blogs são publicações multimídia e híbridas também de conteúdo, diferenciando-se, assim, das tradições orais preexistentes, pois são veículos de comunicação particulares (Hinerasky, 2012: 36).

O blog oferece acesso a todo um conjunto de informações e dados passíveis de identificar fontes e acervos de uso pelo historiador. Nesse sentido, extrapola inclusive sua identificação enquanto fonte histórica, tendo em vista que vem a ser considerado uma ferramenta útil quanto a renovação metodológica. Tais dispositivos compreendem-se como plataforma de acesso a fontes e verdadeiros acervos temáticos, previamente organizados de forma inovadora e de contribuição à pesquisa histórica, enquanto fonte e reflexão específica. Essa forma de organização remete a pensarmos o blog como uma espécie de "arquivo", com regularidades e referências preestabelecidas. A memória assim evocada seria evidenciada pelas manifestações e posts previamente colocados pelo criador da ferramenta e indiretamente pelo público de acesso. As publicações/evocações de memória seriam acessadas a exemplo de um grande "álbum digital", armazenado na web.

É imprescindível, por sua vez, que a pesquisa com fontes digitais seja amparada pela atividade de criação de um banco de dados digital pelo historiador. Embora seja possível guardar e acessar todos os conteúdos dos blogs, é necessário que o pesquisador seja norteado pelos objetivos que seu tema de pesquisa levanta para que possa dar conta de acessar, dentre tantos conteúdos, aqueles que são pertinentes às questões do seu projeto.

A conservação de um arquivo pessoal nos tempos pré-informáticos associava-se a atuação de figuras de destaque no âmbito da vida política, econômica, social e cultural, restringindo-se, portanto, a indivíduos que produziam fontes de qualquer classe, e que tinham consciência de que deviam conservá-las, devido a um consenso coletivo acerca da sua significação. Na atualidade, qualquer indivíduo com acesso à internet encontra-se em condições de produzir seu próprio arquivo pessoal (Bresciano, 2010: 31). A natureza intangível do suporte, a cultura do imediato e a ausência de uma consciência de que o cidadão comum produz documentos históricos acabam por não favorecer o desenvolvimento de repositórios eletrônicos pessoais (Bresciano, 2010: 32). Entretanto, os blogs se constituem, por excelência, como arquivos repletos de documentos que podem e devem ser apropriados como fonte pela pesquisa historiográfica, ainda que não seja esse, necessariamente, o objetivo dos seus criadores.

Os diversos grupos que se utilizam desta ferramenta digital para criação de conteúdo, a exemplo de escritores alternativos que prescindem das editoras para divulgar seu trabalho, ou músicos e artistas, com uso similar não restrito as gravadoras e esquemas de produção tradicionais, somando-se aos já mencionados jornalistas de mídias independentes ou mesmo colecionadores de naturezas diversas, potencializam o uso dos blogs na constituição de formatos de acervos específicos. A observação das novas redes de sociabilidade, identificadas nos registros dos blogs, passíveis de investigação na pesquisa, têm a contribuição direta da História do Tempo Presente como perspectiva de abordagem. As análises de comunidades que interagem a partir da cibercultura apontam para percursos teórico-metodológicos necessários à compreensão do passado recente e sua ressonância no presente, na interação dos historiadores com seus objetos de estudo. Os blogs são expressão desse potencial de pesquisa, ricos em termos de produção criativa e intelectual, articulando discussões e repercussões nas esferas cultural, política, econômica e social.

UMA PROPOSTA METODOLÓGICA DE USO DOS BLOGS

Os blogs abrigam um vasto conjunto de fontes, que se desdobram em texto, imagens, especialmente as fotográficas, vídeos e anúncios publicitários. Metodologicamente o trabalho com blogs envolve, de início, uma seleção e arquivamento de conteúdo pertinente à pesquisa, e consequentemente à formação de um acervo ou banco de dados pelo próprio historiador, que pode ser organizado e armazenado de maneira a disponibilizar seu conteúdo aos demais pesquisadores.

Uma das operações metodológicas necessárias para quem utiliza os blogs como acervo é a análise textual, levando-se em consideração que boa parte do conteúdo encontra-se em formato de texto, ainda que possa ser breve e pontual. Dessa maneira, o enfoque deve estar centrado na dedução das condições de produção e recepção das mensagens que o texto analisado comunica, partindo de indicadores variados (Bresciano, 2010: 73). Na análise documental clássica, de acordo com Bresciano, é possível optar entre quatro operações técnicas diferenciadas: a codificação, que visa identificar as unidades básicas para quantificar a sua repetição em um texto; a categorização, que propõe agrupar as unidades de análise em categorias para efetuar todo tipo de operações hermenêuticas; a classificação, que pretende organizar as categorias do texto em um ou mais sistemas conferindo-lhes níveis diferenciados de hierarquia; e a comparação, que procura realizar a quantificação da frequência com que se repetem determinados termos (Bresciano, 2010: 74).

De acordo com Cristiani Bereta da Silva, as histórias dos blogs são apresentadas como narrativas que integram aspectos da "vida vivida e da imaginação" considerando que se expressam como escritas de si e, dessa maneira, não são tomadas nem como verdade e nem como ficção. A autora procura evidenciar, assim, que nenhum relato escapa à ficcionalização, mesmo que se reconheça no eu a unidade ilusória de sujeito, pois o narrador de si se constrói como um personagem que se apresenta distanciado de um eu empírico (Silva, 2015: 34). Sobre esse tema, a autora afirma ainda que é preciso considerar nas análises a condição de narrador do sujeito e se perguntar como as mudanças na interpretação do tempo pelos sujeitos do presente podem ser percebidas nas narrativas digitais (Silva, 2015: 33). Sobre esse aspecto, declara: "[...] Deve-se considerar aí a dimensão do descontínuo que a leitura na tela implica. Tal leitura constitui uma das 'revoluções' da cultura escrita: transformar hábitos e percepções pela via da textualidade eletrônica." (Silva, 2015: 33)

Em consonância com esta via de interpretação, é possível afirmar que o historiador pode servir-se também do acervo de entrevistas e depoimentos disponíveis nos blogs e inseridos em formato além do texto escrito, a exemplo dos áudios e vídeos encontrados em abundância. Tal acervo pode ser apreendido pela pesquisa histórica especialmente sob a via de análise utilizada pela história oral, como propõe Alexander Freund. Para esse autor, a entrevista "[...] está situada em um contexto social de cultura de massa da confissão, cujo escopo vai do *The Oprah Winfrey Show* ao Facebook" (Freund, 2014: 207).

Entre as questões elucidadas por Freund sobre essa forma de análise, encontram-se como possibilidade as pesquisas voltadas à investigação de histórias orais arquivadas como processo gerador de dados, pois esclarece sobre como localizar e utilizar esses dados de forma eficaz e sistemática (Freund, 2013: 28). É necessário que o pesquisador conheça a natureza das fontes de história oral, o método e o discurso teórico sobre essa história para obter um caminho eficiente de análise de entrevistas não produzidas por ele mesmo, pois saber dos procedimentos e padrões ajuda a avaliar os projetos de outros pesquisadores. No caso dos blogs, trata-se de projetos geralmente produzidos pelos próprios blogueiros, para saber se irão usar as entrevistas, de que forma e com qual metodologia: "[...] vale a pena entendê-las não apenas como fontes para se extrair fatos (dados), mas sim como construções sociais complexas que são inerentemente subjetivas e, assim, oferecer múltiplas camadas de significado [...]" (Freund, 2014: 29-30).

A utilização de vídeos pelos blogs possibilita a publicação de um conteúdo específico sobre a vida pessoal dos blogueiros, que são as confissões e histórias de vida. Ao se referir a esse formato de relato, Freund (2014: 232) especifica que:

> [...] Sem dúvida, não são história oral, mas a história oral é historicamente moldada por elas. [...]. Elas aprenderam a falar sobre si próprias tanto por meio dos meios de comunicação de massa [...] o método da história oral e, em especial, a entrevista tem uma longa história que a entrelaça firmemente com o desenvolvimento da confissão, a sociedade da entrevista e o surgimento de uma cultura de massa da confissão.

A ascensão da "narração de histórias" como um novo fenômeno cultural ilumina o crescimento dessa cultura de massa da confissão no início do século XXI e está muito presente nos conteúdos publicados nos blogs. "Apesar dos seres humanos sempre terem contado histórias, nunca as pessoas contaram tantas histórias sobre si próprias [...]" (Freund, 2014: 227). Um exemplo prático de utilização de sua metodologia pode ser observado na análise dos blogs de moda, pois a produção desse tipo de material, compreendido também como expressão de comportamento social, traz em si uma abordagem sobre a vida cotidiana como evidência. Por conseguinte, justapõem-se os universos público e privado na elaboração de histórias sobre si, confessionais, como recursos frequentemente utilizados em blogs desse tipo, conjuntamente com informações de cunho jornalístico, pois a moda e o estilo pessoal "acompanham o estilo de vida", como expressão frequentemente utilizada. Trata-se de uma "[...] velha necessidade que diz respeito às práticas de escritas de si: necessidade de fixar o passado e também apreender o futuro, necessidade de tomar distância em relação a si próprio, necessidade de arquivar a própria vida, de testemunhar, de se inventar e reinventar" (Silva, 2015: 33-4). Na afirmação da autora, a evidência da perspectiva imaginativa que decorre do processo histórico em curso, aspecto que no uso deste tipo de fonte e análise torna-se explícito.

Embora os blogs de moda e beleza disponham de diversos recursos para incrementar o seu conteúdo, como as entrevistas e confissões, as fotografias também possuem grande relevância, pois além de ser um dispositivo que chama a atenção da audiência, imagens de moda e beleza fazem parte de um imaginário idealizado, de inspiração. A beleza das imagens está diretamente relacionada a adição de filtros através de programas de edição, e procuram revelar apenas o melhor aspecto do estilo de vida dos blogueiros (Hinerasky, 2012: 46).

Dessa maneira, é pertinente que o historiador que vai utilizar os blogs como acervo esteja também familiarizado com a metodologia das fontes visuais, pois as imagens são um dos principais recursos utilizados pelos blogs de moda. Outros segmentos somam-se a esses, considerando o conjunto de imagens reproduzidas na web e utilizadas como ilustração do texto ou ainda em construções narrativas criadas pelos próprios blogueiros.

Múltiplas dimensões analíticas são aplicáveis à imagem: como a material, que toma a imagem como produto; a cognitiva, que trata a imagem como um meio de informação; a estética, na qual a imagem é analisada como expressão artística; a simbólica, que trata a imagem como instrumento de comunicação de conteúdos políticos, religiosos, culturais, ideológicos, dentre outros (Bresciano, 2010: 76). De cada uma dessas dimensões são possíveis enfoques de análise distintos, como, por exemplo, os que se voltam para o suporte e o seu processo de criação; a preocupação com objetos e sujeitos representados; os que investigam os significados conscientes ou inconscientes transmitidos pelas imagens; os que abordam os códigos representacionais e os que revelam os códigos socioculturais de percepção das imagens (Bresciano, 2010: 76).

Torna-se necessário que o pesquisador realize, portanto, uma seleção de imagens para possibilitar a análise e articular sua narrativa. A imagem é uma mensagem visual, pois está compreendida entre a expressão e a comunicação (Joly, 2007: 77). Dessa maneira, é necessário levar em consideração a função da "mensagem" de cada uma das imagens dos blogs, bem como seu horizonte de expectativas e contexto. Tanto quanto a imagem, a própria análise está inscrita entre a expressão e a comunicação. Por outro lado, é necessário propor os objetivos da análise, pois através deles se estabelecem os instrumentos metodológicos que determinam o objeto, bem como suas conclusões e permitem compor séries de imagens, ajudando a representar as abordagens escolhidas (Joly, 2007: 54).

Aos documentos fotográficos são agregados tanto interpretações quanto informações de cunho cultural, técnico, estético, ideológico, entre outros, que são codificados nas imagens. Assim, essas informações e interpretações podem ser geridas conforme a intencionalidade dos seus criadores, refletindo no uso e especialmente no imaginário como parte do inconsciente coletivo. Por fim, no contexto tecnológico atual, além de fontes ou objetos de análise, as imagens são importantes meios de compreensão de complexos esquemas conceituais (Bresciano, 2010: 78).

CONSIDERAÇÕES FINAIS

François Hartog (2014) dialogava com Koselleck quando deduziu a existência dos "regimes de historicidade", quando refletia sobre como uma sociedade trata seu passado e como os indivíduos que a formam apresentam um modo de consciência de si, como parte da comunidade que os integra. Essa noção nos ajuda a comparar tempos históricos diferentes para lançar luz sobre formas singulares de experiência no tempo, especialmente no que se refere ao advento da web 2.0 e dos blogs em específico.

A sociedade pode contar apenas com o seu presente, mas podem ocorrer estratégias para valorizá-lo ou para se tentar sair dele o mais depressa possível. A crítica de Hartog (2014) em relação ao regime presentista, em parte, relaciona-se ao uso e às práticas e inovações tecnológicas das mídias digitais na sociedade contemporânea, especialmente ao conhecido processo de aceleração do tempo, que tornaria obsoletas as coisas e os homens. Como parte dessa sociedade de consumo, permeada pelos processos de aceleração, encontra-se o blog. Ferramenta e expressão da mídia que comprime o tempo no atendimento de demandas variadas, pela produção de conteúdo breve, específico, diário e atual. Os blogs são sintoma desse presente que valoriza o imediato, pois tendem a produzir o passado e o futuro que necessitam.

Contrariamente, na perspectiva de Bresciano, as novas tecnologias de informação acabaram por afetar positivamente o desenvolvimento de uma cultura audiovisual de caráter comunitário, ainda que apontando para um desenvolvimento desigual, de acordo com as condições do país ou região em que é produzida, diante dos recursos materiais e simbólicos com que sua comunidade pode contar, bem como das tradições e das identidades locais (Bresciano, 2010: 66). O autor assinala ainda a importância da atuação dos historiadores vinculados a uma localidade quanto a promover ações de cunho social, cultural e científico, a exemplo da organização de cinematecas, que armazenem e exibam a produção realizada pela comunidade e voltadas a democratização de uso dos meios de registro audiovisual. Dessa forma, um número crescente de pessoas teria possibilidade de documentar suas atividades cotidianas, públicas ou privadas, constituindo assim, um grande acervo para o historiador do tempo presente (Bresciano, 2010: 66). Os registros de cidadãos comuns apresentam-se como fontes alternativas para a pesquisa histórica, tendo em vista que a produção por parte de pessoas independentes permite questionar as versões que transmitem os meios de comunicação de massa, especialmente quando se tratam de assuntos que são alvo de censura ou tentativa de manipulação (Bresciano, 2010: 66). Articulado a essa perspectiva, podemos considerar a existência dos blogs como acervos potenciais à investigação histórica, também produzidos por cidadãos comuns que produzem e divulgam material audiovisual, distanciando-se das mídias oficiais enquanto manifestação de opinião.

As produções realizadas por observadores de acontecimentos da vida pública e privada que são difundidos pela internet, assim como ocorre nos blogs, ilustram, muito bem, os vínculos entre o global e o local e as suas consequências históricas (Bresciano, 2010: 67). Consideramos importante que o historiador do tempo presente esteja atento ao desenvolvimento dos fenômenos que atravessam as esferas de veiculação de opiniões do local para o global, no formato em que apresentam-se na web 2.0. Os blogs, considerados portadores desse ampliado conjunto de fontes documentais, ainda necessitam ser mais bem explorados como possibilidade e prática de pesquisa pela historiografia, diante do potencial de conhecimento e interpretação que reúnem sobre a história contemporânea e recente.

Notas

[1] De acordo com Pierre Lévy, "a cibercultura expressa o surgimento de um novo universal", é produzida no ciberespaço e diz respeito a um novo meio de comunicação que surge da interconexão de computadores (Lévy, 1999: 15).

[2] O site encontra-se disponível em <http://www.links.net/vita/web/start/original.html>, acesso em 15 mar. 2016. O site encontra-se +disponível em <http://diary.carolyn.org/Overview.html>, acesso em 15 mar. 2016.

[3] O site encontra-se disponível em <http://super.abril.com.br/blogs/superlistas/os-5-primeiros-blogs-da-internet>, acesso em 15 mar. 2016.

[4] As informações podem ser acessadas em: <http://www.oficinadegerencia.com/2011/01/existem-152-milhoes-de-blogs-no-planeta.html> e <http://www.brogui.com/a-historia-dos-blogs/>, acesso em 15 mar. 2016.

Referências

ALMEIDA, Fábio Chang de. "O historiador e as fontes digitais: uma visão acerca da internet como fonte primária para pesquisas históricas". *Aedos*. Porto Alegre, n. 8, v. 3, 2011, pp. 9-30.

BRESCIANO, Juan Andrés. *La historiografía en el amanecer de la cultura digital*. Montevideo: Ediciones Cruz del Sur, 2010.

FREUND, Alexander. "História Oral como processo gerador de dados". *Tempos Históricos*. v. 17, 2013, pp. 28-62.

_____. "'Os animais que confessam': Contribuição para uma história de longa duração da entrevista de história oral". *Revista Tempo e Argumento*. Florianópolis, v. 06, n. 13, 2014, pp. 203-39.

HARTOG, François. *Regimes de historicidade*: presentismo e experiências do tempo. Belo Horizonte: Autêntica, 2014, pp. 133-91.

HINERASKY, Daniela Aline. *O fenômeno dos blogs street-style*: do flâneur ao "star blogger". Porto Alegre, 2012. Tese (Doutorado em Comunicação Social) - PUCRS.

JOLY, Martine. *Introdução à análise da imagem*. Lisboa: Edições 70, 2007.

LÉVY, Pierre. *Cibercultura*. São Paulo: Editora 34, 1999.

MACHADO, Wladimir Silva. *Do podrinho ao vintage*: a visualidade nos blogs de moda e a publicidade em imagens de look do dia. Goiânia, 2013. Dissertação (Mestrado em Arte e Cultura Visual) - UFG.

OLIVEIRA, Bruno Lima. Blogs: constituição de si e memória do presente - nova forma de labor literário. In: WORCMAN, Karen; COUTO JR., Oswald do; BASTOS, Maria Luiza Magalhães (orgs.) *Narrativas digitais, memórias e guarda*. Curitiba: CRV, 2014.

SIBILIA, Paula. *O show do Eu*: a intimidade como espetáculo. 2. ed. Rio de Janeiro: Contraponto, 2016.

SILVA, Cristiani Bereta da. "Narrativas digitais sobre os exames de admissão ao ginásio: ego-documentos e cultura escrita na história do tempo presente". *Revista Tempo e Argumento*. Florianópolis, v. 7, n. 15, 2015, pp. 5-41.

De fontes e mananciais para o ensino de História

Fernando Seffner

São muitos os modos e as estratégias pelas quais o ensino de História se renova enquanto área de conhecimento e práticas. Colaboram para essa renovação a pesquisa acadêmica na área de História; a pesquisa acadêmica na área de Educação; as ações pedagógicas de professores e professoras; os questionamentos levantados pela sociedade; as pressões políticas de diversos lados; as demandas de alunos e alunas; o conteúdo e os focos de interesses das culturas juvenis; as questões sociais que se colocam de modo emergente; as reivindicações profissionais do magistério; as políticas públicas; o aparato tecnológico que constantemente interroga os modos de aprender e ensinar, os movimentos sociais e as disputas políticas que a cada momento movimentam o tecido social, sem contar a formação e os investimentos pessoais dos educadores por temas e abordagens particulares. Mas a renovação do ensino de História se efetiva mesmo é no cotidiano das salas de aula, onde professores e professoras, na interação com alunos e alunas, adotam – ou não – estratégias pedagógicas que variam num amplo leque. Há aqueles e aquelas que permanecem anos a fio usando os mesmos modos de ensinar, há quem se envolva em inovações e se arrisque a cada contexto. Podemos afirmar que o ensino de História se renova tanto por movimentos de pesquisa quanto pelas ações cotidianas de cada professor ou professora, em cada sala de aula. Para conhecer o estado da arte então há que se ter um olhar na produção acadêmica e outro nas salas de aula, sem contar o acompanhamento das políticas públicas, pois a educação básica no Brasil é alvo de intensa produção de legislações nas últimas décadas, e isso tem conexão com o regime democrático, que gera a politização das questões de currículo, seleção dos conteúdos, introdução de temas transversais para estudo, formação docente, regimes de avaliação e seriação, financiamento dos sistemas educacionais, regramentos para a inserção da iniciativa privada no setor etc. Há igualmente muitos caminhos para esta renovação do ensino de História. Neste capítulo privilegiamos a abordagem a partir de um eixo bem definido: pensar as conexões entre o ensino de História e a noção de fontes na disciplina, e apontar para renovações possíveis. Desde já se percebe que é um debate que se alimenta tanto de conhecimentos da área da História quanto da Educação, tanto de acadêmicos quanto de professores da escola básica, sem contar a ação dos gestores dos sistemas de ensino em todas as unidades da federação. A preocupação aqui é tanto qualificar o que é uma fonte na História, como pensar as estratégias pedagógicas que fazem da fonte histórica um artefato produtivo – ou não – para o ensino e a aprendizagem de tópicos do programa da disciplina.

Essa discussão pode parecer simples, mas em verdade é complicada. Ocorre que a pesquisa em História e a produção de conhecimentos em Educação acerca do ensino de História têm velocidades, objetos, tempos, lugares, atores sociais, instituições e propósitos que não são exatamente coincidentes. A ação cotidiana dos professores e professoras da escola básica também obedece a ritmos próprios, que não guardam muita relação com o que se passa na academia, e estão sujeitos a outras forças, uma delas as pressões da sociedade. Tudo isso exige diálogo entre campos do conhecimento, o que nem sempre é tranquilo. Há que se considerar também que os sistemas escolares têm grande autonomia, enfrentam problemas diversos, são dotados de políticas públicas com desenhos diferentes e fortemente sujeitos ao escrutínio da sociedade, sendo a disciplina de História uma das campeãs em matéria de polêmicas, apenas suplantada no caso brasileiro pelos temas transversais gênero, sexualidade, raça e etnia. Isso sem falar que vários temas transversais têm impacto direto nas aulas de História, como é o caso das questões relativas à história da África, memória das populações indígenas, direitos humanos e ditadura, conflitos sociais contemporâneos etc.

QUEM NÃO CUIDA DAS FONTES ACABA MORRENDO DE SEDE

Situados os territórios por onde o texto se movimenta, apresentam-se seus propósitos. Este capítulo discute o uso de fontes no ensino de História a partir de três experiências em que o autor está envolvido:[1] 1) o aproveitamento dos relatórios de estágio dos licenciandos em História como potencial fonte para pensar questões do ensino de História; 2) a utilização como fonte inspiradora para as aulas de História dos elementos das culturas juvenis que circulam no território escolar, a saber, elementos escritos em bonés, camisetas, cadernos, frases escritas pelas paredes, carteiras e banheiros, ditados colocados nas pastas escolares, músicas cantadas pelo corredores etc.; e 3) a possibilidade de que professores no ensino de História mantenham diários de campo com anotações oriundas de etnografia de cenas de sala de aula, e utilizem isso para alimentar projetos de estudo e aperfeiçoamento profissional, bem como alunos elaborem diários acerca de algum tema que lhes seja significativo.

Mas antes de abordar cada um dos propósitos, há que encaminhar considerações sobre dois tópicos. Para pensar o uso de fontes no ensino de História, necessitamos qualificar o que estamos entendendo por fontes na história e no ensino (também aqui pode haver amplo leque de posições), e se indagar sobre quais são os objetivos e interesses do ensino de História, o que afinal se entende por esta expressão "ensinar história". O tema da utilização de fontes no ensino de História tem longa tradição, e minha experiência com ele se dá pelo menos de dois modos diferentes: como autor de materiais instrucionais e de livro paradidático onde a ênfase foi desenhar propostas de ensino a partir do uso de fontes (Seffner e Avancini, 1992; Seffner, 1992; Seffner, 1993), e como autor de textos de reflexão teórica sobre o tema, em especial em Pereira e Seffner (2008).

Não parece existir ninguém que seja contra o uso de fontes históricas em sala de aula, em parte alguma do mundo, e nunca escutei, em eventos de ensino de História, a afirmação "nada de levar fontes e documentos históricos para a sala de aula". Como alguém seria contra a utilização da leitura direta de trechos da carta de Pero Vaz de Caminha em uma aula sobre a descoberta do Brasil? Por que motivo não se poderia trabalhar com fotos da Segunda Guerra Mundial numa aula de história contemporânea? Que maravilha passear pela cidade e visitar diretamente lugares históricos, narrando aos alunos o que ali aconteceu! Quanto ficaria interessante uma aula sobre o golpe militar de 1964 no Brasil se comparecesse na sala alguém que esteve naquele 31 de março, para dar seu depoimento na forma de história oral sobre o que viu e ouviu e como se sentiu! E as classes de alunos certamente apreciariam mexer em vestígios arqueológicos como pontas de flechas indígenas, e acompanhariam com vivo interesse a crônica de viagem de Marco Polo, maravilhado pelas riquezas do Oriente, e escrita por ele mesmo, no calor da hora, séculos atrás, em seu diário!

Tudo isso é muito lindo, mas moram aí vários perigos. O principal deles é que a fonte (ou o documento, como se diz muitas vezes) apareça na sala de aula como a comprovação da verdade, aquele pedaço de absoluta verdade que veio do passado para nos dizer como as coisas aconteceram "mesmo". Esse perigo não ronda apenas as salas de aula do ensino fundamental e médio, ele ronda também a pesquisa histórica, marcada por um viés positivista em muitos lugares (Seffner, 1997). A descoberta de um relato precioso de viajante ainda arrasta muitos pesquisadores a olhar aquilo como sendo um fragmento de como as coisas "se passaram mesmo naquele momento", como sendo uma espécie de "história viva". As fontes – em particular quando escritas, fotografadas, gravadas em áudio ou pintadas – têm para alguns a propriedade mágica de contar a história como ela "realmente aconteceu". Tal fascínio pela verdade nua e crua das fontes não é de estranhar, pois vivemos em um mundo onde a produção jornalística procura apresentar as notícias como peças neutras e fiéis do que está "realmente" acontecendo no mundo, e a fotografia e os vídeos cumprem um papel importante disso.

Em muitos lugares, e de muitos modos, a notícia definitivamente virou uma "coisa", uma mercadoria com tamanho e duração específicos. Lembro aqui as propagandas do aplicativo de notícias da Reuters TV[2] nos Estados Unidos. Dentre as muitas vantagens do aplicativo, se diz que com ele você pode definir o tamanho das notícias a serem recebidas, de acordo com seu tempo disponível para leitura, e com seus focos de interesse. Ou seja, pode lhe interessar apenas receber notícias da Europa, ou da vida política nacional, e você pode montar o aplicativo de maneira que cada notícia não tenha mais de 45 segundos, pois não tem interesse em gastar mais do que esse tempo com notícias. A Reuters TV informa que ela dispõe de uma rede de jornalistas profissionais ao redor do mundo,[3] e com isso afirma que as notícias não passam por nenhum filtro, chegam a você diretamente,[4] em geral "ao vivo". Mais ainda, para facilitar sua vida, não é necessário ler a notícia, ela é toda em áudio e vídeo. A Reuters tem longa história como tradicional distribuidora de notícias de forma escrita e com imagens, para jornais. Sua entrada no mundo da televisão, e agora com canal próprio, modificou o suporte tecnológico de apresentação, e isso é enfatizado nas propagandas como ampliação da qualidade. A Reuters diz que apresenta uma notícia produzida de modo profissional e com auxílio de alta tecnologia, e que representa o que está acontecendo de modo verdadeiro. Para completar, ela enfatiza que seus vídeos mostram as pessoas falando diretamente do local dos acontecimentos, e isso vale em especial para a palavra de autoridades, de testemunhas oculares, os atingidos por catástrofes, os participantes de eventos, os membros de um partido ou de um grupo político qualquer, os integrantes de um exército ou brigada armada. Com isso, ela conclui que as notícias que envia são de alta qualidade, pois mostram "o que as pessoas estão de fato dizendo ou fazendo",[5] sem filtros, e praticamente na hora em que as coisas estão acontecendo. Para coroar toda essa argumentação, finaliza dizendo que as notícias estarão ali, na sua mão,[6] mostrando a imagem de um sujeito – podemos chamar de um consumidor de notícias – com o celular na mão, escutando e vendo o vídeo de uma notícia qualquer. Não é de admirar que muitos escutem os noticiários televisivos como se fossem relatos verdadeiros e neutros do que está acontecendo, ainda mais quando acompanhados de imagens, de cenas "reais" do que está ocorrendo. Também não é de admirar que muitos alunos, muitos professores e inclusive muitos pesquisadores em História tomem as notícias de um jornal antigo como a "verdade" daquele tempo.

Por conta disso, não se trata apenas de discutir a introdução das fontes em sala de aula, afirmativa com a qual todos concordarão, mas de alinhar esse movimento de inserção das fontes no ensino de História com a discussão proposta, entre outros, por Le Goff (2005) e Foucault (1987), de crítica ao conceito de documento:

> [...] o documento se torna monumento, ou seja, ele é rastro deixado pelo passado, construído intencionalmente pelos homens e pelas circunstâncias históricas das gerações anteriores. O documento não é mais a encarnação da verdade, nem mesmo pode ser considerado simplesmente "verdadeiro" ou "falso". O ofício do historiador deixa de ser o de cotejar o documento para verificar sua veracidade, e passa de ser o de marcar as condições políticas da sua produção. O documento/monumento é um engenho político, é um instrumento do poder e, ao mesmo tempo, uma manifestação dele. (Pereira e Seffner, 2008: 115-6).

Com isso em mente, ampliam-se as produtivas possibilidades de uso de fontes no ensino de História, pois elas vão proporcionar a formação de alunos e alunas portadores de um conhecimento em História que pode fazer real diferença nas suas vidas, principalmente nos modos de compreensão do mundo que lhes rodeia. Se os historiadores usam as fontes para criar relatos sobre o passado, os alunos vão utilizar essas mesmas fontes para construir sua compreensão tanto dos modos de produção daquelas fontes em particular quanto de outras fontes que lhes rodeiam, bem como vão mergulhar em uma discussão com densidade teórica adequada a cada faixa etária para compreensão de como se produzem os relatos sobre a contemporaneidade em que vivem. Não há como esgotar neste texto toda a complexidade da discussão acerca do estatuto da fonte histórica na pesquisa e na sala de aula. Indicamos a leitura de Ranzi (2001) e Magalhães (2000), que discutem experiências no Brasil e em Portugal acerca do uso de fontes em contextos escolares específicos. E estimulamos o leitor a buscar por artigos de historiadores acerca da chamada revolução documental, bem como da ampliação do conceito de fonte e de documento, que suportam nossa compreensão do tema, em Ginzburg (1990, 1991) e Reis (1998), entre tantas outras obras que tratam do tema, em particular vinculadas à chamada Escola dos Anais.

Mas a sugestão principal que encaminhamos é que se aprende muito sobre fontes históricas quando nos convertemos de modo deliberado em produtores de fontes, e esse é um ato tanto cognitivo quanto político. Ou seja, conforme já dito nos objetivos do capítulo, propomos que cada professor e cada aluno experimentem a posição de produtor de uma fonte de dados, permitindo então o contato com a problemática de qualificação das fontes de um modo vivencial e adequado a cada faixa geracional. Como diz o título desta seção, quem não cuida das fontes acaba morrendo de sede. Em outras palavras, quem não se ocupa em entender as fontes com que se alimenta de informações sobre o mundo termina morrendo de sede, ou seja, não transforma as informações que recebe em experiência, entendida aqui a experiência de vida não exatamente como somatório do que nos acontece, mas como produto do que fazemos com o que nos acontece (Larrosa, 2002). A experiência de vida é reflexão acerca do que foi ou está sendo vivido, e ela comporta atenção às fontes com que nos abastecemos de conhecimentos para entender o mundo. É de acordo com o modo com que lidamos com esse conjunto de informações que nos abastecem que construímos nosso jeito de ser, nosso pertencimento político, nossas opiniões sobre o passado e sobre o presente, influenciando principalmente o desenho de nossos projetos futuros.

O ensino de História é, assim, ele mesmo um campo de produção de conhecimentos, que não vive sem estar abastecido pelas teorias, pelas fontes, pelas pistas, indícios, vestígios que auxiliam a compreender as ações humanas no tempo e no espaço. O trabalho de ensino de História em sala de aula pressupõe momentos de crítica, de análise, bem como de produção de argumentos que possam validar, no presente, determinadas leituras da realidade passada, uma vez que o conhecimento histórico é uma operação intelectual que se esforça por produzir determinadas compreensões do passado e não uma cópia do que supostamente "de fato aconteceu". A aula de História não é um simples momento onde o professor explica o que aconteceu no passado aos alunos, ou "dá a matéria" ou "passa o conteúdo" como se costuma dizer. Ensinar história é ensinar a escrever narrativas fundamentadas e articuladas acerca do passado, e para isso o uso de fontes é muito importante. Cada explicação sobre o passado é própria de um tempo, de um autor, de um contexto, e aquela que os alunos vão produzir também será assim marcada pela provisoriedade, inclusive em suas vidas, pois poderá acontecer de mais adiante, ainda no percurso escolar, o aluno abandonar a visão heroica que tinha da viagem de Cristóvão Colombo e a noção de "descoberta" da América por outras narrativas, em que fatores estruturais e interesses de grupos sociais tenham mais peso.

BEBENDO EM NOVAS FONTES PARA O ENSINO DE HISTÓRIA

Nesta segunda parte, apresenta-se o percurso em que o autor está envolvido, em três frentes de trabalho ligadas ao aproveitamento de fontes para o ensino de História. A primeira frente de ação é o aproveitamento dos relatórios de estágio dos licenciandos em História como potencial fonte para pensar questões do ensino de História. Vale dizer que estou situado, desde muitos anos, na posição de professor orientador de estágios docentes em História, em turmas de ensino fundamental e de ensino médio. Tal posição envolve acompanhar e orientar o estágio, ter momentos de diálogo com o estagiário, fazer uma visita de supervisão para observar uma aula, eventualmente mais de uma, dialogar sobre os relatos de situações enfrentadas no exercício desta docência (sejam elas aspectos disciplinares, ligados ao planejamento, à criação de estratégias pedagógicas, ao uso de fontes, à seleção de materiais, às formas de avaliação), e ao final ler o relatório escrito, que detalha a trajetória de cada um, ou então o artigo, em que o estagiário elege um tema pertinente ao estágio e desenvolve-o de forma monográfica.[7]

A leitura minuciosa dos relatórios e a escuta atenta das narrativas dos estagiários constitui, para mim, uma fonte valiosa de aperfeiçoamento pessoal. Por conta disso é que elas foram transformadas em fonte de projeto de pesquisa, conforme referenciado anteriormente. Não se trata de escutar estagiários e ler relatórios apenas para saber se tudo está correndo bem no estágio. Ao ler e escutar os estagiários, convertidos agora em fontes, posso compreender melhor o que lhes causa espanto, o que para eles é questão corriqueira, que compreensões revelam acerca do que seja o ensino de História, do que gostam e do que não gostam no exercício da docência, como estabelecem diálogos com as culturas juvenis, o que pensam acerca da conexão da História com outras disciplinas do currículo, quais os objetivos políticos e pessoais que têm no exercício da docência. A cada ano verifico que as diferenças em relação ao tempo em que fui professor do ensino fundamental e do ensino médio ficam maiores, o que constitui para mim um desafio de compreensão. Quando comecei a lecionar História na escola pública, o Brasil vivia a ditadura militar, eu estava envolvido em partidos políticos, vinha de uma formação marxista e enxergava meus alunos da periferia da grande Porto Alegre como futuros operários que iriam fazer a revolução socialista. A tarefa do ensino de História era então auxiliar neste processo, e isso marcava profundamente tudo: escolha dos conteúdos, dos autores, modo de organizar as aulas, estratégias de avaliação.

Meus alunos, hoje em dia, no curso de licenciatura em História da UFRGS, têm outras compreensões do mundo, outra formação, e dão aula em uma escola pública que passou por enormes transformações. Mais ainda, as culturas juvenis de agora são muito diferentes daquelas de quando eu era professor, com demandas diversas e uma variedade de modos de entender o mundo e pensar politicamente sobre sua inserção nele. Mas no meu caso há outro importante motivo para esta iniciativa de tomar como fonte de pesquisa falas e relatórios de alunos estagiários. Ocorre que sou um professor que leciona na graduação um conjunto de disciplinas sobre um tema, o ensino de História, e na pós-graduação trabalho com outro tema, a saber, relações entre gênero, sexualidade e educação, com ênfase temática nas pedagogias de produção de masculinidades.[8] Essa falta de sintonia entre a ação como professor na graduação (no caso junto ao curso de Licenciatura em História, no qual atuo há 23 anos, desde que ingressei na Faculdade de Educação) e a ação como professor na pós-graduação (há 11 anos e onde atuo como coordenador do Grupo de Estudos de Educação e Relações de Gênero, o Geerge) trouxe desde o início uma preocupação com a qualidade das aulas na graduação e com os modos de aperfeiçoamento da minha ação docente nesse nível. Ou seja, busquei evitar, com esse projeto de pesquisa (e com o novo projeto que já está vigente) uma dicotomia entre um nível onde apenas ensino (a graduação) e outro nível onde ensino e pesquiso (a pós-graduação).

A estratégia de manter um projeto de pesquisa ativo na área do ensino de História tem então se mostrado eficiente como mecanismo que estimula a reflexão crítica do meu próprio fazer nas disciplinas de graduação, e acredito que melhora a qualidade das minhas aulas. A fonte básica de dados de pesquisa está dada pelos relatórios de estágio já referidos, bem como por um diário de campo minucioso que relata os principais enfrentamentos ao orientar estágios docentes, disciplina que contempla tanto momentos coletivos de aula quanto momentos individuais de orientação, sem contar a observação de campo assistindo uma ou mais aulas dos estagiários, a depender do contexto. A grande modificação operada entre o projeto de pesquisa que deu suporte a este capítulo (vigente durante 15 anos) e o novo projeto (que vai estar ativo por 5 anos) foi a introdução da categoria das culturas juvenis como um elemento importante para pensar as potencialidades do ensino de História.[9]

É das afirmações mais consensuais em educação dizer que "só consegue ensinar quem consegue aprender", ou "só ensina quem tem disposição de aprender". Um perigo sempre presente na atuação de professores e professoras é se fixar no polo do ensino, esquecendo-se de se inserir em ações de aprendizado. Não basta fazer os cursos ofertados regularmente de formação docente continuada, assistir palestras, ler sobre a História e seu ensino. Claro está que tudo isso é importante, mas há que criar uma fonte própria e investir nela com rigor de pesquisa para alimentar o processo pessoal de conseguir aprender através de elementos recortados da própria prática docente. Para ser bem claro: a gente tem que se sentir ignorante, assumir essa ignorância de modo produtivo, e então estruturar um projeto próprio de aprendizado. Recomendo fortemente a leitura do livro de Jacques Rancière, com o provocativo título *O mestre ignorante: cinco lições sobre a emancipação intelectual* (2002), para mostrar a necessidade de ser ignorante, inclusive, e principalmente, nos temas que devemos ensinar por dever de ofício. Não há possibilidade de aprendizagem real se não acordarmos um dia, olharmos para nossos alunos, e pensarmos com honestidade "me sinto completamente ignorante para dar aulas a eles. Aliás, nem sei direito quem eles são, o que gostam, o que pensam, o que acham da história e o que esperam que eu faça". Se perceber ignorante em alguns momentos é a melhor maneira de não se tornar burro para a vida inteira![10] Repito novamente: criar uma fonte para seu aprendizado é ato cognitivo e político, diz respeito não apenas a uma estratégia de conhecimento, mas a um modo de inserção no mundo, onde privilegiamos a curiosidade e a busca do conhecimento, e por conta disso temos capacidade de ensinar. Criar uma fonte própria é ter água para beber quando os reservatórios secam, é preservar seu próprio manancial e não morrer de sede, é não depender da água do vizinho, sabe-se lá que qualidade ela tem!

Em sintonia com a frente de trabalho discutida, abordo agora a criação, por parte de professores e professoras, de uma base de dados com informações dos elementos das culturas juvenis que circulam no território escolar. Mais produtivo do que simplesmente criticar os traços característicos das culturas juvenis é assumir nossa ignorância acerca delas, e desenvolver estratégias para compreender suas demandas e os modos pelos quais a juventude é vivida na escola (Dayrell, 2007). Isso não obriga ninguém a gostar das marcas das culturas juvenis, muito menos a se inserir nelas, e nem elimina a possibilidade de que se possa criticá-las. Querer conhecer as culturas juvenis, nas quais nossos alunos estão imersos, é uma atitude de respeito para com eles, mesmo que venhamos a discordar de muito do que elas propõem. Visitando escolas para assistir a aulas de estagiários ou para momentos de formação docente continuada tenho conhecido professores e professoras que buscam entender o que são as culturas juvenis e se valem de estratégias muito originais de registro dos elementos que lhes parecem mais salientes.

Em ação de extensão desenvolvida ao longo de um ano em escola pública de ensino fundamental em município da grande Porto Alegre,[11] tive ocasião de acompanhar uma experiência destas. Constituímos um grupo de coleta de dados entre professores e funcionários da escola, incluindo o vigia, as merendeiras, as faxineiras. A coleta de dados recaiu sobre os elementos visuais mais destacados ao observar os alunos da escola, a saber, anotamos tudo que estava escrito em camisetas, bonés, casacos e jaquetas, pastas e mochilas, calçados, itens do material escolar como cadernos, lápis, canetas, trechos de letras de músicas cantadas de modo mais recorrente. Fomos depois para a coleta de dados naquilo que se escrevia nas carteiras, mesas, paredes, muros da escola. Por fim, avançamos para um território sempre visto com reservas, o que se escreve em paredes e portas de banheiros dos alunos e alunas. Conversar sobre tudo isso em reuniões com professores e funcionários foi não apenas instrutivo, como também divertido, embora tenham aparecido muitas manifestações de preconceitos em relação às culturas juvenis, em particular no cruzamento com raça e classe social. Mas a experiência ganhou contornos mais interessantes quando recortamos partes dessa enorme quantidade de escritos, e com elas criamos algumas atividades de leitura e interpretação de texto, em conexão com temas das disciplinas. Os alunos ficaram francamente admirados, e suas opiniões oscilaram entre desconfiar que eles estivessem sendo vigiados e valorizar que finalmente o que eles diziam e pensavam fazia parte das aulas. De todo modo, houve um nítido interesse na discussão e uma renovada atenção nas atividades.

O que se sugere em relação a este tópico é que o professor assuma que muitas vezes a relação com seus alunos é uma relação entre alienígenas, conforme discutido em Green e Bigun (1995), e que isso seja o ponto de partida para a criação de uma fonte, que assegure a produção de conhecimento. Vale lembrar que para produzir conhecimento, em História como em qualquer outro campo, temos que ter fontes ou documentos, e uma questão de investigação. Aqui temos como questão de investigação uma proposta aberta de conhecer melhor os significados do que circula pelas culturas juvenis que informam a produção das identidades dos nossos alunos, e como fonte a coleta de registros escritos espalhados por muitas superfícies dos corpos dos alunos e da própria escola. Se for possível ler e estudar sobre o tema, melhor ainda. Caso contrário, apenas colocar em diálogo os elementos coletados na relação professor e alunos já será muito positivo. Novamente afirmamos: criar esta fonte de informações não foi atitude apenas de pesquisa, ela teve um impacto político, os alunos perceberam que os professores estavam interessados em saber de suas marcas. Das reações que aconteceram, uma delas foi muito interessante: uma professora relatou que, ao ingressar na sala de aula com uma blusa com algo escrito, escutou de um aluno a frase "pessoal, vamos anotar isso que está escrito na blusa da professora, vai para o nosso arquivo", o que rendeu boas gargalhadas, além de ter mostrado certa modificação produtiva na relação docente/discente, que passaram a olhar e a serem vistos uns aos outros.

Por fim, abordo uma terceira frente de trabalho no campo da utilização de fontes no ensino de História, a saber, a produção de diários de campo por professores e professoras, contendo anotações da etnografia de cenas de sala de aula, e a produção de diários de observação por alunos e alunas em temas de seu interesse, por determinado período. Pensando nos docentes, explicito um pouco por que e como se pode construir um diário de campo, a partir do roteiro por mim elaborado para uso em um curso em regime de EaD.[12] Conforme já discutido aqui, a experiência não é o que nos acontece, mas o que fazemos com o que nos acontece, e as conexões entre experiência e ensino de história são intensas (Larrosa, 2002). A maioria dos professores, infelizmente, apenas "sofre" os anos de magistério e reflete pouco sobre os acontecimentos que poderiam constituir sua experiência. Daí vem certa sensação de esvaziamento comum após anos de docência, e que se expressa em frases do tipo "não sei mais nada, de tanto ensinar estou ficando burro".

No sentido de formar um professor pesquisador, capaz de refletir sobre sua prática, proponho a constituição de um acervo de cenas escolares, que servirão para construir conhecimento capaz de gerar experiência docente. As cenas de sala de aula constituem matéria-prima para a reflexão docente. Elas são os dados que alimentam as pesquisas, e para tanto necessitam ser convenientemente anotadas, e depois discutidas, analisadas, e colocadas em conexão com leituras e discussões acadêmicas. A sala de aula pode ser vista como laboratório onde o professor vai coletando cenas, situações, e anotando num diário de campo, para futura análise. As cenas podem ser dos mais diversos tipos. Numa sala de aula temos um conjunto de cenas que envolvem questões disciplinares, temos cenas ligadas a questões de aprendizagem, temos cenas ligadas à sociabilidade entre os alunos, temos cenas envolvendo posições políticas dos alunos em temas da atualidade etc. De modo a dar viabilidade ao trabalho, melhor definir uma questão que se deseja perseguir, por considerar que ela é problemática na sala de aula. Por exemplo, cenas onde estão envolvidas questões de gênero e sexualidade; cenas onde estão envolvidas questões ligadas à raça e etnia; cenas ligadas a manifestações do pertencimento religioso dos alunos e aos eventuais embates nessas questões.

A observação das cenas e seu apontamento exigem certa organização e método, tal como se dá na coleta de dados em qualquer pesquisa, ou mesmo em um laboratório. O professor precisa tomar notas acerca das cenas de modo adequado, para posteriormente possibilitar sua análise. Vale lembrar que são apenas os professores que vivenciam cenas de sala de aula de modo continuado, pois este é o território de sua atividade profissional. Se os professores não converterem a sala de aula em fonte de pesquisa, seguiremos vivendo num mundo em que políticos e gestores (e também jornalistas, psicólogos, padres, pastores, advogados, juízes, médicos e qualquer um que assim resolva) sentem-se à vontade para dar opiniões sobre como deve ser uma sala de aula, embora nunca tenham pisado seus pés nela para lecionar. Parte da responsabilidade por essa situação é dos próprios professores, que raramente anotam, refletem e discutem o que efetivamente lhes acontece nas salas de aula. Mais uma vez, a decisão de constituir uma fonte de pesquisa, aliada a questões de investigação, é ato político fundante de uma nova possibilidade de relação com a profissão e com a sociedade.

Como sugestão de registro de cena, indico o roteiro que criei para o referido curso EaD. O primeiro passo é começar com uma descrição detalhada do contexto da cena (em que turma isto aconteceu; em que escola; em que turno; quais eram as características principais da turma e dos alunos envolvidos; qual seu histórico de relação com a turma; quais as características dos alunos ao realizarem as atividades escolares etc.). Enfim, descreva aqueles detalhes que provavelmente você não valoriza, porque está acostumado a ver isso todo dia, conhece os alunos, não sente necessidade de descrever a sala de aula. Mas é importante descrever esse contexto, e ao descrever provavelmente você já estará refletindo sobre ele, e chegando a algumas conclusões. O primeiro passo é, então, narrar o contexto. O segundo é apresentar a proposta de trabalho que estava em andamento na aula (você havia proposto um trabalho em grupo? Era uma atividade individual? Uma prova? Leitura de textos? Copiar do quadro? Esta atividade já havia sido feita antes com os alunos? Ou era um momento livre dos alunos?). Depois, descreva, do modo mais objetivo possível, o que aconteceu. Houve uma discussão entre os alunos? Alguém ofendeu alguém? Foi algo que já havia acontecido antes? Envolveu alunos que não se gostavam e que já haviam brigado antes? Ou foi entre alunos que mantinham boas relações? Envolveu você diretamente? Por fim, descreva, do modo mais objetivo possível, qual foi sua reação e sua atuação na cena. E reflita: você acha que sua atuação foi a mais indicada? Ela resolveu o problema? Os alunos demonstraram apoiar sua atitude, ou não? Esse é um roteiro dentre os muitos possíveis, o melhor é criar o seu e organizar o acervo de cenas.

Descrita a cena, trata-se agora de fazer anotações mais reflexivas, o que pode ser o tema de uma reunião de professores. Comece tentando selecionar dois ou três conceitos-chave que melhor descrevam o que aconteceu. Por exemplo, foi uma cena envolvendo homofobia e preconceito? Ou foi uma cena envolvendo igualdade de gênero (modos desiguais de tratar homens e mulheres, ou modos iguais)? Ou foi uma cena em que apareceram estigmas ligados a classe social (com frases do tipo "você mora no valão", ou "você é chinelão")? A cena revelou diferenças entre gêneros musicais e isso oportunizou o surgimento de violência (alguém ofendeu o outro dizendo "saia daqui, sua pagodeira", e isso redundou em violência)? Enfim, tente classificar o que aconteceu, utilizando palavras-chave. Por fim, procure refletir sobre as argumentações que os alunos utilizaram na discussão, para entender porque eles pensam do modo como pensam. Não descreva cenas muito amplas ou muito longas, busque pequenos momentos da sala de aula, onde se expressaram questões que são do seu interesse, ligadas ao ensino de História, ou talvez questões gerais ligadas à vida escolar e às culturas juvenis.

De modo semelhante ao que foi anteriormente proposto para docentes, pode-se propor para alunos e alunas. Relato os passos essenciais de uma experiência desenvolvida no âmbito do Pibid História UFRGS.[13] Com o advento da Copa do Mundo em 2014, e com o desejo de trabalhar o tema das fontes em História, foi proposta aos alunos de algumas turmas a escrita de um diário durante os trinta dias de realização do evento no país. Cada aluno ganhou uma caderneta de capa dura,[14] e discutiu-se com eles o que registrar, como registrar, que elementos poderiam compor este relato de observação. Ao longo do mês, em muitos momentos, os bolsistas do Pibid e professores lembraram do diário, perguntaram a respeito, estimularam e abriram espaço para algumas conversas. Ao final, tivemos apresentação dos diários daqueles que se mostraram dispostos a isso, e atividades comparando os registros. O manuseio dos diários foi muito interessante. Alguns foram preenchidos com muito empenho, não apenas com anotações, mas com a colagem de recortes de jornais, de imagens, adesivos da Copa do Mundo etc. Alguns registraram suas opiniões, mas também perguntaram a outras pessoas o que estavam achando da Copa, e colocaram isso no diário. Ao final se discutiu que um diário daqueles, guardado por uns cinquenta anos, seria de interessante leitura por outras pessoas.

Vale lembrar que a escola possui, também organizado pela ação dos bolsistas e professores envolvidos no Pibid História, um memorial que acolhe materiais da história da instituição. Toda a atividade permitiu interessantes reflexões sobre o estatuto da fonte histórica, do documento, da sua autoria, dos modos de preservação daquilo, e de sua comparação com outras fontes, como a imprensa, que também se ocupou intensamente do evento. Claro está que o interesse em efetivamente preencher o diário sobre a Copa foi muito variável, inclusive porque os alunos não puderam escolher entre temas de seu interesse, mas escolheram os modos de relatar um evento que estava acontecendo. Em experiências que já conduzimos em outras escolas, os alunos não apenas puderam escolher o tema e a duração do período de coleta, como também escolheram o suporte para constituir o acervo: uma caderneta para anotar; um blog na web com textos e imagens; uma pasta com imagens e textos impressos coletados e organizados ao modo de portfólio; um arquivo de imagens na web escolhido dentre os muitos ambientes que ali se ofertam para isso; uma caixa com objetos armazenados e etiquetados; uma linha de tempo em rolo de papel com as informações anotadas em rigorosa ordem cronológica, acompanhadas ou não de imagens; um caderno de desenho de folhas grandes, onde foram desenhadas as impressões, sem o uso de nenhuma palavra. De modo ainda mais interessante, em algumas escolas de redes municipais de pequenas cidades do Rio Grande do Sul, todo o material, depois de encerrada a atividade, foi colocado dentro de uma caixa, escreveu-se sobre ela a data e alguma descrição do que foi feito, e esta caixa foi enterrada no pátio da escola, devidamente sinalizada, para ser desenterrada muitos anos depois, algo que produziu boa divulgação.

QUANTO MAIS O CÂNTARO VAI À FONTE, MENOS CHANCES ELE TEM DE VOLTAR QUEBRADO

Ao contrário do que diz o conhecido ditado "tantas vezes vai o cântaro à fonte que um dia lá se quebra", para o nosso caso, quanto mais trabalhamos com fontes, menos chances temos de quebrar o cântaro. A ênfase no trabalho com fontes no ensino de História tem forte conexão com o modo como compreendemos o que é a História e quais métodos de pesquisa estruturam e constituem esse campo. O que se produz em História, para narrar a trajetória da humanidade ao longo do tempo, é sempre baseado na qualificação de fontes. Também vale lembrar que as fontes cresceram em número e tipologia, para muito além do documento escrito que por tanto tempo reinou soberano e isolado. Hoje temos uma grande diversidade de fontes para alimentar a produção dos conhecimentos do passado, e podemos então ter na sala de aula do ensino fundamental e do ensino médio igualmente um grande número de fontes para empreender a tarefa do ensino. Não é um exagero afirmar que a História se destaca tanto por ser um conhecimento na forma de narrativa, quanto pelo uso que faz de fontes, e com isso está definido em boa medida o que são seus contornos enquanto campo disciplinar. Portanto, essas duas marcas devem habitar o trabalho do ensino de História.

As fontes devem estar a serviço dos objetivos de ensino, pois elas não falam por si, e nem por si mesmas definem problemáticas, nem são elas que estabelecem a prioridade ou não de certos temas e perguntas que desejamos trabalhar no ensino de História. O primeiro passo para desenhar uma proposta de ensino de História não são as fontes, mas a construção de objetivos e problemas que serão postos em discussão na sala de aula, com determinadas classes de alunos, em contextos culturais, políticos e sociais específicos, com determinadas questões emergentes. Definido isso, vamos às fontes, para estruturar nosso trabalho. Dessa forma, a classe de alunos percebe a autonomia intelectual do professor, que delimita o campo de trabalho, e não apenas "segue o livro didático" ou "dá a matéria conforme o programa". O que não impede que o livro didático seja uma fonte para a aula de ensino de História. Mas nunca a única.

O trabalho com fontes tem uma dimensão claramente política também. Ela se manifesta quando professores e alunos estabelecem como propósito a construção de acervos de fontes, sobre temas que lhes interessam, e experimentam assim a posição de pesquisadores, e também de sujeitos da história, no âmbito da sua faixa etária e do seu contexto escolar. Para definir que fonte vamos construir, que acervo vamos organizar, que base de dados vamos estruturar, temos que definir problemas de investigação, ou questões sociais e políticas que nos parecem interessantes. Feito isso, vamos então ao processo de produção de fontes. Todo esse percurso não apenas ajuda a entender o trabalho do historiador, como confere aos sujeitos uma posição de protagonismo político que é também objetivo desejável nos processos de educação, que não se restringem a alfabetização científica, mas que visam formar um cidadão, um sujeito crítico, alguém inserido nas questões de seu tempo.

A escola precisa ser vista como local que é guardião de algumas fontes. Certamente sobre a trajetória escolar dos alunos ela é uma fonte inestimável, pelos documentos que guarda. Mas isso é pouco. A própria escola tem que ter um memorial, onde sua história está contada e onde se guardam muitas fontes do seu percurso histórico e das vidas de quem por ali passou. Infelizmente, esse é um ponto negativo no caso da escola pública brasileira, pois são poucas, muito poucas, as escolas que dispõem de uma sala para seu memorial. Na maioria das vezes, a escola é um prédio quase sem memória, quase sem fotos, documentos, objetos que possam contar sua história. No mais das vezes, a escola tem algo guardado acerca da pessoa que lhe empresta o nome, mas não é disso que se trata, é mais do que isso que precisamos. Algo que enobrece um prédio escolar é quando percebemos as marcas do tempo e das pessoas que por ali transitaram, na forma de fotos, quadros, exemplares de trabalhos guardados, objetos diversos que compuseram o cotidiano daquela instituição, instrumentos musicais da banda marcial etc. Por fim, seria altamente desejável que um aluno ou aluna, após tantos anos cursando a mesma escola, pudesse ter uma caixa, uma pasta, um envelope plástico que fosse, com alguns elementos marcantes de sua trajetória: alguns desenhos, algo do que escreveu, um caderno, alguma foto, enfim, suas pequenas memórias desse percurso. Não é demais pensar que, a cada final de ano letivo, cada aluno, cada aluna, cada turma e até mesmo cada professor ou professora, poderia escolher um elemento para guardar, uma única coisa, que no seu ver resume de modo adequado aquele ano de trabalho. Se não houver espaço na escola para guardar isso, o que é lastimável, sempre se poderá fotografar tudo e colocar em um ambiente virtual. Reafirmamos o que está posto anteriormente: a constituição de acervos de fontes não é apenas um ato de valor acadêmico, histórico ou de pesquisa, mas é um ato político e pedagógico, a lembrar quem viveu naquele ambiente, e a fornecer às gerações futuras elementos para que saibam de nossa existência. Tudo isso é cuidar dos mananciais que abastecem nossa produção enquanto sujeitos da história.

Notas

1 A maior parte das observações que compõe este texto foi coletada no âmbito do projeto de pesquisa intitulado "A produção de aprendizagens significativas em ensino de história: uma visão a partir da análise dos relatórios de estágio docente da UFRGS". Maiores informações sobre o projeto no currículo on-line do autor.

2 Maiores informações em <http://www.reuters.tv/>, acesso em nov. 2015.

3 No site indicado está dito em inglês "professional journalists reporting from 200 locations worldwide".

4 No site indicado a propaganda diz em inglês "The world's events, unfiltered".

5 No site indicado, entre outras afirmações, está dito que "This is what they're saying".

6 No site indicado, a frase é "The news. It's in your hands now".

7 Na última década, com a criação de disciplinas separadas para estágio em turmas do ensino fundamental e estágio em classes do ensino médio, adotamos como estratégia de avaliação em uma delas a confecção de relatório detalhado com a narrativa do estágio, e em outra a elaboração de um ensaio monográfico curto, na forma de artigo, com a seleção de um tópico que pareceu de maior relevância ao estagiário durante seu período de docência.

8 Tal situação pode ser bem visualizada no currículo on-line já indicado.

9 O novo projeto de pesquisa se intitula "Investigação das aprendizagens de estagiários na produção de atividades didáticas e na relação com as culturas juvenis a partir dos relatórios de estágio docente em Ensino de História", com vigência de 2015 a 2020, síntese do projeto e outras informações disponíveis no currículo on-line.

10 Sobre a burrice nacional, fica a dica do artigo da jornalista Eliane Brum em <http://brasil.elpais.com/brasil/2015/11/09/opinion/1447075142_888033.html>, acesso em nov. 2015.

11 Projeto de acompanhamento anual de uma escola pública por uma dupla de professores da UFRGS, realizado através do NIUE, Núcleo de Integração Universidade & Escola da PROREXT Pró-Reitoria de Extensão, na forma do que se poderia chamar de uma residência docente em escola.

12 UFRGS/Faced, curso de especialização em educação para a diversidade, edição 2012/2014, informações disponíveis em <http://www.ufrgs.br/especializacaodiversidade>, acesso nov. 2015.

13 Informações sobre o projeto em <http://www.ufrgs.br/pibid/> e em <http://pibidhistoriairmaopedro.blogspot.com/p/equipe-do-pibid-historia-irmao-pedro.html>, acesso nov. 2015.

14 As cadernetas tinham cor variável de capa, algumas eram pretas, o que levou certos alunos a apelidar a caderneta de "Black Block", o que já revela certa conexão das culturas juvenis com o tema proposto ou com a atividade de fazer anotações próprias, uma maneira de expressar opinião pessoal.

Referências

DAYRELL, Juarez. "A escola 'faz' as juventudes? Reflexões em tono da socialização juvenil". *Educação & Sociedade*. Campinas, v. 28, n. 100 (Especial), out. 2007, pp. 1105-28.

FOUCAULT, M. *A arqueologia do saber*. Rio de Janeiro: Forense Universitária, 1987.

GINZBURG, Carlo. Raízes de um Paradigma Indiciário. In: GINZBURG, Carlo. *Mitos, emblemas e sinais*. São Paulo: Companhia das Letras, 1990, pp. 143-79.

_____. Provas e Possibilidades. In: GINZBURG, Carlo; CASTELNUOVO, Enrico; PONI, Carlo (orgs.) *A Micro-História e outros ensaios*. Lisboa: Difel, 1991, pp. 179-202.

GREEN, Bill; BIGUN, Chris. Alienígenas na sala de aula. In: SILVA, Tomaz Tadeu (org.) *Alienígenas na sala de aula*. Petrópolis: Vozes, 1995, pp. 206-43.

LARROSA, Jorge Bondía. "Notas sobre a experiência e o saber de experiência". *Revista Brasileira de Educação*. n. 19, 2002, pp. 20-8. Disponível em: <http://www.scielo.br/pdf/rbedu/n19/n19a02.pdf>. Acesso em: jun. 2015.

LE GOFF, Jacques. *História e Memória*. Campinas: Editora da Unicamp, 2005.

MAGALHÃES, Olga. "O documento escrito na aula de história: proposta de abordagem". *O Ensino da História*. n. 18, 2000, pp. 22-4.

PEREIRA, Nilton Mullet; SEFFNER, Fernando. "O que pode o ensino de história? Sobre o uso de fontes na sala de aula". *Anos 90*. Porto Alegre: UFRGS. Impresso, v. 15, 2008, pp. 113-28.

RANCIÈRE, Jacques. *O mestre ignorante*: cinco lições sobre a emancipação intelectual. Belo Horizonte: Autêntica, 2002.

RANZI, Serlei Maria Fischer. "Fontes orais, História e saber escolar". *Educar*. Curitiba, Editora da UFPR, n. 18, pp. 29-42, 2001.

REIS, José Carlos. Os Annales: a Renovação Teórico-Metodológica e "Utópica" da História pela Reconstrução do Tempo Histórico. In: SAVIANI, Dermeval; LOMBARDI, José Claudinei; SANFELICE, José Luís (orgs.) *História e História da Educação*: o debate teórico-metodológico atual. Campinas: Editora Autores Associados, 1998, pp. 25-49.

SEFFNER, Fernando. *América 92 - 5 Séculos de História, 500 anos de luta*. Porto Alegre: Unidade Editorial, 1992.

_____. *Da Reforma à Contra-Reforma*: o cristianismo em crise. São Paulo: Atual, 1993.

_____. "Presença das ideias positivistas nas Histórias de Municípios do Rio Grande do Sul". *Ciências & Letras. Revista da Faculdade Porto-Alegrense de Educação*. v. 18, 1997, pp. 143-61.

_____; AVANCINI, Elsa Gonçalves (orgs.) *Educação para crescer*: Projeto Melhoria da Qualidade de Ensino - História, Moral e Cívica e OSPB - 2º Grau. Porto Alegre: Governo do Estado do Rio Grande do Sul - Secretaria da Educação, 1992, v. 1.

Os autores

Rogério Rosa Rodrigues é doutor em História Social pela UFRJ. Professor de Teoria e Metodologia da História da Universidade do Estado de Santa Catarina (Udesc), atuando no curso de graduação em História e como docente permanente no Programa de Pós-Graduação em História (PPGH) e no Mestrado Profissional em Ensino de História (ProfHistória). É organizador do livro *Nos desvãos da história: João Ribeiro*. Seus interesses de pesquisa centram-se em temas e questões relacionadas à História da historiografia, História política, História e literatura e Guerra do Contestado.

Bruno Leal é doutor em História Social pela UFRJ. Professor do Departamento de História da UFF. É um dos coordenadores do Núcleo Interdisciplinar de Estudos Judaicos e Árabes da UFRJ (Niej), além de fundador da rede social *Café História* (www.cafehistoria.ning.com) e do portal *Crimes Nazistas* (www.crimesnazistas.com.br). Atualmente, é membro da Rede Brasileira de História Pública e da Associação das Humanidades Digitais. Desenvolve pesquisas no campo da História pública, da História digital e do nazismo, com foco em criminosos nazistas no pós-guerra, tema de sua tese de doutorado.

Bruno Lontra Fagundes é historiador de formação, mestre em Teoria Literária e Memória Cultural e doutor em História. Escreveu tese sobre as relações entre a literatura textual de João Guimarães Rosa e a publicação de seus livros pela Livraria José Olympio Editora. É professor efetivo do curso de graduação em História, integrante do Mestrado Interdisciplinar Sociedade e Desenvolvimento (PPGSeD) e do Mestrado Profissional em Ensino de História (ProfHistória) da Universidade Estadual do Paraná (Unespar).

Conceição Pires é doutora em História pelo Programa de Pós-Graduação em História da Universidade Federal Fluminense (UFF). É pesquisadora do CNPq, professora do Departamento de História, do Programa de Pós-graduação em História da Unirio e do Mestrado Profissional em Ensino de História (ProfHistória). Autora do livro *Cultura e política: entre fradins, zeferinos, graunas e orelanas*. Seus principais campos de estudo são humor, estudos visuais, intelectuais e imprensa, ditadura militar, História do Brasil contemporâneo.

Fernando Salla possui graduação em Ciências Políticas e Sociais pela Fundação Escola de Sociologia e Política de São Paulo (FESPSP), mestrado e doutorado em Sociologia pela USP. Atualmente é pesquisador do Núcleo de Estudos da Violência da USP. É também professor do Programa de Mestrado Profissional Adolescente em Conflito com a Lei, da Universidade Anhanguera de São Paulo. Tem experiência na área de Sociologia, com ênfase em Sociologia da Violência, atuando principalmente nos seguintes temas: prisão, políticas públicas, violência, justiça criminal e adolescentes em conflito com a lei.

Fernando Seffner é licenciado em História e doutor em Educação. É professor da Faculdade de Educação da UFRGS. É docente e orientador junto ao Programa de Pós-Graduação em Educação (PPGEDU) e junto ao Mestrado Profissional em Ensino de História (ProfHistória), pela UFRGS. No nível de graduação dedica-se a disciplinas que envolvem o ensino de História e pesquisa as conexões entre experiência e aprendizagem da História, especialmente a partir da etnografia de cenas de sala de aula. É líder do Grupo de Estudos em Educação e Relações de Gênero (Geerge/PPGEDU/UFRGS) e integrante da equipe do Laboratório de Ensino de História e Educação (Listhe) (Faced/IFCH/CAP/UFRGS). É bolsista de Produtividade em Pesquisa do CNPq.

Laura Vazquez é doutora em Ciências Sociais pela Universidad de Buenos Aires (UBA) e pesquisadora do Consejo Nacional de Investigaciones Científicas y Técnicas (Conicet). Publicou os livros: *El oficio de las viñetas* e *Fuera de Cuadro*. Dirige o Congresso Internacional "Viñetas Serias". Escreve uma seção mensal na revista *Fierro*. É ensaísta e crítica em temas relacionados a HQs, artes gráficas e as "literaturas de la imagen".

Márcia Ramos de Oliveira é doutora em História pela Universidade Federal do Rio Grande do Sul (UFGRS), professora no departamento de História na Udesc, atuando no curso de graduação em História e como docente permanente no Programa de Pós-Graduação em História (PPGH) e no Mestrado Profissional em Ensino de História (ProfHistória). Coordenadora do Laboratório de Imagem e Som/Udesc. Atua como coeditora da revista *Tempo e Argumento*. Tem experiência na área de História e canção, História e radiodifusão, História e audiovisual, História do samba, História e oralidade, História e mídia, plataformas digitais, sites e portais na área de história, biografia e canção de Lupicínio Rodrigues.

Patrícia Carla Mucelin é doutoranda em História pela Udesc. Integra o Laboratório de Imagem e Som (LIS) da Udesc. Tem experiência na área de História com ênfase em História Cultural e História do Tempo Presente e realiza pesquisa com os temas História e audiovisual, História e moda, plataformas digitais, História e mídia, blogosfera, acervos digitais.

Sílvia Correia é professora de História Contemporânea no Instituto de História da Universidade Federal do Rio de Janeiro (UFRJ), investigadora e colaboradora de História Contemporânea Portuguesa e Europeia no Instituto de História Contemporânea da Universidade Nova de Lisboa (Nova). Foi investigadora integrada no Instituto de História Contemporânea da Nova até 2013, especialmente focada na história cultural e política; na história comparada; na cultura e memória, particularmente de guerra; e na história oral. Desenvolveu pesquisa entre a Nova e a Brown University em projeto com abordagem comparativa dos regimes memoriais da guerra colonial em França (Argélia, 1954-1962) e das guerras coloniais em Portugal (Angola, Moçambique e Guiné, 1961-1974).

Silvia Liebel é doutora em História pela Université Paris 13. Professora de História Moderna da Udesc, atua no curso de graduação em História e como docente permanente no Programa de Mestrado Profissional em Ensino de História (ProfHistória). É autora de *Les Médées modernes. La cruauté féminine d'après les canards imprimés français (1574-1651)* e seus interesses de pesquisa centram-se na França da primeira modernidade, especialmente os mundos do impresso, a criminalidade, a violência e as práticas que construíram o indivíduo moderno.

Vinícius Liebel é historiador, doutor em Ciência Política pela Freie Universität Berlin (FU-Berlin) com apoio do Deutscher Akademischer Austauschdienst (DAAD) e desenvolveu pesquisas de pós-doutorado junto à Universidade de São Paulo (USP) e à Pontifícia Universidade Católica do Rio Grande do Sul (PUCRS). Suas pesquisas se concentram nas áreas da História cultural do político, em particular na análise de fontes visuais, e da História Contemporânea. Entre seus temas de pesquisa, além de teorias e metodologias de análise de imagens, destacam-se os partidos e as ideologias conservadores e autoritários, a violência política, o totalitarismo, o antissemitismo, a História contemporânea europeia, particularmente da Alemanha, a democracia, a resistência (violenta e não violenta) e as relações entre imprensa, cultura e poder.

Viviane Borges é doutora e mestre em História pelo Programa de Pós-Graduação em História da UFRGS, com estágio na École des Hautes Études en Sciences Sociales (EHESS), Paris. Professora da Udesc, atuando no curso de graduação em História e como docente permanente no Programa de Pós-Graduação em História da Udesc. É coordenadora do Laboratório de Patrimônio Cultural (Labpac/Udesc). Membro da Red Iberoamericana de Historia de la Psiquíatria e da International Federation for Public History (IFPH). Desenvolve investigações sobre os seguintes temas: instituições de isolamento, História da loucura, da psiquiatria, das prisões, dos menores em conflito com a lei, História pública e patrimônio cultural.

Cadastre-se no site da Contexto
e fique por dentro dos nossos lançamentos e eventos.
www.editoracontexto.com.br

Formação de Professores | Educação
História | Ciências Humanas
Língua Portuguesa | Linguística
Geografia
Comunicação
Turismo
Economia
Geral

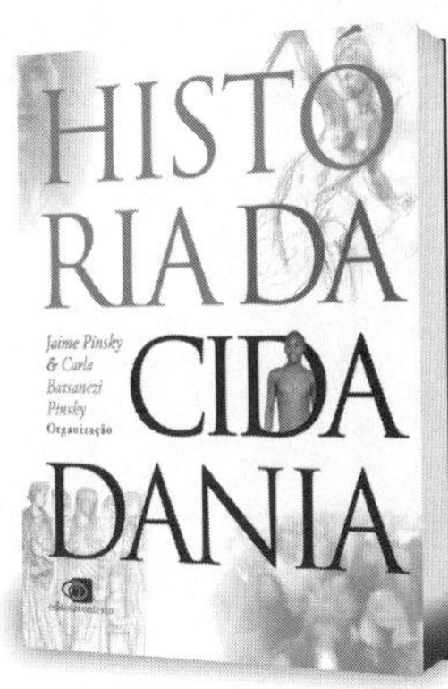

Faça parte de nossa rede.
www.editoracontexto.com.br/redes

editora contexto
Promovendo a Circulação do Saber

GRÁFICA PAYM
Tel. [11] 4392-3344
paym@graficapaym.com.br